デモクラシーとナショナリズム

――アジアと欧米

加藤 節｜編

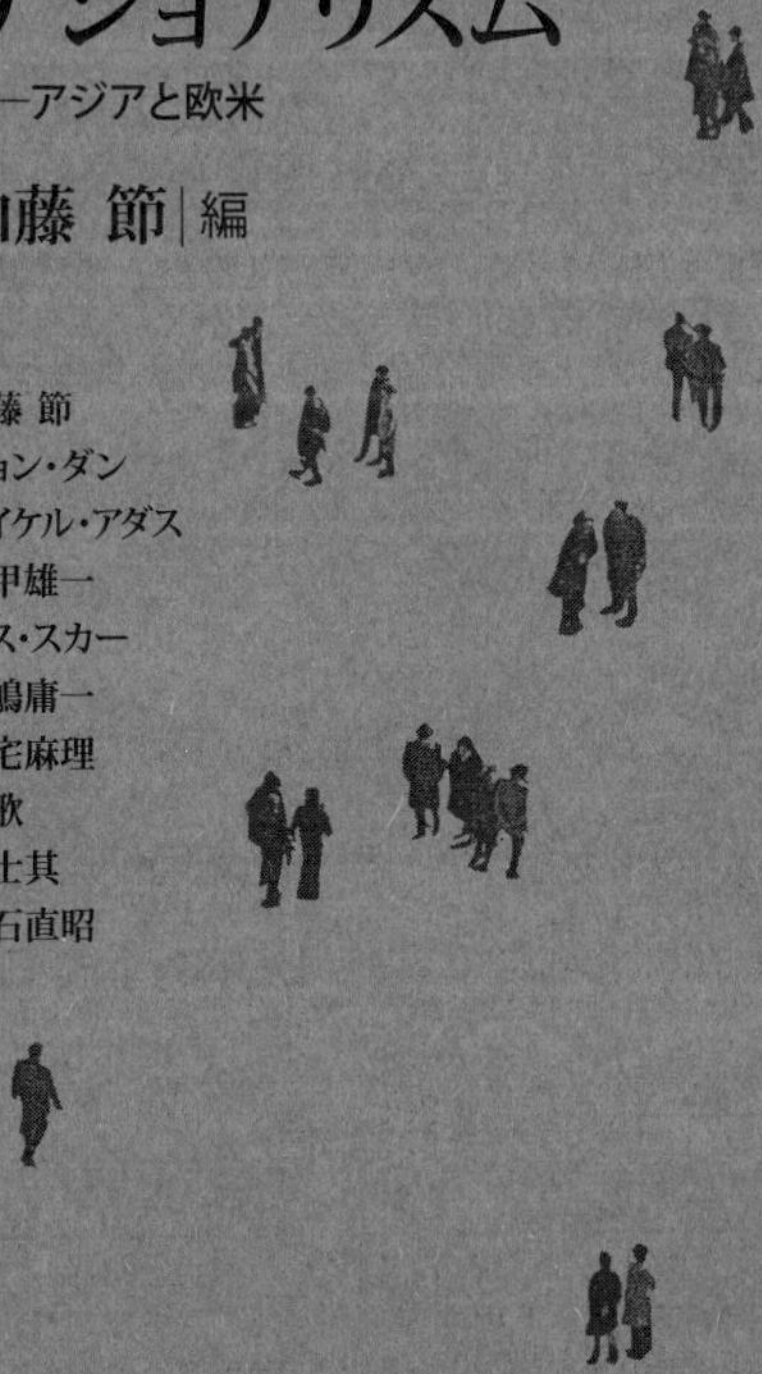

加藤 節
ジョン・ダン
マイケル・アダス
愛甲雄一
ルス・スカー
亀嶋庸一
三宅麻理
孫歌
唐士其
平石直昭

未來社

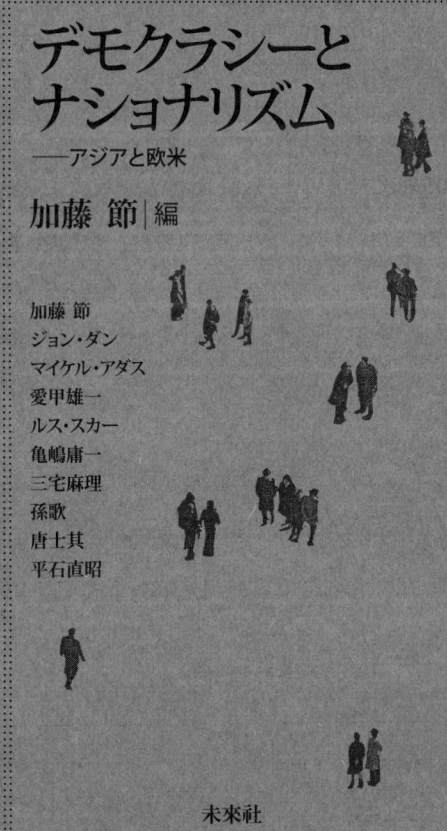

デモクラシーとナショナリズム——アジアと欧米◆目次

加藤　節
試練に立つデモクラシー――冷戦後の世界…… 7
ジョン・ダン
デモクラシーとナショナリズム――アジア政治の未来における財か、あるいは制約か…… 31
マイケル・アダス
致命的な多義性――冷戦対立・アメリカの民主化推進レトリック・発展途上地域における国家建設…… 67
愛甲雄一
カントの「ナショナリズム」――ドイツとコスモポリタニズムとのはざまで…… 91
ルス・スカー
フランス革命におけるデモクラシーの構想――シィエスとロベスピエールとの比較を通して…… 131
三宅麻理
J・S・ミルにおける内政不干渉原則の再検討…… 159

亀嶋庸一
マックス・ウェーバーにおける〈合理化〉と〈二〇世紀〉の政治
——ナショナリズムとデモクラシーへの一つの視座として……179

孫　歌
冷戦初期の「民族」と「民主」……209

唐　士其
中国のナショナリズム——古代と近代……235

平石直昭
現代日本の〈ナショナリズム〉……259

編者あとがき　272

装幀——岸顯樹郎

デモクラシーとナショナリズム——アジアと欧米

本書は二〇〇九年三月二十二日に開催された国際シンポジウム「デモクラシーとナショナリズム
——アジアと欧米」（成蹊大学法学部・成蹊大学アジア太平洋研究センター共催）における報告
をもとに構成されたものである。

試練に立つデモクラシー――冷戦後の世界

加藤 節

「もし神々からなる人民がいるとすれば、彼らは自らを民主政体によって統治するであろう。あまりに完全な統治は人間には適合しないのである。」

ルソー『社会契約論』より

はじめに

第二次世界大戦後の歴史を主語とするとき、その述語としてもっともふさわしいものは、あきらかに東西両陣営間で戦われた冷戦であった。そうであるとすれば、一九四五年以後の世界史におけるもっとも重要な出来事は、政治＝経済体制とそれを正統化するイデオロギーとを異にする東西間の冷戦の終焉に求められると言ってよい。本章は、冷戦後の世界に何が生じたかを、特にデモクラシーを取り巻く状況の変化に光をあてながら理解しようとする試みにほかならない。なぜデモクラシーをめぐる状態の変容に注目するかの理由は単純であって、それが、冷戦後の世界の構造的変化をもっとも典型的な形で表現していると考えられるからである。まず、近代のデモクラシーの歴史を簡単に辿ったうえで、それを前提としながら、冷戦後にデモクラシーがあらためて直面することになったいくつかの課題をあきらかにすることにしたい。

1　デモクラシーの歴史的概観

(1)「二つのデモクラシー」体制の崩壊

冷戦とは、二つの相容れない体制原理の間の構造的な対立であったから、そこには、必然的に、個人の基本的人権を国家権力の及びえない自由の領域に置く西側のいわゆるリベラル・デモクラシー (liberal democracy) と、自由よりもむしろ平等を価値化する東側のいわゆる社会主義的デモクラシー (socialist democracy) とのイデオロギー的な対立が随伴していた。その意味で、冷戦とは、二つの相互排他的なデモクラシーが競争的に共存するシステムであり、(1) したがって、主として社会主義的デモクラシーに基礎を置くレジームの自壊とも言うべき崩壊によって引き起こされた冷戦の終焉は、この「二つのデモクラシー」体制の終わりを告げるものでもあった。それによって何が生じたのであろうか。これが、冷戦後の世界におけるデモクラシーの状態に関して問うべき核心的な問題である。しかし、問題をより明晰にするために、デモラシーの概念と現実との歴史をまず振り返っておくことにしたい。

（2）歴史の始まり

デモクラシーの概念は、次の三つの要素の総称として理解することができる。すなわち、治者と被治者との同一性を確立しようとする理念、その理念を実現しようとする運動、そしてその理念を保障し実体化するための制度にほかならない。[2] デモクラシーの概念が、このように、理念、運動、制度という三つの属性をもつようになったのは、その複雑な歴史的背景のためであった。

周知のように、言葉としてのデモクラシーは、デモス（demos）と呼ばれた民衆の支配（kratos）を意味するギリシャ語のデモクラティァ（demokratia）に由来する。この語源が示すように、デモクラシーの歴史は、当時ポリス（polis）と呼ばれた古代ギリシャの政治社会における政治的体験に明確な起源をもつ。もとより、その場合、民主的な政治生活を享受したもっとも著名なポリスの例は、紀元前五世紀におけるペリクレス治下のアテナイであった。それは、ペリクレス自身が、ペロポンネソス戦争で戦死したアテナイ人を送る有名な葬送演説のなかで、「吾々が享受している政体は、隣国の法律を模倣するようなものではなく、むしろ吾々自身が他の人々の模範になっているのである。そして、吾々は、行政を司るのが少数者ではなく多数者であるがゆえに民主政と呼ばれる政体を有している」[3] と述べている事実に示されている。確かに、たとえば、トゥキュディデスが冷静に見抜いていたように、ペリクレス治下のデモクラシーが「名前のうえでは民主政であったが、実際には第一人者による統治であった」[4] ことは否めない。しかし、より重要なことは、古代ギリシャにおけるデモクラシーの経験の分析や解釈を通して、デモクラシーに関する二つの理解の仕方が生じたことである。その理解を分岐させた争点は、端的に、デモクラシーにおいては誰が誰を支配するのかということであった。

デモクラシーに関する第一の理解はきわめて否定的なものであった。すなわち、それは、デモクラシーを、無知で貧しい多数のデモスが、政治社会の優れた、しかし少数の成員を支配する政体とみなしつつ、後世の侮蔑的な言葉を使えば、デモクラシーを「衆愚政治（mobocracy）」として冷笑するものにほかならない。このタイプの理解は、プラトンやアリストテレスから、必要な変更を加えつつ今日に至るまで執拗に生き続けてきた。たとえば、その現代版として二つのものを挙げることができよう。一つは、ナチズムやマッカーシズムのような全体主義的な運動の原因を、デモスの狂信的な熱情のようなマス・デモクラシーの病理的な欠陥に帰する周知の見解であり、もう一つは、「群衆には節度がなく、彼らは恐れをもたないときに恐ろしい」[5]としてデモスによる「多数派の専制」を忌避するあらゆる種類のエリート論がそれである。

（3）理念および運動としてのデモクラシー

しかし、デモクラシーをめぐる理解には、それを肯定的にとらえる第二の方向があった。これもまた、古代ギリシャの経験から引き出されたものである。それが特に関心を払うのは、古代のポリスにおいて、ポリスを構成する多数のデモスが専門的な行政官をもつことなく自ら実践したデモクラシー、後世の言葉で言えば、直接民主政（direct democracy）に対してであった。この理解によれば、デモクラシーの本質は、少数派に対する多数派の支配にではなく、多数のデモス自身による自己支配（self-government）の原理に求められる。近代の欧米の歴史において、こうした理解を推進した二つの決定的な歴史的出来事があった。

一つは、「封建制後期の旧体制」[6]下における強固な身分制秩序の軛に長く苦しんできたデモスによる自己解放運動の勃興であった。もとより、イギリス、アメリカ、フランスにおける三つの革命がその代表例をなしている。

確かに、十八世紀末の段階まで、デモクラシーは評判の悪い言葉であった。たとえば、デモクラシーを「一体としての人民が主権をもつ共和政体の一種」[7]と定義したモンテスキューは、一七四八年、ピューリタン革命期におけるレベラーズの活動を評して次のような冷笑的な言葉を残している。「自分たちの間にデモクラシーを確立しようとするイギリス人たちの希望のない努力を眺めるのは、前世紀における愉快な見ものである」[8]。しかし、右の三つの革命を通して、デモクラシーを肯定的に理解する近代的な観点が形成されていったことも疑い得ない。それとともに、デモクラシーは、治者と被治者との同一性の原理を鼓吹する理念を、さらには、その理念を実現しようとする人民の運動を意味することになった。

デモクラシーを肯定的に理解する動きを推進した第二の出来事があった。それは自然権を人間の根源的な価値として理論的に正当化しようとする思想潮流の出現にほかならない。なぜならば、生存への自然権をすべての人間の尊厳の基礎とみなすこの理論は、第一に、デモスの自己支配を、生来的に平等な人間にもっともふさわしい政治生活の形態として理想化し、第二に、その理念の実現をめざすデモスの運動を平等主義の観点から容認する傾向を加速させずにはおかなかったからである。たとえば、政体としてのデモクラシーに否定的であったホッブスとスピノザとが[9]、人間の自然権を正当化した点で、逆説的にも広くデモクラシーの擁護者とみなされてきたのは、そうした文脈においてであった。彼らは、民主的な統治形態に好意をもたないまま、期せずしてデモクラットになった思想家であったと言ってよい。

（4）ナショナルな代議制デモクラシーの制度化

理念および運動としてのデモクラシーに高い政治的価値を付与するようになった西欧の近代は、領域的な国民国家が政治社会の通常の単位として一般化した時代でもあった。その単位の一般化と符節を合わせて、デモクラシーの近代的形態が制度化されることになった。

古代ギリシャは、治者と被治者との同一性を、デモスによる自己支配の体制である直接民主政によって実現していた。しばしば指摘されるように、それを可能にしたのは、次の二つの条件であった。一つは、行政を担当するデモスを「籤と輪番」で選び、また、その任期を極端に短くするといったきわめて平等主義的な制度的工夫であり、もう一つは、デモス間の直接的なコミュニケーションと全員参加型の意志決定とを可能にする社会的条件、すなわち、政治社会の空間的、人口的な規模の小ささであった。[10]

しかし、トム・ペインが鋭く指摘したように、[11]こうした社会的条件は、規模の大きな近代の国民国家の時代には完全に失われた。それに伴って、治者と被治者との同一性を直接民主政によって実現することも不可能になり、そこに、デモスが自ら選出した代表者に統治を委ねる代議制あるいは間接デモクラシー（representative or indirect democracy）が登場することになる。デモクラシーのこの近代的な形態の確立を推進した二つのイデオロギー的な要因があった。

一つは中世後期以来の立憲主義の伝統であった。この伝統は、貴族、聖職者、都市上層平民の三つの身分の代表者たちが、自分たちの身分上の特権（privilege）としての自由を防衛するために国王の大権（prerogative）、特に恣意的な課税権を法的に制限しようとする努力を通して形成されたものである。もとより、強固な階統的身分制秩序を前提として築かれたこの中世的な立憲主義の伝統それ自体は、デモクラシーの原理とはまったく無縁であった。しかし、近代のデモクラシーは、政治社会の規模の問題を処理するために、そこから、代表の観念を借用し、代議制デモクラシーへの制度化を図ったのである。トム・ペインの言う「民主制に接ぎ木された代表制」[12]というシステムによって、デモスの自己支配というデモクラシーの理念は間接的に保持されることになった。それを支えたのは、主権の保持者としてのデモスの代表による決定はデモス自身の決定とみなすことができるというフィクションであった。

近代の代議制デモクラシーの形成を促進した第二の要因は、ナショナリズムによって、「想像の政治的共同体」[13]としてのネイションの観念や意識が創出されたことである。[14]それは、ナショナリズムが産み落としたネイションというこの新たな観念が、デモスの間に想像上の同質性や共同体イメージを作り出すうえで大きな役割を演じることによってであった。人間を現実に分かつ身分、階級、民族、宗教、言語、文化等の差異を超越し、彼らを同胞としてのデモスへと均質化する作用を果たすことによって、ネイションという観念は、近代の国民国家において、治者と被治者との非民主的な分極を埋め、デモクラシーをデモスによる共同の営みとして定着させる観念的な基礎を提供したからである。その点で、近代において、デモクラシーとナショナリズムとは密接に結びついていた。

このように、近代の代議制デモクラシーは、立憲主義とナショナリズムとにイデオロギー的に支えられながら、国民国家を正統化し、構成し、運営するナショナルな政治原理として制度化されていった。それとともに、言葉としてのデモクラシーも、遅くとも十九世紀初めまでには、肯定的な意味で理解されるようになった。確かに、このナショナルな代議制デモクラシーの実態が、選挙権を与えられていない人々を含む圧倒的に多数のデモスを少数の代表者が支配する寡頭制的な統治体制であったことは否めない。周知のように、それを次のような手厳しい形で暴露したのが、イギリスの議会制デモクラシーに無邪気に投票するデモスの奴隷化をみたルソーであった。「イギリスの人民は自由だと思っているが、それは大間違いだ。彼らが自由なのは、議員を選挙する間だけのことで、議員が選ばれるや否や、イギリス人は奴隷となり、無に帰してしまう」[15]。

しかし、ルソーの嘲笑的な批判にもかかわらず、その寡頭制的な代議制デモクラシーが、十九世紀を通じて、デモスによる自己支配というデモクラシーの理想的な形態に近づこうとする努力を続けたことも事実である。そうした努力のうちで、次の二つの運動がもっとも重要なものであった。一つは、選挙権を拡大し、最終的には普通選挙権を実現しようとして絶えず展開された選挙法改正運動であって、一八三二年以降、イギリスにおいてもっとも典型的にみられたものにほかならない。もう一つは、特にパリ・コミューンの敗北以降、国家権力を暴力革命によって奪取する戦略から、平和的手段によって社会民主主義を樹立する戦略へと戦略を変えたマルクス主義者の運動であった[16]。彼らの意図が、多くの貧しいデモスに有利な政策を実現するために議会における多数派を形成することにあったことは言うまでもない。

そうした運動によって必要な変更を加えつつ、欧米の近代国家において制度化されていったナショナルな代議制デモクラシーの「下部構造」は、もとより資本主義であり、市場経済システムであった。したがって、資本制デモクラシーとは異なった経済的「下部構造」に立つ新しいタイプのナショナル・デモクラシーが登場することは、いわば歴史的な必然であったと言わなければならない。ロシア革命以降、社会主義的デモクラシーが樹立されたのはそうした背景においてであった。

（5）社会主義的デモクラシーの確立と自壊

西欧型のいわゆるリベラル・デモクラシーだけを「真正の」デモクラシーだと考える人にとっては、社会主義体制はいかなる意味でも民主主義的であるとは考えられないであろう。しかし、デモクラシーの概念的なカテゴリーから社会主義体制を無条件に排除することは、理論的にも歴史的にも適切ではない。社会主義的デモクラシーも、近代的デモクラシーの、いささか特異な、しかし、次の点でその正統な継承者であったからである。すなわち、それは、社会主義的デモクラシーが、少なくともその初期の段階では、封建的で特権的な階級構造に基礎づけられた旧体制を打倒して近代的デモクラシーの根本原理をなす人民主権を確立するとともに、人民が自らに代わって国政を担当する代理人を選出する体制を制度化した点にほかならない。

こうした社会主義的デモクラシーが出現した結果、デモクラシーという言葉が「近代世界の公的標語[17]」として普遍化する事態が生じた。それとともに、第二次世界大戦以後、冷戦の一環として二つのデモクラシーの間のイデオロギー闘争が戦われ、それぞれの陣営は、自らのデモクラシーのデモクラシーとしての「真正さ」や「デモクラシーという言葉に適用する判断基準[18]」を独占しようと努めることになったのである。

しかし、現時点から振り返ってみると、特に旧ソ連邦において展開されたタイプの社会主義的デモクラシーは致命的な欠陥をもっていたと言わなければならない。すなわち、欧米のリベラル・デモクラシーが、デモスに対する少数の寡頭制的支配を実態としながらも、デモスの自己支配を求めて歴史的に展開した民衆の民主化を求める運動を、社会主義的デモクラシーが斥け続けたことがそれである。社会主義的デモクラシーの体制が民主化運動を疎外し続けたことには二つの主要な原因があった。一つは、社会主義体制が、社会主義をただ一つの論争の余地のない絶対的な体制原理として正統化することによって、単一の公式的なイデオロギーによっては括ることができないデモスの多様な欲求や価値観を抑圧してきたことであった。もう一つのより実際的な原因は、社会主義体制が、スターリンに代表される独裁的な指導者への個人崇拝、共産党による一党支配、党の特権層による官僚的統治を人民の利益の名のもとに容認してきたことに求められる。

こうした背景のもと、社会主義体制は、より開かれた、そしてよりリベラルな体制を求める民衆の民主化運動が生起した場合、それを、デモスによる自己支配へと彼らのデモクラシーを近づけようとするプロジェクトとみなすことができなかった。反対に、社会主義体制は、冷戦イデオロギーを巧みに操作しつつ、そうした民主化運動を、体制そのものの転覆をめざす危険な試みとして否定することになったのである。旧ソ連邦やハンガリーやチェコにおけるほぼすべての民主化運動が反体制運動として暴力的に、そして悲劇的に弾圧されたのは、そうした歴史的文脈においてであった。

それに対して、われわれが一九九〇年の前後に目撃したのは、自己支配への民衆の切実な欲求の前例のない噴出であった。それは、東欧の社会主義体制から旧ソ連邦のそれにまで広がり、やがて、それらの体制における社会主義的デモクラシーの自壊を導くことになった(19)。この民主革命が、長く人民民主主義(people's democracy)を標榜してきた体制を葬ったことは歴史の皮肉というほかはない。そして、この社会主義的デモクラシーの自壊とともに、古代ギリシャに淵源をもち、長い旅の果てに相互に対立する二つのデモクラシー体制へと行き着いたデモクラシーの歴史は一つの終焉を迎えることになった。しかし、それは、デモクラシーの歴史の新しい始まりでもあったのである。

2　試練に立つデモクラシー――冷戦後の世界

（1）五つの論点

デモクラシーをめぐる冷戦後の状況を理解するために考慮すべき事実が、少なくとも五つある。第一は、事実の問題として、ナショナルな立憲主義的代議制デモクラシーの形式をもつ欧米流のリベラル・デモクラシーが他のデモクラシーに対する決定的な「勝利」を収めたことにほかならない。今日、われわれは、リベラル・デモクラシーが集団的な自己支配の形式としてのデモクラシーのただ一つ正統な種類とみなされる歴史の新たな段階の到来を目撃しているからである。第二に、公的な存在として積極的に政治に参加しようとするシチズンシップをもつデモスの不在がリベラル・デモクラシーの未来に暗い影を落としている事実を挙げなければならない。デモスなきデモクラシーが論理矛盾であることが常に指摘されてきた事実が示すように、これは、リベラル・デモクラシーの実践を担う政治主体としてのデモスをどのように形成するかという古くからの問題の復活であると言ってよい。

第三に注目すべき事実として、冷戦後、多くの国民国家において、ナショナリズムとデモクラシーとの結合が自明性を失ったことを指摘できるであろう。このところ、ナショナリズムは、デモスを実質的に引き裂く民族的、宗教的、文化的な分裂を克服して、ナショナルなリベラル・デモクラシーの人間的基礎をなす同質的な国民を

「想像の共同体」として創出するイデオロギー的な力をもはや保持していないのではないかと思わせる事例が目につくからである。第四の事実は、立憲主義的代議制リベラル・デモクラシーはデモスの政治的意志を代表＝表象（represent）できないのではないかとの疑念が広まっていることにほかならない。その例証として、先のイラク戦争の開戦時に、強く戦争に反対するほぼ半数のデモスの意志が、アメリカとイギリスとにおける政策決定者によって無視された事実を挙げることができるであろう。代議制を採るリベラル・デモクラシーにおける代表＝表象機能は今日疑わしいものになりつつあると言わなければならない。最後に、われわれは拡大するＥＵ統合がデモクラシーの未来に対してもつ意味を考えなければならない。ＥＵは、これまでのナショナル・デモクラシーとは異なった政治的空間と政治制度とをもつデモクラシーを樹立しようという先例のない実験を始めているからである。

(2) リベラル・デモクラシーの「勝利」とその帰結

フランシス・フクヤマが、人間の歴史の究極的な到達点は自由の実現にあるとしたヘーゲルの見解に依拠しながら、冷戦の終焉を、社会主義的デモクラシーに対するリベラル・デモクラシーの最終的な勝利によってもたらされた「歴史の終焉」とみなしたことはよく知られている。しかし、デモクラシーに関する限り、冷戦の終焉は、歴史の終わりではなく、新たな始まりであった。

先に述べたように、リベラル・デモクラシーは、冷戦後、事実上、統治の唯一正統な形態となった。この「勝利」から、リベラル・デモクラシーの歴史の三つの新しい始まりが出現した。第一は、リベラル・デモクラシーが、批判的あるいは相対的な視点から自らの実態を反省し、自省する機会を失ったことである。どちらが真のデモクラシーにより近いかをめぐって二つのデモクラシーが厳しく対峙し合っていた冷戦の時代には、リベラル・デモクラシーも、民主的現実の実現度において社会主義的デモクラシーよりもはるかに高い水準にあることを証明すべく絶えず強いられていた。しかし、社会主義的デモクラシーが自壊したのち、リベラル・デモクラシーは、自らが他のいかなる形態のデモクラシーに比べても論争の余地なく優越していると無批判的に主張する特権を享受できるようになったのである。

冷戦の終焉とともにリベラル・デモクラシーが獲得したこうした圧倒的な地位から、その歴史の第二の始まりが導かれることになった。それが、もし必要ならば軍事力に訴えてでもリベラル・デモクラシーを世界化し、世界大の「デモクラシーの帝国」を樹立しようとするアメリカの急進的な戦略を生みだしたことである。よく知られているように、リベラル・デモクラシーの修正版である社会民主主義を信奉する多くのヨーロッパ諸国が公然と反対したにもかかわらず、ネオコン（neo-conservatives）と呼ばれる急進的なグループの主導によって開始された先のアフガン戦争とイラク戦争とは、そうした戦略の結果であった。このように、冷戦後、リベラル・デモクラシーの領域においてアメリカとヨーロッパ諸国との間に生じたイデオロギー的な不協和音や軋みが一時的な現象であるか、それとも構造的なものであるか、またその不協和音がアメリカのデモクラシーに潜む独善性を規制する要因として働くかどうかは、リベラル・デモクラシーの今後の動向について考えるうえで注目すべき論点となるであろう。

冷戦後におけるデモクラシーの歴史の第三の始まりは、世界化されたリベラル・デモクラシーが、空間的にも人口的にもこれまでに存在したなかで最大の民主主義体制である人民民主主義の中国版に対して衝撃を与える可能性が生じたことである。中国が、言論の自由や多党制を当然の前提とするリベラル・デモクラシーの方向への政治システムの根本的な変革なしに、開かれた市場経済の形成を目指す経済改革を推進し続けることができるか否かは、人類の歴史におけるデモクラシーの未来に関心を寄せる人々にとってもっとも切実な関心事であると言ってよい。少なくとも、欧米におけるデモクラシーの歴史は、政治的民主化と市場経済の成立とが不可分であることを教えているからである。

(3) 政治的デモスの創出

デモスなきデモクラシー、すなわち、人間の尊厳という大義のために自らが自らを統治するシチズンなきデモクラシーとは、それ自体が言語矛盾にほかならない。しかし、冷戦後、そうした矛盾が世界のいたるところで見られるようになった。ロシアはその典型的な例であろう。社会主義的デモクラシーを放棄して曲りなりにもリベラル・デモクラシーへの道を踏み出したこの新たな民主国家において、長い間、統治の主体になることなく、その客体たる地位に甘んじることを強いられてきたデモスは大統領や首相の権力の強権的支配に受動的に服従することを余儀なくされているように見受けられるからである。それは、旧社会主義圏のなかで何度となく民主化を求める運動を経験したポーランドやハンガリーの場合とは異なるロシアのデモクラシーに特有の悲劇であると言うほかはない。

しかし、ロシアよりもはるかに深刻にデモスなきデモクラシーという矛盾に見舞われている政治社会が存在する。そのもっとも顕著な例はアフガニスタンとイラクとに求められよう。これら両国は、政治社会の能動的な成員としての自由で自律的なデモスを欠くなかで、欧米型のリベラル・デモクラシーを樹立することを暴力的で他律的な力によって強制されたからである。

このように、リベラル・デモクラシーがデモクラシーのシンボルをほぼ独占することになった冷戦終焉後、自由で自律的なデモスなき民主政体の例が少なからず目につくようになった。もし、積極的なシチズンシップをもったデモスが不在ならば、それは、スピノザが主張したように、[20]意図的に創出されなければならない。しかし、欧米におけるデモクラシーの歴史が示しているように、そうした積極的なデモスが創造されるためには、通常、デモスの自己支配というデモクラシーの理念を実現しようとする運動を展開し、その理念を制度化しようと努める長い経験が必要である。したがって、アフガニスタンやイラクにおいてデモスを創出しようと試みる場合、何よりもまず、それら両国の人民に自らの政治社会の能動的な主体たる地位を与えるために、彼らに主権を完全に移譲し、彼らを自らの政治社会の経営に責任を負わせることから始めなければならない。デモスを創造しようとするそうした努力以外に、両国においてデモスなきデモクラシーという矛盾を解く捷径はありえないからである。

(4) リベラル・デモクラシーとナショナリズムとの分離?

先に指摘したように、近代の国民国家における立憲的代議制リベラル・デモクラシーは、ナショナリズムと密接に結びついていた。それは、ナショナリズムが、国民の創出を通して実質において差異を秘めるデモスの想像上の同質性を生みだすことによって、治者と被治者とのギャップを埋める観念的な基礎をデモクラシーに対して与えたからであった。いささか乱暴に言えば、ナショナリズムとデモクラシーとのこうした結びつきは、いくつかの例外を除いて一九八〇年代まで続いたと考えることができるであろう。

しかし、冷戦終焉後、ナショナリズムと立憲的代議制リベラル・デモクラシーとの分離現象がいたるところで見られるようになった。この新しい現象の主たる原因は、「想像の共同体」としての国民という観念が、それぞれの国民国家におけるデモスを引き裂く民族的、階級的、宗教的、文化的な差異を超越し克服する能力を喪失したことに求められると言ってよい。そうした背景に由来するナショナリズムとデモクラシーとの分離について、三つの例を挙げることができる。

第一の例は、数多くの移民がそれぞれの社会において少数派をなしている欧米の多くの国民国家の場合に求められよう。これらの移民たちが、万一ある種の選挙権を含む公民権（civil rights）をもつデモスとしての資格を与えられたとしても、実際には、彼らを、たとえ想像上であれ、他の多数派のデモスと同質の国民へと統合することは容易ではない。それは、歴史に根ざすそれぞれのアイデンティティの核心をなす民族的、宗教的、文化的な背景への移民たちの固執が、各国家の単一の国民という意識へと彼らを同化させることを極度に困難にしているからである。しかも、少数派ゆえに移民たちが受ける政治的、経済的、社会的な差別がそうした固執を増幅させて、時に多数派のデモスが権力の中枢を占める政治的統治への暴動に連動していく例も目につく。その意味で、政治社会における「他者」にとどまらざるをえない数多くの移民をかかえる欧米の少なからぬ国民国家においては、ナショナリズムに訴えてデモクラシーの人間的基礎をなす同質的な国民を作りだすことはこのうえなく困難なことだと言わざるをえない。

リベラル・デモクラシーとナショナリズムとの分離現象を示す第二の例は、再び、アフガニスタンとイラクとに求められる。両国において、これまでに、憲法の制定をはじめとして、欧米型の立憲的代議制リベラル・デモクラシーを機能させるためのさまざまな試みがなされてきた。しかし、それらの努力が実を結ぶのは絶望的なまでに困難であろう。両国においては、人々の間の民族的、部族的、宗教的、文化的、イデオロギー的な亀裂が、ナショナルなリベラル・デモクラシーに不可欠な条件である同質的な国民をナショナリズムによって創出することを不可能にするほどに深いからである。その点で、両国におけるデモクラシーの未来は、たとえば、教育制度を通してナショナリズムを涵養し、同質的なデモスとしての国民を形成することができるかどうかにかかっていると言うことができるであろう。

第三に、デモクラシーとナショナリズムとの分離の例を、「ソヴィエト帝国」[21]の自壊のあとに旧東側陣営に陸続として生まれた多くの国民国家に見いだすことができるであろう。政治を立憲的代議制デモクラシーの原理によって運営しようと試みているそれらの国家の大部分は、いわゆる多民族国家にほかならない。これは、それらの国家が、民族紛争を引き起こす潜在的な可能性を秘め、状況によっては民族ごとの国家形成への要因として働くエスノ・ナショナリズムによる崩壊の恐怖からなお自由にはなりえていないことを意味する。その点で、これらの国家は、ナショナルなリベラル・デモクラシーの人間的基礎をなす同質的な国民を創造することが期待される求心的なナショナリズムによって、遠心的なエスノ・ナショナリズムを克服することの困難性に直面していると言ってよい。

以上三つの例が示唆するように、冷戦後の世界においては、リベラル・デモクラシーとナショナリズムとの結合はもはや決して自明ではないのである。

(5) 政府とデモスとの意志の分裂

前に述べたように、先のイラク戦争時、アメリカおよびその同盟国の政策決定者は戦争に反対する多くのデモスの声を無視して開戦に踏み切った。この事実は、代議制リベラル・デモクラシーに一つの難問を突きつけることになった。それは、デモスの意志が国家の意志によって必ずしも代表＝表象されえないのではないかという問題にほかならない。しかし、この問題の背後には、代議制リベラル・デモクラシーに固有の制度的アポリアが潜んでいる。

代議制リベラル・デモクラシーは、選挙の際に、国民は、主権者として、決められた一定の任期の間、どの政党あるいは大統領候補者のうちの誰に統治権力を委ねるかを決定しうるという一般原則を前提としている。その結果、代議制リベラル・デモクラシーは、免れがたい一つのアポリアをもつことになった。統治権力を担う政党あるいは大統領は、選挙後に浮上した争点についてデモスの意志を原理的に代表しえないという難点がそれである。先に指摘したイギリスの代議制に対するルソーの嘲笑は、ある意味でその点を衝いたものであった。前述したように、イラク戦争は、この問題を顕在化させることになった。アメリカ、イギリス、イタリア、スペイン、日本といった国家の政府は、開戦に反対する数多くのデモスの意志を無視して、イラク戦争をあるいは主導し、あるいは支持したからである。その正当性根拠は、それぞれの政府は、直近の選挙の際に政策を遂行する包括的な権限をデモスによって授権されているというものであった。

このように、冷戦終焉後、代議制リベラル・デモクラシーは、国家の意志を決定するにあたってデモスの意志をどこまで適切に代表＝表象する能力をもっているかという古くて新しい難問にあらためて直面しているのである。

（6）EUの挑戦

最後に、われわれは、近代デモクラシーの歴史においてEUの実験がもつ意味について考察しておかなければならない。先に強調したように、代議制リベラル・デモクラシーは、西欧近代の国民国家を正統化し、構成し、運営する根本原理として確立された。したがって、近代のリベラル・デモクラシーの政治空間はナショナルな境界によって区切られており、また、その政治的デモスもそれぞれの主権国家の国籍をもつ国民以外のものではなかった。言い換えれば、近代の立憲的代議制リベラル・デモクラシーは、「政治的単位とナショナルな単位とは一致しなければならないと主張する政治原理」[22]としてのナショナリズムと不可分に結びついていたのである。

EUは、こうしたナショナルなタイプのリベラル・デモクラシーとはまったく対照的なタイプのデモクラシーを追求しようとしていると言ってよい。それは、いずれもリージョナルでトランス・ナショナルな性格をもつ独自の憲法と議会制度と大統領制とを制定しようと試みているからである。言うまでもなく、そうしたトランス・ナショナルな代議制リベラル・デモクラシーを創出しようとするEUの実験が成功する保証はない。むしろ、多くの国民国家を包括する形で進められているEUの拡大は、トランス・ナショナルなデモクラシーの実現を困難にすると考えるほうが予測としては合理的かもしれない。しかし、EUの実験については、次の点が強調されなければならないであろう。すなわち、ナショナリティやナショナリズムの基礎に依拠しない代議制リベラル・デモクラシーを樹立しようとするEUの試みは、デモスの自己支配の実現を求める「永久革命」あるいは「未完のプロジェクト」としてのデモクラシーの歴史において画期的な位置を占めているということがそれである。

むすびにかえて

以上から、われわれは、冷戦の終焉は、たとえデモクラシーがいたるところで、また多くの局面において試練に立たされているとしても、断じてデモクラシーの物語の終わりではないと結論してよいであろう。むしろその試練は、政治社会という空間のなかで他者とともに生きるしかない政治的動物としての人間にとって、強制力を伴う集団的な意志決定の方式としてのデモクラシーとは何であり、何であるべきかという終わりなき問いに答えようとする苦闘とみなすことができる。その意味で、今からほぼ三〇年前にジョン・ダンが下した次のような判断は依然として問題の真相を衝いていると言ってよい。「今日、政治において、デモクラシーとは、われわれがもちえないもの、しかし求めることを止めることのできないものの名称である」[23]。

もとより、この判断が、欧米においてだけではなく、アジアにおいてもまた妥当することは言うまでもない。

（1）この点を説得的に論じた特筆すべき業績として、福田歓一「現代の民主主義――象徴・歴史・課題」（『デモクラシーと国民国家』加藤節編、岩波書店、二〇〇九年、所収）がある。

（2）デモクラシーの概念を構成する理念・運動・制度の三要素にそれぞれほぼ対応する日本語として、民主主義・民主化・民主制（政）を挙げることができるであろう。

（3）Thucydides, *The History of Grecian War*, trans., T. Hobbes in *The English Works of Thomas Hobbes*, 1966, Vol. I, p. 191. なお、P・ベールは、『歴史批評辞典』において、ホッブスが、一六二八年にトゥキュディデスの『歴史』を翻訳したのは、「アテナイの歴史を通して、イギリス人に民主的統治の無秩序と混乱とを示そうとの考えをもって」のことであったと注釈している（P. Bayle, *Political Writings*, edits., S. L. Jenkinson, Cambridge, 2000, p. 80）。

（4）Thucydides, *op. cit.*, p. 221.

（5）B. de Spinoza, *Political Treatise*, in Spinoza; *Complete Works*, edit., M. L. Morgan and trans., S. Shirley, Indianapolis, 2002, p. 719.

（6）J. Dunn, *Western political theory in the Face of the Future*, Cambridge, 1979, p. 6.（ジョン・ダン『政治思想の未来』

半澤孝麿訳、みすず書房、一九八三年）

（7）Montesquieu, *The Spirit of Law*, trans. and edit., A. M. Cohler, B. C. Miller and H. S. Stone, Cambridge, 1989, p. 10.

（8）*Ibid.*, p. 22.

（9）ホッブスは、デモクラシーを、「（各人が投票権をもち、もし望むならば争点の討議に参加できる）すべての公民から成る会議体（assembly）」にその主権が属する政治的共同体（commonwealth）と定義したから、デモクラシーに対する彼の批判は、もっぱら「大きな会議体における討議のうちに見いだされる障害」に集中することになった。ホッブスは、そうした「障害」の例として、政治的共同体に関わることがらについての「討議」には「内外の事象に関する知識」が必要であるにもかかわらず、「人間の大きな会議体においてはそのほとんどの部分が経験知をもたないこと」、「大きな会議体」における「討論」は「評判」を求めて「雄弁」に訴えがちとなり、したがって、そこでの「投票」もいきおい「正確な推論ではなく感情的な衝動にもとづく」ものになる傾向があること、「大きな会議体」における「討論」は、対立する異論が噴出しがちであることによって、政治的共同体における「反逆や内乱の源泉」となる「党派」を作りだすことを挙げている（Cf. T. Hobbes, *On the Citizen*, edit., and trans., R. Tuck and M. Silberthorne, Cambridge, 1998, p. 91, pp. 122-5）。また、スピノザは、「国事の処理」にあたる最高権力が「人民一般から構成される会議体」に属する点で君主制および貴族制から区別される民主制について、「自然がすべての人間に認める自由にもっとも近接する点でもっとも自然な政体である」とはいえ、「もっとも短命で、頻繁に叛乱に見舞われがちである」と指摘している（Cf. Spinoza, *op. cit.*, p. 531, p. 687, p. 701）。このように、デモクラシーが「反逆」や「叛乱」を引き起こしやすいとしたホッブスとスピノザとの認識は、ルソーによっても共有されていた。「民主的な、あるいは人民の統治ほど、内乱や内紛が起こりやすい統治はないということを付け加えておこう」（Rousseau, *The Social Contract and Other Later Political Writings*, edit., V. Gourevitch, Cambridge, 1997, p. 92）。

（10）周知のように、ルソーは、デモクラシーについて、それは「人民が容易に集合することができ、すべての公民が他の人々を容易に知ることができるきわめて小さな国家」に適合的であると述べている（Rousseau, *op. cit.*, p. 91）。

（11）Cf. Tom Paine, *Political Writings*, edit., B. Kuklick, Cambridge, 1989, p. 167.

（12）*Ibid.*, p. 170.

（13）B. Anderson, *Imagined Communities: Reflections on the Origins and Spread of Nationalism*, London, 1991, p. 6.（ベネディクト・アンダーソン『増補　想像の共同体――ナショナリズムの起源と流行』白石さや・白石隆訳、NTT出版、一九九七年）

（14）ゲルナーもホブズボームも、ネイションをナショナリズムの産物とみなしている。Cf. E. Gellner, *Nation and Nationalism*, Oxford, 1983（アーネスト・ゲルナー『民族とナショナリズム』加藤節監訳、岩波書店、二〇〇〇年）and E. Hobsbawm, *Nations and Nationalism since 1780*, Cambridge, 1990（E・J・ホブズボーム『ナショナリズムの歴史と現在』浜林正夫・庄司信・嶋田耕也訳、大月書店、二〇〇一年）。ネイションやナショナリズムについて包括的に分析したものとして次の作品がある。A. D. Smith, *Nationalism and Modernism*, London, 1998.

（15）Rousseau, *op. cit.*, p114.

（16）欧米のデモクラシーについて言えば、パリ・コミューンの敗北は、遠くギリシャのいわゆる「重装歩兵のデモクラシー（Hoplitendemokratie）」に淵源をもつデモクラシーとデモスの武装との結合の歴史に一つの終わりがきたことを意味する。それを受けて加速したマルクス主義の社会民主主義への変容を思想的にリードし、また代表するのが、正統派マルクス主義者から「修正主義者」として揶揄されたベルンシュタインであった。

（17）Dunn, *op. cit.*, p. 2.

（18）*Ibid.*, p. 12.

（19）Cf. N. Ascherson, '1989 in Eastern Europe: Constitutional Representative Government as a "Return to Normality"?' in *Democracy*, edit., J. Dunn, Oxford, 1992.

（20）「人間は公民として生まれるのではなく、生まれてから公民に作られるのだ。」（Spinoza, *op. cit.*, p. 699）

（21）Ascherson, *op. cit.*, p. 221.

（22）Gellner, *op. cit.*, p. 1.

（23） Dunn, *op. cit.*, p. 28.

デモクラシーとナショナリズム——アジア政治の未来における財か、あるいは制約か

ジョン・ダン

1　現代アジアにおけるデモクラシーとナショナリズムのコンテクスト

デモクラシーとナショナリズムは現在、世界のいたるところで、政治的忠誠を捧げるに値するとの資格をもっとも激しく要求するものとなっている。しかし、実効性を備えた政治権力を生み出すうえでそれらが最有力資源になることはないというのが、おそらく妥当な判断であろう。今日、デモクラシーとナショナリズムが少なくとも一つのライバルに直面していることは、誰しもが認めるはずである。そのライバル——経済効率——は世界の諸大陸とならんで現代アジアにおいても、力強い存在感を示している。経済効率という思想は、実に古くからあるものである。しかしそれが劇的なまでの突出ぶりを見せたのは、人類が経てきたグローバルな諸経験のなかでもせいぜいここ一世紀ほどのことにすぎない。しかもその突出ぶりは、中国ならびに日本という二つの偉大なる東アジア文明において、とりわけ顕著に現われている。ところで経済効率と聞いてすぐさま思い浮かぶのは——じっくり考えてみた場合でもおそらく同様の結論になると思われるが——それがかなりの多義性を含む概念だということである。一方でそれは、戸惑いすら引き起こす人類の生産能力に関わる装備・時間・空間に縛られない

サービスの提供、他方でそれは、これらを可能にした消費手段の驚異的増大といったものをその概念のなかに含んでいる。ただいずれにしても、昨今では、そうした現象がたいへんな肥大化を見せたことによって、人類史全体のみならず今を生きる何十億ものひとびとの実体験もまた、その多くがとるに足らないものに変わってしまった――その肥大化が世界のなかで、いかに不均等なものであったにしても、である。要するに、われわれがショッキングなまでに作り変えてしまったこの世界では、この経済効率の思想が有無を言わせぬ権威を誇っているのだ。したがって厳密な意味での政治カテゴリーはすべて、それに対抗することなどもはや不可能と言わねばならない。その思想が国家を縛り、それによって国家はますます重みを欠いた付属品、時に無能な召使いに姿を変えてしまっている。(1) 現在われわれが直面している政治闘争においては、この経済効率という思想はしばしば社会の権利要求(人間同士の結びつきという生きた感覚)を非難し、その現実をも否定し、その破壊さえも行なう。一方、デモクラシーとナショナリズムは現代人に対し、自分たちの経済効率を長期間維持あるいは強化するうえで、また経済効率だけが実現を可能にする消費の拡大を確かなものにするうえで、政治的には何を目標に進んでゆけばよいのか――この問いに対する最良の指針を提供している、と言えるだろう。いくらこれがあやふやな理由に基づくものであろうと、その二つは、そうした願望の根拠なき充足や幻想を少しずつ洗練された集合行為へと、しかも有効な集合行為へと変換していこうとする。また複数の人間が肩を寄せ合い生きていくためには、いったいどうすればよいのか――デモクラシーとナショナリズムは、より控えめかつ目立たない形でその道筋を規定する価値基準、すなわち経済効率とは異なる価値基準や伝統的紐帯の存在を、われわれに喚起しつづけるのである。

現代社会科学の大部分は、経済効率の原因となるその基礎の理解に労力を費やしてきた。しかし今までのところその成果は、社会科学の衰退にマッチするほどではなかったにせよ、驚くほど控えめなものに留まってきたととりわけ日本のひとびとが頼り、その政治的信頼を託し得るのははたしてどちらになるだろうか。彼らの無限とは言えない信頼能力をもっとも適切に配分するための道筋を示してくれる情報や分析とは、いったいどのようなものになるだろう。これら二つの競合概念はたいへん異なる政治的傾向性をもち、歴史的にもやや異なる政治的プロフィールを見せてきた。しかし驚くまでもなく、そのいずれもが政治的に利用されたさいには、自浄性は示し得なかった。また双方ともに、これまで十分な理解がなされてきたとは見なし難い、かなりの理由が依然として存在する。

一般に言われていることを踏襲するなら、日本近代史のほとんどを通じてデモクラシーとナショナリズムの歴史は、必ずしも栄光に包まれたものではなかった。ナショナリズムは、前世紀前半に日本がかなり徹底して国際的面目を喪失したさいの理論的素材、ならびに感情的素材を与えたにすぎなかった。一方デモクラシーも、そのさいに失われたバランスを再建する目的で強要された手段でしかなく、その地政学的事情のために、対外的には去勢されたものとなり国内的には空洞化したものとなった。したがってのちにそれは、既存の権威構造のなかにほとんど再吸収されてしまうことになる。[2] ところがそれに続く数十年間、すなわち多くのひとびとに歓迎された経済効率の時代には、そのデモクラシーが、ナショナリズムのもたらす多くの利点を一見なんの歪みもなく提供してくれたようである。ゆえにこの国ではデモクラシーの栄光が欠けていても、大多数の日本人にとってそれは、緊急の対応を要する関心事とはならなかったらしい。しかしながら、危険がいっそう激しく迫るこの第三千年紀の世界では、この問題にはっきり関心を向けなければならない諸事情が差し迫っている。そのうえ、官僚制や大企業の限界を打ち破る行為へとひとびとを導かずにはおかない根拠をしっかりともつことが、まさに喫緊の課題となっている。こうしたことは、日本の政治屋たちが作り上げてきたこの実に鈍感な領域ですら、いまや感じられ始めた。人口構成や国家財政（そして結局のところこれら二つの相互作用）をめぐるこの国の未来は、国家と社会の双方に対し切実な挑戦を突きつけているからである。一方、経済効率という思想はこの挑戦に取り組むうえで、それがいくら魅力あるものだとしても、実際面においても理論面においても一貫性あるアプローチを示してはくれない。それは、この挑戦が突きつけている規模の大きさについて、無味乾燥な認識を示すばかりである。したがって、この課題に直面している日本のひとびとは、以下のことに急いで判断を下す必要がある。すなわち、デモクラシーとナショナリズムはこの課題に対する最善の対処法を識別するさいにいかなる判断材料（resources）を提供するものなのか、またその場合にデモクラシーあるいはナショナリズムは、どのような制約または障害を必然的に課すものなのか、といった事柄である。未来に向けてのあらゆる戦略は三つの点——すなわち国民（nation）の構成、国家形態、その国民がともに考え、学び、選択する過程——をお互いバランスよく保つことが絶対に欠かせない。したがって単なる幸運以外でそのバランスをうまく実現するためには、日本のひとびとはそのおのおのについて、これまで以上にはっきりした認識を手にする必要がある。もちろん、こうした必要に直面しているのはけっして彼ら日本人だけではない。世界の他地域に住むデニズン（denizens）たちも、おそらく同じ課題に直面している。ただ日本の場合、経済効率の改善が緊急の課題だという明らかに一国的な事情が、その課題のなかに存在している。そしてそれが日本人の間で、そうした必要から目をそむけさせない強い動機を構成しているのである。

あらゆる政治上の定式（formula）は、それが適用される時と場所に応じて、突然説得力をもったり失ったりするものである。支配に関するなんらかの定式がかなりのスピードで広い世界を席巻した場合には（ここ二〇年の間にデモクラシーが辿ってきた軌跡はそうした定式の最も顕著な例である）、その定式がもつ内在的魅力こそがこの進歩をもたらしたのだ、と見なしたくなる。しかしながら、この進歩をその定式固有の利点が花開いたものと見なすのではなく、常に限られた定式の間で戦われる争いがもたらした結果にすぎないと見なした方が、より確かな判断でありまたよき教訓にもなろう。この競争では、そこに十分エントリーできる資質を備えた定式ですら自らの利点に反する欠点を必ず抱えており、したがってその結末を保証する唯一かつ確実なものはと言えば、それは常に所与のコンテクストにおいてその定式が有する利点および欠点のバランスでしかない。たとえば加藤節教授が論じているように、社会主義デモクラシーは、それが保持していた明らかな比較優位性を、何十年もの間、世界の広い範囲で謳歌していた。もちろんこうしたことが可能だったのは、このデモクラシーが（誠意ある心持ちから生じたものでは必ずしもなかったにしても）率直な態度で、資本主義には分配が必要だ、と弁じ立てていたからである。[3] それがこの比較優位性を失ってしまったのは、社会の経済生活を管理できる、というその主張にいかなる信頼も置かれなくなった時であり、またそうした時のみであった。このデモクラシーでは、社会的な不安、およびその不安を強く呼び起こすようなものがいっさい取り除かれている社会――そんな社会が想定されていたのである。[4] 結局、なんらかの前提をベースにより優れた社会的経済基盤を構築できる、との信頼できる主張を手に入れることは、きわめて難しい。歴史上生み出されてきたその種の主張のうち十分な手入れが行き届いているものは、今日まったく存在しない。とはいえ、そうした信頼のかすれゆく残像でさえもが時に、「次善の策（fault de mieux）」にすぎない定式に新たな政治生命を与えることがある。現時点で比較的ましな定式はいずれか、という問いをめぐっての争いは、けっして完全に止むことはないのである。たとえばウーゴ・チャベスがベネズエラのひとびとに向かって社会主義の魅力を訴えたとき、彼は、計画経済の効率性に対するハイエクの懐疑を論破することによって、それを行なったのではなかった。彼は「パンとサーカス」を巧みに利用することによって、また近隣の同盟国からひとびとを安心に導く安価な医療サービスを手際よく取り入れることによって、社会主義の魅力を訴えたのである。理念と実践に関する首尾一貫した理論としての社会主義は、過去三〇年ほどの間、その政治上あるいは経済上の説得力を取り戻すために、とくに何かを行なってきたわけではない。ところが注目すべきことに、グローバル資本主義の政治・経済上の説得力は、過去二年ほどの間に屈辱的なまでの失墜を経験した。それはかつて、想像上の公共善として無邪気に受け取られ、また下心たっぷりに喧伝されていたものであった。時代の流れからすると、資本主義は明らかに相対的後退を経験している。しかもそうなってしまったのは、間違いなくそれ自身の重みに耐えかねてのことであった。一方、結果として社会主義は、いささかの上昇を相対的には成し遂げたと言える。しかしこの上昇を社会主義に備わる浮力の業と見なすことは、かなり無理がある。政治・経済の場における説得力という財はきわめて希少だということが今日、私たちの目に改めて明らかになっている。所与の時点・地点においてそれが簡単に手に入る保証はないことを理解するのに、さほど多くの努力は必要としないだろう。

世界のなかでデモクラシーが辿ってきた軌跡を理解しようとする場合には、二つの側面、常にまったく異なる向きにおいて働く二つの側面を心に留めておく必要がある。[5] 第一の側面は、時と場所が適切ならば広く称揚されるデモクラシーの正統化の力、よりはっきりした言い方をすれば、敵から正統性を剝奪するその確固たる能力のことである。この点はベルトルト・ブレヒトの皮肉に満ち満ちた提言、すなわち、一党独裁の東ドイツ国家が万が一怒れる国民（subjects）に直面したときには、その人民を解散して別の人民を選び出したらよいではないか、との提言のなかに、象徴的に示されている（これは、タイのエリートと専門職中産階級の多数派が現在はっきり推し進めている政治プログラムに驚くほど一致することがなければ、おそらく単なる冗談としてしか受け取られなかった提言である）。もうひとつは、あらゆる場合においてデモクラシーは、制度上の便宜としては、相対的に上滑りで、しかも信用できない形態をとる、という点である。そもそもデモクラシーに備わる正統化の力は、その制度がひとびとの意見表明を媒介するシステムならびに政治作用の統御様式として信頼し得る形態であるか否かに、全面的に依存している。ところが、デモクラシーの外形がいかなるものであれ、そうした信頼性は高まるよりも失われることのほうがずっと頻繁に起こる、と言わねばならない。というのも、現代における安定した代議制デモクラシーではプロ化した政治に見られるお決まりの姿のために、大多数の市民たちは、自分たちの感情や判断をそのまま表明する気などめったに起こさないからである。むしろ、このプロ化した政治空間は独特の領域を構成するばかりで、しかもその外部にいる多くの者たちにとっては、それは魅力的と呼ぶにはほど遠い空間である。したがってそれが先導しかつ促進するものはと言えば、その政治のメリットや欠陥をめぐって闘われる終わることなきデニズン同士の言い争いでしかない。今日の場合それは、公的メディアのなかで交わされるかなり口汚いコメントを鼓舞するばかりである。ところが現行の政府がこの種の表現活動を規制しようということにでもなれば、その規模がいかなるものであろうと、この規制はその政治体がもつ正統化の力に直接ダメージを与えることになろう。今日行なわれているデモクラシーがなぜ時の経過とともにあっさり信用を失ってしまうのか——その理由を突き止めることは、要するに、けっして困難なことではない。政治がプロ化していけばいくほど現代のデモクラシーは、市民全体が一体感をもって政治参加することに、いわばブレーキをかけてしまうのである。分業システムによって効率性と経済的な便益とがもたらされる一方で、それは必然的に、あたかもそれと比例するかのごとく、判断・意志・権力に対する疎遠さの感情をひとびとの間に生み出してゆく。[6]かつてシュムペーターは、現代のデモクラシーとはすなわち政治家による支配だ、と説いたが、(7) もしこの指摘が真なのだとすれば、そのデモクラシーを自分たちの活動領域だと勘違いする市民がいまやわずかしかいないことは、ほとんど驚くに値しない。確かに、現代のデモクラシーにおいては、プロの政治家以外に多くのひとびとがその運営に携わっている。しかしながら、ここで言うひとびとをデモスから無作為に選び出されたメンバーと混同することなど、実際には考えることすら困難であろう（イギリスの場合なら、そうしたひとびととはたとえばルパート・マードックやラクシミ・ミッタル、デヴィッド・セインズベリーなどのことである）。

政治的な説明責任がまったく欠けた状態に比べるならば、いかなる形態であれ、その必要性が十分に認識されたシステムのほうがよほどましだ――こうした主張を支持する議論、経験的事実に基づく説得力に富んだ冷静な議論は、確かに存在する。そして熱狂あふれるデモクラシーの歴史的な勝利――怒れる国民（subjects）を前にして、意識的かつ赤裸々に、しかも独善的な態度で無責任支配を行なってきた政治体制が崩壊すること――がこの議論に勢いを与え、またその力を明らかにしてみせる。しかしながら、この議論のもつ力が、その後に続く政治体制が採用する制度にまで持ちこされることはまずあり得ない。確かに、恐ろしいまでに無責任な体制が葬り去られたあとしばらくの間は、次のような問いだけが、唯一真正な政治上の問いであるかのように見えるだろう。すなわち、（その地において支配権力というものがその後も存在しつづけるのだとすれば）支配権力はその対象となるひとびとに対し、説明責任を負うべきものであるのかどうかという問いである。しかしこのケースを例外とするなら、事実上すべての場合において、それを唯一重大な政治上の問いと見なすことはできない。この問いに対する解のうち最良のものといえども、ある解決をあくまで必要とするさまざまな課題に対しては、役に立つものになるとは必ずしも言えないのである。

今日世界を取り巻くこうした種々の課題に思いを馳せてみれば、確実かつ不動の解決策を発見することなど、ほとんどの場合きわめて困難だということがわかる。誰が誰と何について戦い、誰といかなる条件の下で和解すべきなのか。われわれが自らの物理的存在条件に対し加えてきた破壊を精算するためには、いったい何をすればよいのだろう。世界中のひとびとが利益の激しい分断によって引き裂かれている。しかも彼らは、さまざまな規模で営んでいるその集団生活のなかで、社会・経済・政治の基盤となるものに関し、少なくない混乱に直面している。そんなひとびとのために、世界資本主義経済の原理的構成を再活性化させ、またその信用を取り戻せるとの希望を、われわれはどうやってもてばよいのだろうか。ある種の見方からすれば、現在この世界に生きるひとびとの大多数は、いかなる先人もかつて望み得なかったほどに、物質的には優れた生活を送っている。しかしながらそのとき彼らは、こうした歴史上の相対的恩寵が彼らにもたらされたその理由について、はっきり理解しているわけではない。またいかなる事態がこの生活の継続ないしは向上を脅かしたり、それに寄与したりするのかについても、はっきりわかっているわけではないのである。もちろん、自分たちの同胞のなかに誰か彼らに代わってよりよい判断を下してくれるに違いない（あるいは実際にそうしてくれる）、そんな人物がいるとの確実な保証があって、彼らがこの生活を送っているわけでもない。現在、その種の専門能力を備えた最有力候補として職業政治家を信頼することなど、事実上世界のすべての国々において、不自然きわまりないことと言えるだろう。（君主など信用してはならない〔Put not your trust in Princes〕。そして君主に信が置けないのだとすれば、その君主から権力を簒奪した現代の野卑なひとびとに、いったいどうすれば信を置くことなどできようか。また職業政治家に対する不信の念をたとえ一瞬でも抑えることなどできないというなら、いまあなたは銀行家に与して、その気を彼らに対し起こさないことなどはたしてあるだろうか。）

政治的に見てデモクラシーが抱えている最大の弱点は（ただしデモクラシーは、人間が思いつき得る他のいかなる政治体制ともその弱点を共有するのだが）、共通善の中身あるいは一般意志の方向性を自力で見定めなければならない、という点と関係している。一方、かつて存在したあらゆる経済システムに比べて資本主義は、経済生活を大規模に組織化するさい、より感情に流されない断固とした姿勢でそれを行なう。しかし資本主義は、けっして特定の型に収まることはしない。しかもそれは、共通善に関わる問いをかたくなに無視することによって（この問題を重要とは言えないフィクションと見なすことによって）、あるいは資本主義それ自体が（その時どきの型がいかなるものであれ）唯一かつグローバルな共通善そのものだと愛想よく立ち現われることによって、その問題を処理するのである。しかし共通善の中身をはっきりさせること——地域ごとに——は人類の政治生活において中核となる課題であり、しかもひとびとがけっして逃れることのできない困難な課題である。したがって、人類が直面する課題のなかで、共通善の中身についてよき判断を共同で下す以上に真に急を要する課題と言えるものは、その判断を下すために自らの物理的生存を確保する必要がある、といったことぐらいでしかない。そして少なくとも現時点において、デモクラシーは、人類が賢明にもこの課題に取り組む場合の土台として、これまで人類が考えついたもののなかでは最良のものなのである。(8) しかしながら、ひとびとの下す判断の質が、資本主義の民主化によって保証されるわけではけっしてない。それはちょうど、ナショナリズムの民主化が他の共同体から見た場合にナショナリズム固有の政治的含意を和らげたりはしないことと、まったく同じである。デモクラシーは、国内だろうが国外だろうが一度真の敵だと見なしたものに対しては、その殺戮をほとんどためらわない。この点は、毒ニンジンやギロチンを通じて、あるいはドレスデン・広島・バクダッド・ガザの路上で、われわれがしばしば目撃してきた事柄である。

イデオロギーにまつわる現在の評価のなかで、デモクラシーは、政治上の比較的穏やかな特効薬、という素晴らしい評価を受けている。一方、ナショナリズムは、少なくともその名で語られるものに関しては、政治的破壊の前兆、という単なる疑い以上の疑惑をかけられている。こうした評価は部分的には、歴史上の偶然によってもたらされた結果（タイミングに関わる問題）と言えるだろう。しかし同時にそれは、関心を集めようとしてナショナリズムを動員したさまざまな政治的問題が生ぜしめた、ひとつの結果でもある。ところが実際のところ、政治上の定式としてのデモクラシーも、近代国家の正統性根拠には根本的になり得ない。というのも、カテゴリーとしての国家が望みかつ約束するものは、単一にして明瞭、しかも最終的絶対性をもつ政治決定システムに判断や選択の機会を統一することで、もろもろの動きを集中させることにあるからである。デモクラシーが目指すものは、それとはまったく反対に、判断や選択、さらには権力にアクセスする機会をも、市民全体にわたって平等に分かち与えていくことにある。（ただし国家がこれまで成し遂げてきた統合や組織化の程度を過度に強調することは容易であるし、デモクラシーによって行なわれた分散の程度が極端に限定的であることも、見逃がし得ない。）デモクラシーは多かれ少なかれ政治ユニットを所与のものとして扱い、ひとびとが共有する政治生活はどうすれば正統性あるものになり得るのかとの問いに示唆を与えるにすぎない。要するにデモクラシーは、領域性（近代国家がもつ規範上の弱点）に関する理論をまったく欠いており、支配の対象となるデモスに対しては、構成員である彼らの地位の所与性を前提にするのである。一方ナショナリズムとは結局のところ、デモスの構成と維持の仕方をめぐる現状と理想についての、政治建白書の一つにほかならない。今日でもナショナリズムの役割は、基本的に血縁（およびそれと結びついた文化遺産）を基礎にしたデモスを作り上げることを、媒介する点にある。それは主に政治の領域でデモスの士気を高め連帯心を強める装置として働き、デモス内部の政治的紐帯を強固なものにしようとする。そしていかなる形であれ、それを脅かすかに見える政治勢力に対しては、そのデモスを対抗させるのである。多少なりとも時の流れに即して見た場合、デモスが領域性の問題にかなり激しくからめとられていることは明白である。領土が失われた地区のデモスは強迫感あふれる民族統一主義者となり、いかなる領土であれそれが自分たちの手元に残ったとなると、その事実がもつ歴史的な重みや規範上の一貫性について激しく主張する者となる。ところが他方で、自分たちの先祖が富や権力・他の領土を追求する過程で他者に与えた被害に関しては、デモスはそれを認めることに対しはっきり抵抗するのである。

領域性の問題が近代国家における規範上の弱点となるのは、領土の拡大に規範的な地位を与えようとする衝動（そしてある点からすると、政治的な要請）が存在するからである。[9] 国家は、自身を規範的存在だと見なしている。国家には領土が必要であり、したがって国家には、異なる二つの領地を無駄なく継ぎ合わせてゆく方策が必要になる。しかし政治的な観点からすれば、この必要性を満たすことは実に難しい。しかも認識論的な観点からすると、おそらくそれは、最初から絶望的な企てである。ある領土を占有している、という状態を規範的に跡づけるためには、必然的に以下のどちらかの方法をとらざるを得ない。第一は領有という史実をもとにするものであるが、しかしこの方法では、規範上の権威を引き出すうえではイデオロギー的に困難が伴い、認識論的には不適切となる。第二に、既存のデモスが過去に、あるいは現代において下した政治上の選択を根拠にする、という方法がある。[10] 厳密に考えるならば、領土を拡大してきた国家の歴史そのものは、規範性をほとんど――たとえそれがあるにしても――もたない。一方、現国民が示した意志に基づいて領土の正統化を試みるケースでは、その意志が十分同質的なものであった場合でさえ、その意志はどのくらいの期間有効なのか、という別の問題が生じてしまう。（集団的に行なわれる熟議のシステムのうち、安定した説得力をもつ解釈を共通利益に関し引き出し得るものは、たとえあったにしてもほとんど存在しない。エルネスト・ルナンが想像した日々の人民投票は、遅かれ早かれ、ほとんど回復不能な形でネーションの存在論的妥当性を蝕んでしまうだろう。）もちろん、自らはネーションであると見なした時の国家は、自分たちの領土を過去に行なわれた事業（多くの場合それは、道徳性のかけらもない征服）の結果だとは考えない。そうではなくて、その領土を、ひとびとの意志と参加によって生み出された持続性ある構成物として認識するのである。想像が作り出した共同体、あるいは共通の文化として経験されるもの――価値ある交流の場・帰属感を抱くことのできる生きたシステム・日々の人民投票・多くの努力によって積み上げられてきた遺産――は、運命と選択の結果として、なんの疑問もたれずにひとびとの意識と感情のなかで受容されてゆく。したがって、このように考えられたネーションのなかに高い規範性あるいは感情的な力を見出すことは容易であり、特にその規範性や力は、それが外国人支配者に傲然と向けられたときに最大限のパワーを発揮する。しかしながら、領域性の問題と征服事業とは実は分かちがたく結びついており、このことがまず、規範の点で収まりを悪くさせる。しかもそれは、「ネーションの病理（pathology）」へと容赦なく転移していくものであり、この病は常に可能性として、あらゆる国際関係を地政学・生存圏（Lebensraum）・帝国主義的な自己主張をめぐって争われる残酷なゼロサム・ゲームへと変異させていく。東アジアにおける三つの大国（ロシア・中国・日本）のうち、この点で栄光ある離脱を成し遂げたものは、いまのところ存在しない。一九三〇・四〇年代の恐怖が、いまだ大きな影を投げかけているのである。争いの結果得られる戦利品が巨大産業や金属精製加工コンビナートだという場合、あるいは化石燃料や鉱物資源の鉱床だという場合、協力することは禁じ手となり、対立だけが強要される。遠い過去に行なわれた国家建設に問題の根本がある場合には、規範性の要求は単なるうわべだけのものとなり、そのさいに見られる権力むき出しの主張は、背筋も凍りつくほど冷え冷えとしたものになる。ネーションが携えているものは何にもまして、戦いのための訓練場というオーラである。ネーション概念がその内部にもつ規範的なるものは、政治的・軍事的な強化を行なうとき――たとえば『農民たちをフランス人にする（Peasants into Frenchmen）』[11]〔ユージン・ウェーバーの定式〕場合、徳川時代の鎖国、清朝が推進した領土拡張政策――のレトリック装置として機能するさいに、もっとも明確な特徴を見せる。もちろん、政治指導者たちがネーションを歴史上の（場合によっては自然のなかの）「レディメイド作品（objets trouvé）」と好んで表現しようがしまいが、ネーションとは結局のところ、歴史的に形成された人工物にほかならない――こうした認識が完全に断ち切られようとは、ちょっと考えられない。にもかかわらず、地図上により大きな版図を築き上げたいとの思いを呼び起こすにせよ呼び起こさないにせよ、ネーションは、自己満足に陥ったデモスなのである。拡張していくという魅力、自分たちの思い通りに要求を通したいという衝動――この双方が多くのデモスを立ち上がらせることを可能にし、また実際に立ち上がらせている。しかしそうした魅力や衝動はいずれの場合もずっとポジティブな目的、すなわち、デモスと隣人たちに共通のこの世界を平和にする、という目的にはほとんど寄与しない。それらが助長する傾向にあるもの、それは、自国内の一部で行なわれた過去の行為に対する激しい報復である。過去から毒を取り除いたり、またその毒が未来にとめどなく流入することを阻止したりして、一つの世界を作り上げようとすること――そうした真剣かつ繊細な努力は、二の次となる。実際、今日国民国家がその傷をふさごうとして活用している「真実と和解委員会（Truth and Reconciliation Commission）」の国際版を、いったいどの機関に期待できるだろうか。それが種々の戦犯法廷、あるいは集団虐殺という残虐行為について調査を行なう国際刑事裁判所によって担われるということは、どんな場合でもまず考えられない。そこでは、真実と正義に関する硬直した主張ばかりが展開されることになろう。したがって、お互い自制しながら共生できる道筋を再発見していこうというかなり穏健とも言える緊急課題でさえ、何をせずとも勝手に消え去っていく。

ナショナリズムは政治的に見て完全に無垢だなどと、主張することはけっしてできない。しかし、政治的あるいは規範的な観点から見てそれが完全に正統性を欠くなどということも、めったにないことである。ともかく避けがたい結論は、以下の通りとなる。すなわち、東アジアという地域はこのナショナリズムが相変わらず現実的脅威となる可能性をもち、時として実際に脅威となる数少ない地域の一つだ、という事実である。

2　政治現象としてのナショナリズム

ナショナリズムはその政治的形態において、さまざまな形をとる。ゆえにそのさい、そのおのおのが矛盾するというのも、おそらく当然のことと言えるだろう。ナショナリズムはまず、ある特定の人間集団における態度・認識傾向・理解・価値配分に支えられて起きる政治現象、と見なすことが可能である。また同様に（同じ程度に正しく）それを、さまざまな行為者が多様な場面で利用し得る政治戦略、と見なすこともできる。第三に、政治生活のなかで価値というものをどう理解し配分すればよいのか、それについての規範的かつ実践的な概念として、ナショナリズムを考えることもできよう。いずれにしても、これらすべての形態においてナショナリズムは、それが元来ある種の政治判断を含むということを暗示している——その明らかさの度合いは個々の場合でかなりの違いがあるが。[12] たとえば政治戦略としてのナショナリズムの場合、それを支えるような状況があるか否かに関わらず、仮説および手段としてそれを評価することができよう。しかしながら、種々の政治的アクターがそれに魅かれたり抵抗を感じたりするときがまさに典型的であるが、その魅力や反感ゆえに、政治戦略としてのナショナリズムは綿密なる吟味の対象となる場合がある。一方、政治生活のなかで価値というものをどう理解し配分すればよいのか——この問いに関する規範的・実践的概念としてのナショナリズムは、まさにそれ自体が政治的な判断となる。政治現象としての場合でさえ、ナショナリズムの存在は、まずそれが直接言及されること——ある集団の発話法のなかにネーションという用語が存在したり、それについての概念化が明確になされたりしている場合——によって確認されねばならない。あるいはそれは、明らかに政治に関する判断によって、確認される必要もあるだろう。すなわち、ネーションというカテゴリーがある人間集団の一部に政治的な反応を、明瞭かつ強力に呼び起こしたり抑えたりしているかどうか、という判断である。

ナショナリズムが生じてしまうその原因を、われわれはどう理解すべきなのか。社会科学でこれまで可能とされてきた認識よりも明瞭かつ確実にそれを認識するために、われわれはどのような知的戦略を採用すべきなのだろうか。あえてそのようなことを試みるべき理由はさらなる二つの判断、すなわち、政治的な判断と理論的な判断から生じている。つまり、ナショナリズムは今後もわれわれの世界で政治的影響力を保ち続けるであろうということ、加えて、ナショナリズムがもつ力の根拠ならびにそれがさまざまな時と場所において見せる作用域について解明を試みてきた社会科学の業績が芳しくないこと——以上二つの判断である。ナショナリズムが生じるその原因を洞察するにあたって決定的進歩を成し遂げるためには、次のことを事前にはっきりさせておくことがおそらく必要であろう。すなわち、ナショナリズムを関連分析的に見ると実に捉えどころのないものになってしまう、その原因にほかならない。実のところ、こうした原因が根本的にはナショナリズムのもつ政治的属性にあると考え得る、十分な理由が存在する。その属性とはつまり、それが帯びている潜在力の性質、およびその潜在力からただちに生じる諸結果の性質である。ナショナリズムは現実政治の場において、同胞と目された集団のなかではしばしば喜ばしいものと理解されてきたし、感謝の対象であるとさえ見なされてきた。ところが自称社会科学者の間における支配的傾向は、特に一九三九年以降はかなり明確に否定的な傾向、すなわちそれを不快なもの、是認できないもの、さらには恐怖の対象と見なす傾向を示してきたのである。（中国ナショナリズムが東アジア以外のひとびとによって好意的に受け取られることは、ほとんどと言っていいほどあり得ない。アメリカ国境外でのアメリカ・ナショナリズムも、おそらくそれと同様である。イギリス・ナショナリズム〔British nationalism〕は、その帰属がいまだ解決を見ていない連合王国領土の多くが関わっている場合でさえ、いかがわしいものと見なされる以上に、よりよい取り扱いを受けることはまず起こらない。）

ナショナリズムは、政治的には困惑させられるものであり、存在論的には捉えどころのないものである。したがって、その原因に関し、より確実な理解を得ようとするすべての戦略は以下のことから、すなわち、政治的失望によって左右されない状態でその存在を確認することから取り組んでいく必要がある。しかしこれまでのところはっきりしているのは、そうした確認の方法が簡単には見つからないということである。こうした捉えどころのなさには少なくとも二つの原因が存在しており、一つは認識論的なもの、もう一つは政治的なものだと言える。その二つはお互い激しく影響し合い、その相互作用は時としてかなりあからさまな形で近代政治のなかに姿を現わしてきた。フランス革命の時代から今日に至るまで、ほぼ途切れる間もなく、合理的アイデンティティを必要とする事態と政治闘争を必要とする事態とがぶつかり合ってきたのである。その結果、平和状態こそが大多数の人間にとって優れたものだということは、はっきりと証明されることになった。しかし同時に、ナショナリストのもつ幻想と不可分の政治的便宜主義ならびに政治的不安定とにひとびとが直面したとき、この平和状態を確立したり維持したりすることはきわめて困難だということも、その歴史がまた証明したのである。「汝らの大隊を組織せよ。(*Formez vos bataillons.*)」

危険と機会とが潜む場において友を見出し、同時に敵をも認識するというカール・シュミットの色眼鏡[13]――政治闘争上の目的のため、前向きと後向きの認識を行なう色眼鏡――を使って政治を眺めてみれば、ナショナリズムに対抗しようとする政治的立場は一般的に言って、過度の紛争を助長することにしかつながらない。というのも、ナショナリズムのもたらす政治的効果は紛争のなかで、献身的支持を集積することにこそあるからである。したがって、ナショナリズムへの反対がなければそうした支持は逆に、ほとんど起きることがない。支持を集め、忠誠心を強化するテクニックとしてのナショナリズムがもつその魅力は、まさにその効率性に由来している。とすれば、反対にそれは、客観的利益をめぐって争われる深刻な紛争のなかで必ず生じる痛みを増幅させるものになるだろうし、実際そうであるようだ。要するに、ナショナリズムが第一人称の枠を超えて用いられる場合、それを政治的挑発とさせずにおくことは、至難の業なのである。たとえばもしあなたが中国ナショナリズムにシンパシーを抱くのであれば、日本のナショナリズムに対し、あなたはどのように感じるだろうか。もし日本ナショナリズムに熱意を感じるのであれば、朝鮮ナショナリズム――あるいは私の若い頃に立ち戻るのであれば、当時ドイツに直面していたイギリスのナショナリズム(British nationalism)――に対し、あなたはいったいどう考えるだろう。政治現象としてのナショナリズムに関する社会科学的説明は、分析上の障害にどうしても突き当たってしまう。そしてそうした障害を生み出す主要原因の一つが、ナショナリズムは政治思想としてはきわめて浅はかだということである。一方、第二原因のほうは、この第一原因とはかなり異なる。すなわちそれは、ナショナリズム自体に潜む存在論上の捉えどころのなさ(あるいはそれを認識するにあたっての相対的難しさ)に関係している。

政治に関する実に権威的な理解（それはかつてマルクス主義がもっていると誇っていたものであり、おそらくランド研究所〔RAND Corporation〕がいまだに売りつけようとしているものである）の幸運なる帰依者に対しては、ナショナリズムの捉え方について、正しく判断する手段が与えられているようだ。そしてそのようにして捉えられたナショナリズムの概念は逆に、その原因説明をも随分と容易にしているらしい。しかしそれとは異なる方法で、しかもおそらくより科学的な熱意をもってナショナリズムを検討しようとする場合には、それは当然、アプローチの向きを反転させて行なう必要があろう。その成果物が権威をもたないものになることは避けがたいが、しかし少なくとも昨今の政治を理解することにおいてそれは、最終的には潜在的実用性の高いものになるはずである。そうした成果物は、現在何が起こっているのかを検討し、はっきり真実だと証明されたものから引き出してくる必要がある——その場合、性急な結論に陥ることはもちろん避けながら、である。残念なことに、あらゆる現象はその個々の特徴について皆の意見が一致する前に、何が今日真実であるのかについて、確実な答えを得ることはできない。したがって、このルートを選択した場合でも早急に結論を出したいという衝動にかられていては、成功することはおぼつかない。ナショナリズムとはいったいどんな要素から構成されているのか——この問いについてある程度の有効性を備えた安定的合意に至ることがなければ、ナショナリズムをめぐる真実について、その答えを見出すことなどできないのである。

現代の政治生活のなかでは、ナショナリズムは次の二つの形——そのおのおのが長い過去をもつ——において、もっとも頻繁にその姿を現わす。一つは政治的リーダー（現職の者も、将来それを目指している者も含む）の戦略として、もう一つは、そうした戦略に共鳴するひとびとの間に見られる想像的感受性として——そのような感受性がどの程度広がるかは、人間集団ごとにさまざまだが――である。そうした戦略が政治的支持を初期段階で得るためには、当然この広く行き渡っている想像的感受性に依存しなくてはならない。しかし長期間そうした支持を取りつけようとする戦略の場合、この想像的感受性に依存した結果、およびそれを動員した結果についても、やはり長期間にわたってその不確実性を背負い込まなければならない。（ナショナリズムは明らかにナチスの繁栄と親和的であった。しかしだからといって、これによりナチスの政治生命の長期化が保証されたわけではほとんどない。その意味では、アレクサンダー・ハミルトンとジェームズ・マディソンが国民を作り上げたアメリカの事例の方が、ナショナリストたちにとってはよほど励みになると言えよう。[14] しかしそのようなケースでも遅かれ早かれ、その励ましは常に最終的には裏切られる運命にある。）政治学においてナショナリズムを十分に理解しようとする場合、それが政治的動員技術として最初にもち得た効用のみならず、それがもたらした結果についても、同様にきちんと考慮する必要がある。

こうしたナショナリズムに見られる二つの現われ方については、ある種の存在論的曖昧さが付きまとっている。そのどちらのケースでも、困ったことに、明確に規定された制度的な枠組みや確実に慣習化した社会認識をベースにして、はっきりとした形で現われることは、まずあり得ないのである。しかもそのおのおのは言葉のうえにおいても、しばしば曖昧なままでしか表現されない。またそれらが実際に見せる動きからなんの曇りもなくその存在を推測できるようなことも、まったく起こらないのである。

政治的支持を獲得・維持する政治戦略としてナショナリズムを用いることの正しさ、およびその選択そのものについての分析は、ナショナリズムが用いられたときに現代人が見せるさまざまな想像的感受性の検討とは、まったく異なる作業にほかならない。もっと大がかりなことを言えば――その各作業の大きな違いを理解するうえでより確実なアプローチの存在を想定するとして——こうした二種類の作業結果を明確にする方法について十分に考えてみることこそ、根本的重要性をもつ事柄なのである。

3 デモクラシーとナショナリズムがもつ政治的な含意とは何か

政治カテゴリーとしてのデモクラシーとナショナリズムには、政治的信用が得られるだけの確かな根拠など備わってはいない。特定の政治的アクターや行為に信を寄せる、そのための堅固な土台となることもない。しかし重要なことは、現代政治におけるナショナリズムの足跡にはなぜ心踊らせるものが少ないのか、その理由を見据えることである。またそれのみならず、なぜナショナリズムは政治判断を下すさいの確かな基盤として、苦悩と混乱とが続く政治生活のなかの安定した指針として、根本的に役に立たないのか——この問いに対し、解を与えることである。実は、このように二重の意味でナショナリズムが無能であるその根底には、歴史の偶然ではなく、その概念そのものに基づく理由が存在する。政治的に見れば、ナショナリズムは、確実な解であるかのように振る舞いながら、実は未解決の問いであるにすぎないからだ。それは共通善とは何かについての究極の解だと豪語し、一般意志の中身を明らかにできると決め込んでいる。しかし実際には、それらが行なわれるのは一定の条件下においてであり、しかもその条件の前提をはっきり説明することも、また立証することも、ナショナリズムは行なわないのである。ナショナリズムは、まず手始めに自分にとって都合のよい共通なるものを確定したうえで、それを根拠に、共通善の構成を説明しようとする。空間的なもの・歴史的なもの・地理的なものの間を飛び回って曖昧な言葉を発しながら、一定の人間集団を――無責任だがしかし確固とした態度で――選び出し、そのうえでその集団に規範性を与えるのである。変幻自在ながらも明らかに政治性を帯びたこの動きは、社会科学者の眼には、これまでひどくつかみどころのない分析対象と映ってきた。そんな科学者たちが生み出してきたものは、断定的ではあるが実は明らかに断片的でしかない説明の寄せ集めであり、その結果、このナショナリズムの動きはけっしてうまく掬い取れない――そんな印象ばかりを強く残してきたのである。ナショナリズムを一つの政治力学と見なし、その可能性と裏切りとを説明しようとしてきた社会科学の試みは、かなりの程度失敗であることが明らかとなった。しかもその失敗によってもたらされた結果は単に、現代政治に関する社会科学研究が政治的に無用と化したことには留まらなかった[15]。それは同時に、社会科学の認識力に対する信用すらも、ひどく傷つけたのである。国民皆兵制（levée en masse）が導入されてから二世紀、第一次世界大戦において虐殺による多数の犠牲者を生んでから一世紀。その間に社会科学は、ナショナリズムを取り巻く政治の力に直面して大失敗をし、そのパワーと毒性とについて政治的な評価を下すことにも、甚だしい無能ぶりをさらけ出してきた。この事実は人類が気づくに至ったいかなる後退にも相等しい、啓蒙主義の野心あふれる希望にとってはあまりにも苦い後退であった。

デモクラシーをあらゆる問いに対する明瞭かつ否定し難い答えと見なすことは、厳格な懐疑主義者の目からすれば、ナショナリズムをそう見なすこと以上にありえない事柄である。事実、言葉としてのデモクラシーは、世界政治という荒野で奇跡を生んでくれる、そんな確かな力を備えたお守りではない。人はデモクラシーの政治を動かす力をどう利用すべきであり、また利用しないほうがよいのか――デモクラシーという言葉の背後に、この問いに対する答えを明らかにできる明晰さ・確かな規範性・政治的指針を備えた概念が潜んでいるなどと信じられる、合理的理由は現在どこにも存在しないのである。確かにネーションははっきりした境界線をもつことはないし、存在論的に確固とした枠をもつこともない。またネーションの能力には、時空間において自らの居場所をしっかり定めるうえでも、その居場所を誤認・誤解した場合（その居場所をどこか別のところに定めてしまったり、おかしな時間的範囲・長さでそうしたりしてしまった場合）にその判断を改めるうえでも、十分なものがまったく欠けている。しかし同じようにデモスにも、自身を正式に定義づけるだけの十分な資格や確固とした能力が備わっているわけではない。異なる境界線を引こうと試み、ときにそれを実際に行なう彼らの権利に挑んでくる、そんな敵の主張を打ち破るのに十分なものも、デモスに備わったことなどないのである。あらゆるデモスは、その政治権力や権威の根拠を既存の国家構造から引き出している。したがって、その停泊所から漂流したり、あるいは他国の権威を剝奪しようとしてその国家と敵対したりした場合には、デモスは自然状態に見られるあらゆる危険に直面することになる。そのときデモスは、個々人がもつむき出しの自然権（その権利が何であろうと、その個々人が誰であろうと）以外には、確かで実質的な権利はなんらもたない。ゆえにデモスは、権利などもたないまま力に屈するという屈辱と危険に身をさらすか、あるいは国家を飛び出しその場に新国家を再建するという同じく危険きわまりない冒険の苦しみに身を投げ出すか、そのどちらかを選ばざるを得ない。ところがその後者のプロセスもまた、彼らが捨て去った状態と同様に屈辱的で、正義の観念に悖る新しい屈従という結果にたいていの場合は終わるのである。

デモスのメンバーに属すのは誰か、誰であるべきなのか、誰こそは絶対に属すべきでないのか――こうした問いに対し、デモクラシーは何も教えてくれない。さらに、所与の時点でひとびとがすべきは何であり、また何でないのかについても、教えるところがない。デモクラシーが解を与えてくれる問い、それは単に、現存する国家において統治者は実質的な説明責任を負うべきか否か、そしてもしこれにイエスと答えるなら、その答えは全成人に対する衡平性という原理から生じたものなのかどうか、という一連の問いにすぎない。そしてこの問いのおのおのについて、デモクラシーは簡単かつ確かな解——統治者はその人民に対し責任を負うべきであり、またそれはひとびとの衡平性の原理に基づく、との解——を与える。国家領土の範囲や市民の構成といった問題は、その国家が解決すべき、あるいはその国家を通じて事前に解決されるべき問題である。そのどちらも歴史上の都合、および当該国家が採用した政治戦略の結果決まるものであって、その国家がのちにどう実効性を保つかによってそれは立証されたり、場合によっては不十分と見なされたりする。デモクラシーには概念的にも、また規範的にも実質的にも、その種の選択や立証に寄与するものは備わっていない。デモクラシーのもつ政治的影響力やひとびとの想像力のなかで煌くあのまぶしさは、領土と市民の範囲とが確定していることに深く依存しているのである。しかしだからといって、デモクラシーが与えてくれる先のシンプルかつ断固とした解が、なにか不確かな幻にすぎない、というわけではもちろんない。デモクラシーは、あの一連の問題については、十分対応できる能力を備えているのである。そしてまさにこの解のもつ力ゆえに、デモクラシーは、支配の権利に関する根拠として現在唯一、光輝を放ち得る地位にある。その権利とは、剣の力に基づく権利（jus gladii）ではなく、ホッブズとは正反対に、単なる言葉以上に人を信服させる何か——真の意味での言葉に基づく権利（jus verbi）、すなわち、言葉のために多くの剣を集め保持する力を備えた権利なのである。人間は、もし彼らが時とともに作り上げてきた文明の利点をさらに利用したいと望むのであれば、支配者による支配を受け入れなければならない。他方で人間たちは、彼らの支配者が最終的に自分たちに責任を負う存在でいてくれることを、強く必要としている。ところがこの二つの条件は、狼狽させせられること甚だしいが、まさに矛盾し合うすれすれのところにある。したがって人間は、この根源的矛盾を巧みに回避することができるある種の語り口や思想を、欠かすことができない。[16] デモクラシーは、かつてひとびとが発見し得た解のなかでも最高のものである。したがって人間は明らかに、デモクラシーについてより賢明に語り思考することを学ばねばならない。しかもそれを、政治的にきわめて差し迫ったものとして行なう必要があるのだ。

われわれの政治生活が現在直面している問題を解決するにあたり、デモクラシーからは何が期待でき、また何が期待できないのか――この点を十分理解するために、そしてわれわれの創造力をこれまで以上にはっきりかつ有効に発揮するために、当然ふまえておくべき事柄が少なくとも三つある。第一に、デモクラシーは政治的判断を下すうえできわめて限られた役にしか立たないということ、第二番目は、デモクラシーにはそうした判断を損なう内在的可能性があるということ、さらにそうした害を避けるための材料(resourses)がデモクラシーにはひどく限られているということである。ところで社会科学は、デモクラシーの特徴およびそれがもつ政治的意味について、その理解を高めるべくこれまで多くのことを行なってきた。最後に――これが第三点――私が触れようと思うのは、この社会科学が成し遂げてきた成果に関する、そのいかがわしさについてである。

支配形態としてのデモクラシーに対し古代に行なわれた批判の中核には、それが政治上の判断を適切に下すうえで好ましいものではない、との認識があった。[17] このような見下した態度の一部は紛れもなく階級意識に基づく恩着せがましさの表われであったし、またその一部は、明らかに階級利益を意識的に防衛したものであった。しかしながら、古代世界におけるデモクラシー批判の根本はやはり、優れた政治判断をなすためのその材料(resources)不足をターゲットとし、また根拠にしていた。古代デモクラシーが目指したもの(そして形式的には、頻繁かつ一定の間隔で繰り返し実現できたもの)、それは、ポリスを縛る集団決定権力を市民全体に等しく分散することにあった。[18] もちろんこれは、その市民たちに政治権力が平等に分け与えられていた、ということを意味するものではない。同規模の政治的共同体においてそれが成し遂げられたことは一度としてなく、また誰かがそれを真剣に追求したことがあったなどと考えることはおよそ困難である。そんなことはおそらく、母親の子宮にいる時分からひとびとの間に生じる個人間の差異、およびその後に彼らが送る生活の多様性からして、即座に問題外と片づけられてしまうはずの代物だろう。ところが、政治的選択を集団で行なうさいには全市民を等しく取り扱う、と約束することそれ自体が、その判断を四分五裂させる危険性に、その選択（すなわち彼らの運命）を無条件にさらすことにほかならない。しかもそれは、共同体の公的責任をあらゆる善悪の判断基準、それどころかそうした判断を下せる能力からも、完全に切り離してしまうことを意味する。したがってこの場合、公的に与えられた権利があらゆる社会階層制からも、個人的権威（あるいは、伝統的権威やカリスマ的権威）の感覚からもまったく切り離されることになってしまったのは、いわば当然のことと言わねばならない。

こうした切り離しは意図的に行なわれたものだが、しかしはたしてそれは、政治的平等原理に左右されずに公的決定の中身を規制する憲法秩序体制の導入と、矛盾しないのだろうか——この点は、実に興味深い問題である。確かに、そうした切り離しを前提にするなら、次のような体制を弁護することは難しい。すなわち、より優れた公的判断が得られることを理由に、一部の人に多くの責任や介入権力を与えることを容認する制度のことである。[19] ある見解によれば、そうした権力の付与そのものがデモクラシー自体への、またその根本原理である平等原則への直接的侵害にほかならない。しかしながら、別の見方によれば、この根本原理自体は共通善の概要に関する協力を通じての探求、あるいは一般意志の土台としてのみ、十分に理解することができる。なぜあるメカニズムよりも別のメカニズムの方が、共通善の発見や一般意志の創出に、より優れていると言えるのか——結局のところ、すべての真っ当な憲法秩序体制の弁護は、この問いに対する答えをはっきり提供しなければならない。十分な知識に基づいて下されていようがいまいが、ともかくすべての判断を等しいものとして扱うこと、これこそが正義の必要条件だ――こうした見方をしてしまうなら、個人による判断の質を見極めることは根本的に不可能だ、という原理的懐疑主義が必要になろう。また適切な判断を下すうえで頼りになるのは、あらゆる判断を等価に扱うことだけだ、というのであれば、その他の判断についてはその真実性をすべからく疑うという、同じように極端な態度が欠かせなくなる（しかし他の判断がすべて疑わしいというなら、どうしてすべての判断を等価とするその判断だけが、その疑わしさの例外となり得ようか）。加藤節教授が示しているように、ホッブズとスピノザは、政治上の問題に対しデモクラシーはかなりの程度で判断を誤るはずだ、あるいは少なくともその可能性が高い、と見なしていた（これは一世紀ののちに、ジェイムズ・マディソンにもはっきりと見られた意見である）[20]。ところが、現代政治のなかでこのような意見は、ますます慣習に逆らうものになりつつある（一方、経済政策を解釈する場においては、この意見は依然として広く支持されている）。この問題について、帰納的な方法によって評価を下すことは難しい。十七世紀半ばから続く大規模な政治体の歴史によって、この意見が論破されることは確かになかったからである。しかし、それを支える証拠と反証とのバランスについては、これまでとは異なる方向にやや移動したと言える。もちろんこのようなバランスの変化が起きたのは、政治判断を下すにあたってデモクラシーが抱える内在的な脆さ、あるいは誤った政治判断に対するその突出した脆さをめぐってではなく、何か別の制度のほうがオールタナティヴとしてより確実で政治的にも信頼できるものを残してくれるのではないか――その期待において、そのバランスが変化したのである。つまり、我々の手元にはっきり残されているのは、チャーチルの定式以外の何物でもない。すなわちデモクラシーは次善の策であり、他のあらゆる政治制度を除いて最

悪の政治制度である、というあの定式である。(21)

デモクラシーが広く受容されるなか、今日それは、正統性ある政治的権威がもつべき二つの規範的条件を満たそうとしている。一つは、共同体の大多数の意志から意図的に逸脱することはしない、ということであり、もう一つは、統治の対象である共同体から超然とすることも、またそれを上から支配することもしない（あるいは試みない）、ということである。しかしその結果誕生した代表制と、支配者は説明責任を負うというルールはそれぞれ、デモクラシーの失敗やその着実な破壊を招きかねない。たとえば共同体の多数派が支持していると思しき意志がそれ自体好ましくない場合（イスラエル市民に見られる防衛的な傾向、あるいは外部世界の多くに向けられたタリバンの態度など）、その彼らの民主的要求を退けるだけの十分な根拠は確かにあるが、しかしその根拠は民主的なものとは言えない。なぜならそれは、デモクラシーに基づいたものではないからである。したがって、現代におけるとある共同体の支配者が説明責任の義務に抵抗するか、あるいはそこから巧みに逃れようとする場合、その彼の動機がいかに高貴ないし賢明なものであったにせよ、その支配者は、デモクラシーにとっての絶対的条件に直接反することになる。支配によってもたらされるものは、控え目に言っても根本的に両義性を帯びるものであるから、ゆえにかの支配者が行なったことは、ひとびとのニーズに好ましく不可欠なものだったというより、権力や統治機関の有害な転用だったと受け取られる蓋然性が、一般的には高くなる。一方、選挙を政治指導者の獲得方法として魅力的にする最大の理由は、権威がひとびとの自発性に基づいて移動しうる、という点にある。ところがこの可能性は、それが権力を得ようとするひとびとの単なる手段にすぎないという見方、普通の市民と職業政治家とを分け隔てている社会学上のギャップ、地球上における政治的リーダー・金融上のリーダーたちが見せる、世界に関する驚くほどの無理解ぶりなどによって、常に疑いの目にさらされている。つまるところ、現代デモクラシーのこうした特徴は、それがもつ永遠の弱点を確証するのに、十二分なものなのだ。しかしながら、デモクラシーの軌跡が長きにわたって示し続けているのは、そうした特徴がデモクラシーの信頼性を破壊しない、ということなのである。

そうした信頼性を破壊することができ、また時としてそれを実行する（そして確かにそうしてしまう）ものがある。ある時ある場所でそんな破壊を行なってしまうのは、多数のひとびとに影響を与える、明らかに迷惑きわまりない公的な決定である。なんらかの決定によってもたらされた結果がひどいものであれば、それがいかなる手続きにおいて下されたものであろうと、動機がいかなるものであろうと、その決定は犠牲者の怒りや軽蔑から免れることはない。そうした決定には、正統性を与えることなどまったく不可能である。現在この事実は、銀行家と並んで世界中の政治指導者たちによって、あまりにも明瞭な真実として受け止められている。ここでたとえば、人間が自分たちの物理的環境に加えてきた累積的破壊のケースで考えてみよう。この場合、デモクラシーが判断を誤らせてきた主要因であったことは、おそらくほとんどない。ところが一方でデモクラシーは、この被害規模に対する特効薬にもならない。しかも、デモクラシーに備わる頑なな衝動の結果、それはその誤った判断を擁護しようとして、指導者たちの権威源である手続きの正しさを振りかざしたりもする。(22) 正しく見れば、ある政治上の定式を適用して過剰な正統性を引き出さんとしてしまうこの傾向は、その種の定式一般に見られるものであって、デモクラシー自体に潜む特別な欠点ではない。しかしいまやデモクラシーは、時代の支配的な定式である。そしてその根拠なき正統性を主張しようとする衝動、あるいは感じてしまう傾向は、王権神授説に比べわずかということなどほとんどなく、またその被害が明らかに限定的ということもない。これは残念ではあるが、明らかな事実なのだ。

第一に、治者と被治者の緊密な協力を目指すデモクラシーの装置、第二に、社会科学における専門的認識への努力。正統性というお題目に、分別および適切な理解とが結びつくこと（これは要するに、種としての繁栄を増すと同時に世界との関係・個人間関係の平和化を実現するうえで、人類最大の希望となるものである）を望む現代の定式、すなわちデモクラシーは、その二つが今後どう転ぶかに左右されるはずである。しかしこの二つがさまざまな局面で困難に繰り返し遭遇することは、西洋史の第一・第二千年紀において常に真実であったし、この先もそれは変わりそうにない。社会科学が過去一世紀の間費やしてきた努力について、振り返ってみよう。するとデモクラシーとは何かという問いを核に据えた種々の研究から、その理解に役立つものがほとんど出てきていないという事実に、思わず戸惑ってしまうはずだ。政治学者はすべての人間たちと同様、限られた洞察力しか有していない。しかも彼らのきわめて専門的な技能からは、信頼に足るほどの洞察はまず出てこないようだ。経済学者や最高かつ最良の報酬を受け取っている金融世界の幹部と並んで、政治学者はいわば慣習のように、非常に多くの物事について誤った判断を繰り返している。そして経済や政治の向きが突然変化すると、ほぼ完全に、理解の手掛かりを失ってしまうのである。彼らがそうした状態に陥ったとき休む間もなく動き回るのは、ナショナリズムという名の悪魔である。この場合、各ネーションの運命、そして長期的に見ればおそらく人類の種としての運命が、きわめて不安定な状態に投げ込まれてしまう。国内および国家間関係の双方において、デモクラシーの下に生きるとはどういうことなのか、十分なスキル・洞察力・他者への品位を保ちながらそれをどう行なってゆけばよいのか——こうした問いに答えることが、アメリカの刻印を強く帯びた現代政治学の果たそうとしてきた使命、その大いなる使命であった。歴史的に見れば、これは壮大な試みであった、と言える。しかし今日、この試みがおおむね知的失敗に終わってきたことは、一目瞭然である。現代政治学が追い求めてきたのは、それがけっして辿り着くことのなかったゴールであった。そしておそらくそれは、それがけっして辿り着くことのできないゴールなのである。

生きとし生ける者には、政治の苦しみから逃れる術はない。あり得るのはただ安全・安心・平穏さのレベルにおける、上がり下がりにすぎない。デモクラシーとナショナリズムは、人間たちの共同行為を通じてこのレベルを上昇させる、近代政治が生み出してきた二つの偉大なる定式であった。しかし政治概念としてそれらが辿ってきた歴史（および一つの種であるわれわれ人類の歴史）のなかでは、現段階においては、その両者をあるがままに受け取ること——すなわち、そのどちらも、より優れたものを手に入れるためにはいかなる共同行為をとればよいのか、という問いに対する、暫定的かつ間違いの起こりやすい指針にすぎない、と認識すること——が、われわれにはもっとも必要である。要するにわれわれは、デモクラシーにしてもナショナリズムにしても、その問いへの十分な答えにはならないことを、急いで理解しなければならない。その問いは、単に私たちについての問いであるだけでなく、私たちの一人一人にとって絶対的意味をもっている問いである。そしてその問いに解を与えることができるのは、この私たちだけなのである。

（1）John Dunn (ed.), *The Economic Limits to Modern Politics* (Cambridge: Cambridge University Press, 1990); and Istvan Hont, *Jealousy of Trade: International Competition and the Nation-State in Historical Perspective* (Cambridge, Mass.: The Belknap Press of Harvard University Press, 2005).

（2）この点は、この国の政治的病理に関して丸山眞男が行なったきわめて影響力の高い分析の焦点であった。Masao Maruyama, *Thought and Behaviour in Modern Japanese Politics* (Oxford: Oxford University Press, 1969), second edition（丸山眞男『〔増補版〕現代政治の思想と行動』未來社、一九六四年）; cf. Andrew E. Barshay, *State and*

Intellectual in Imperial Japan: The Public Man in Crisis (Berkeley, Calif.: University of California Press, 1988)（A・E・バーシェイ『南原繁と長谷川如是閑——国家と知識人・丸山眞男の二人の師』宮本盛太郎監訳、ミネルヴァ書房、一九九五年）; Barshay, *The Social Sciences in Modern Japan: The Marxian and Modernist Traditions* (Berkeley, Calif.: University of California Press, 2004)（アンドリュー・E・バーシェイ『近代日本の社会科学——丸山眞男と宇野弘蔵の射程』山田鋭夫訳、NTT出版、二〇〇七年）; Rikki Kersten, *Democracy in Postwar Japan: Maruyama Masao and the Search for Autonomy* (London: Routledge, 1996); and Dai Tohzumi, *An Intellectual Foundation for Postwar Japanese Democracy: A Contextual and Critical Analysis of Masao Maruyama's Political Thought* (2008), unpublished PhD thesis, University of Cambridge; John Dunn, "Japan's Road to Political Paralysis: a Democratic Hope Mislaid" in Dunn, *Two Lectures, Occasional Papers*, II, (Berkeley, Calif.: Center for Japanese Studies, University of California, 2001), pp. 5-23.（J・ダン「日本のたどる政治的麻痺への道——置き去りにされた民主的希望」、『思想』九三八号、岩波書店、二〇〇二年、四—二六頁）日本の敗戦直後における政治的背景については、John W. Dower, *Embracing Defeat: Japan in the Aftermath of World War II* (London: Penguin, 2000)（ジョン・ダワー『敗北を抱きしめて——第二次大戦後の日本人』上・下巻、三浦陽一・高杉忠明訳、岩波書店、二〇〇一年）を参照のこと。

（3）Takashi Kato, 'Democracy on Trial in the Post-Cold War World'.（加藤節「試練に立つデモクラシー——冷戦後の世界」、本書七頁）この歴史的な問題について評価を試みた一連の作品として、John Dunn, *Modern Revolutions: An Introduction to the Analysis of a Political Phenomenon* (Cambridge: Cambridge University Press, 1972; second edition 1989)（ジョン・ダン『現代革命の系譜——その比較社会学的研究序説』宮島直機監訳、中央大学出版部、一九七八年）を参照のこと。近代革命の成功および失敗については、Dunn, *Political Obligation in its Historical Context: Essays in Political Theory* (Cambridge: Cambridge University Press, 1980), pp. 217-39 を見よ。

（4）John Dunn, *The Politics of Socialism* (Cambridge: Cambridge University Press, 1984); Dunn, 'Property, Justice and Common Good after Socialism' and 'The Heritage and Future of the European Left' in Dunn, *The History of Political Theory* (Cambridge: Cambridge University Press, 1996), pp. 121-35 and pp. 219-28; Dunn, *The Cunning of Unreason:*

Making Sense of Politics (London: Harper Collins, 2000); Dunn, 'Understanding Revolution', in John Foran, David Lane and Andreja Zivkovic (eds.), *Revolution in the Making of the Modern World* (London: Routledge, 2007), pp. 17-26.

（5）以下の作品では、この二重性のもととなった原因の説明を行なった。John Dunn, *Setting the People Free: The Story of Democracy* (London: Atlantic, 2005).

（6）Emmanuel Sieyès, *Political Writings: Including the Debate between Sieyès and Tom Paine in 1791* (Indianapolis: Hackett, 2003), edited by M. Sonenscher; and Benjamin Constant, *Political Writings* (Cambridge: Cambridge University Press, 1988), edited and translated by Biancamaria Fontana, pp. 313-28. シエイエスについては、Pasquale Pasquino, *Sieyès et l'invention de la constitution en France* (Paris: Odile Jacob, 1998); and Murray Forsyth, *Reason and Revolution: The Political Thought of the Abbé Sieyès* (Leicester: University of Leicester Press, 1987) などを参照のこと。

（7）Joseph Schumpeter, *Capitalism, Socialism and Democracy* (London: Allen & Unwin, 1950), p. 285.（J・A・シュムペーター『資本主義・社会主義・民主主義』中山伊知郎・東畑精一訳、東洋経済新報新社、一九九五年）

（8）Dunn, *The Economic Limits to Modern Politics*; Dunn, *The Cunning of Unreason*; Dunn, *Setting the People Free*; and, Dunn, 'Elective Affinity or Beguiling Illusion?', *Daedalus*, 136 (2007), pp. 5-13.

（9）この点は、国家の概念に最初からそれとなく含まれていた。Quentin Skinner, 'The State', in Terence Ball, James Farr and Russell Hanson (eds.), *Political Innovation and Conceptual Change* (Cambridge: Cambridge University Press, 1989), pp. 90-131; and John Dunn, *Western Political Theory in the Face of the Future* (Cambridge: Cambridge University Press, 1979), chapter 3.（ジョン・ダン『政治思想の未来』半澤孝麿訳、みすず書房、一九八三年、第三章）また、比較のために以下も参照のこと。Liah Greenfeld, *Nationalism: Five Roads to Modernity* (Cambridge, Mass.: Harvard University Press, 1992).

（10）John Dunn, 'Does Separatism Threaten the State System?', in Trude Andresen, Beate Bull et al. (eds.), *Separatism* (Bergen: Ch. Michelsen Institute, 1997), pp. 130-45, and pp. 167-72.

(11) Eugen Weber, *Peasants into Frenchmen: The Modernization of Rural France 1870-1914* (London: Chatto & Windus, 1977).

(12) Richard Bourke and Raymond Geuss (eds.), *Political Judgement* (Cambridge: Cambridge University Press, 2009).

(13) Carl Schmitt, *The Concept of the Political* (Chicago: University of Chicago Press, 1996), trans. George Schwab.（カール・シュミット『政治的なものの概念』田中浩・原田武雄訳、未來社、一九七〇年）Cf. Dunn, *Cunning of Unreason*, chapter 1.

(14) John Dunn, "Unmanifest Destiny", in Alexander Hamilton, James Madison and John Jay, *The Federalist Papers* (New Haven: Yale University Press, 2009), edited by Ian Shapiro, pp. 483-501.

(15) 価値あるものが含まれているもっとも卓越したナショナリズム研究は、以下の作品である。Ernest Gellner, *Nations and Nationalism* (Oxford: Basil Blackwell, 1983)（アーネスト・ゲルナー『民族とナショナリズム』加藤節監訳、岩波書店、二〇〇〇年）; Benedict Anderson, *Imagined Communities: Reflections on the Origin and Spread of Nationalism* (London: Verso, 1983)（ベネディクト・アンダーソン『増補　想像の共同体――ナショナリズムの起源と流行』白石さや・白石隆訳、NTT出版、一九九七年）; Anthony Smith, *Theories of Nationalism* (London: Duckworth, 1971)（この作品は、その後に続くナショナリズムの分析に先鞭をつけた）; John Breuilly, *Nationalism and the State* (Manchester: Manchester University Press, 1982); Eric J. Hobsbawm, *Nations and Nationalism since 1780: Programme, Myth, Reality* (Cambridge: Cambridge University Press, 1990)（E・J・ホブズボーム『ナショナリズムの歴史と現在』浜林正夫・庄司信・嶋田耕也訳、大月書店、二〇〇一年）; and Liah Greenfeld, *Nationalism*, op. cit.

(16) John Dunn, 'The Politics of Imponderable and Potentially Lethal Judgment for Mortals: Hobbes's Legacy to the Understanding of Modern Politics', in Thomas Hobbes, *Leviathan* (New Haven: Yale University Press, 2010), edited by Ian Shapiro, pp. 433-52.

(17) Dunn, *Setting the People Free*, chapter 1.

(18) Mogens H. Hansen, *The Athenian Democracy in the Age of Demosthenes* (Oxford: Blackwell, 1991).

（19）そのような制度と見なされた権力分立制の効果に対する懐疑的見解として、Bernard Manin, 'Checks, Balances and Boundaries in the Constitutional Debates of 1787', in Biancamaria Fontana (ed.), *The Invention of the Modern Republic* (Cambridge: Cambridge University Press, 1994), pp. 27-62 を参照のこと。

（20）Alexander Hamilton, John Jay and James Madison, *The Federalist* (Cleveland: Meridian, 1961), edited by Jacob E. Cooke (Federalist 10, esp. p. 61).（A・ハミルトン、J・ジェイ、J・マディソン『ザ・フェデラリスト』斎藤眞・中野勝郎訳、岩波書店、一九九九年）

（21）Winston Churchill, *Parliamentary Debates, House of Commons*, 444, pp. 203-318 (November 11, 1947). ジョン・キーンは以下の作品において、この定式を実際の文脈のなかで理解している。John Keane, *The Life and Death of Democracy* (New York: W. W. Norton, 2009), pp. 580-1.

（22）John Dunn, 'Disambiguating Democracy', in Mauro Lenci and Carmelo Calabro (eds.), *Viaggio nella democrazia: il cammino dell'idea democratica nella storia del pensiero politico* (Pisa: Edizioni ETS, 2010), pp. 17-29.

（愛甲雄一訳）

致命的な多義性――冷戦対立・アメリカの民主化推進レトリック・発展途上地域における国家建設

マイケル・アダス

ブッシュ政権当局側が外交政策における声明で八年間にわたり執拗に繰り返してきた主張を考えてみれば、人類全体にデモクラシーを普及させることは、共和国が始まって以来、アメリカという国家に不可欠な使命であり続けてきたのであり、国外の諸社会との関係を特徴づけてきたのだと考える人がいるかもしれない。しかし、初期アングロサクソン系アメリカ人が北米原住民にとった対応についての調査や、のちの開拓拡張論者が西部フロンティアで対面した人々にとった対応についての調査は、国家の目的とデモクラシーの伝播との関連がアメリカの海外への干渉において重大な要因となったのは二十世紀初頭に入ってからであったということを示唆している。の誤読されることが多いのだが、十七世紀北米東海岸の荒野に逃げ込んだ非国教徒たちの苦境に立たされた共同体が「世界の人々の笑い種」となるように運命づけられていたとまで述べたジョン・ウィンスロップの建国概念は、デモクラシーとはかけはなれたものであった。ウィンスロップとピューリタンの長老たちは、国教会からの離脱を認めない厳格な規律にもとづく神政共同体を取りしきり、原住民と戦って財産を奪い、かなりいい加減なやり方で彼らの狭量な宗派のキリスト教教義を伝播しようとしたのであった(1)。

一世紀以上あとになって、建国初期のアメリカ共和国の創立者のうちトマス・ジェファーソンらは、フロンティアの膨張主義と、個人主義的で自由を愛する独立自営農民が社会の中核であり続けたこととの間にきわめて重要な関係があると論じている。[2]しかし、彼らが取り決めた国制は事実上、支配民族のデモクラシー[3]であって、当初から選挙権と、したがって潜在的なデモスとを隷属していない白人男性に限定しており、アフリカ系の相当数の奴隷を「他のすべての人間の五分の三」[4]という人間以下の身分に追いやるものであった。民主化の過程において、流動的なフロンティアにいたインド系の人々がアメリカに入り込んでくることは、次の世紀になっても真剣には検討されなかった。彼らはたとえどれほど同化していても、アメリカの市民になる権利や、集団的な国民の実体として合衆国の代表と交渉する権利をもつことを拒まれたのだった。[5]そして、千年王国をある程度信じていてたアメリカの人々が民主制を切望したにもかかわらず、アングロサクソン系反逆者たるアメリカ建国指導者たちによる雄弁な民主制理念の声明は、むしろフランス、サントドミンゴ、スペイン領アメリカ植民地[6]といった異質な社会において同様の考えをもつ暴徒たちを呼び覚ますこととなった。建国初期のアメリカ共和国の指導者たちは、脆弱な連合を守ることに没頭するあまり、デモクラシーにおいて大規模な実証がなされていない試みを国外に広めることには真剣に取り組めなかったのである。

共和国のフロンティア膨張主義が十九世紀半ばの数十年間に太平洋へ押し寄せたとき、海外における植民地化の支持者たちのなかには、デモクラシーの普及を、アメリカ人が文明化の使命を主導するという基本的な信条より高次の目的と混同する者もいた。ハワイ本土は一八四〇年代からアメリカの開拓者や併合論者の主たる対象とされたが、しかし、ハワイの人々にデモクラシーを適用できると立証した者はそのなかにほとんどいなかった。ニューイングランドのプランテーション経営者や宣教師の経済力と政治的影響力がますます大きくなり、彼らが(なかなか認めようとはしなかったけれども)だんだん効果的でなくなっていった島の君主制を保持しようと断固として決意したため、ハワイの先住民に表面上だけのデモクラシーを広められる見込みも事実上なくなった。(7)対照的に、民主主義の原則の導入が日本における封建秩序の終焉を早め、閉鎖的で硬直的だとアメリカ人がみなした日本社会を近代化させることが期待されていたことは、一八五三年から五四年にかけてそれを「開国」させ、西洋の商業と「文明化」をもたらしたマシュー・ペリー率いる使節の公式報告や回想録を見れば一目瞭然である。その数十年間に、日本の多数の改革派政府関係者が、民主化を奨励すべきであると結論づけたのは、それがアメリカの経済力と軍事力の向上における決定的な要素であったためであった。明治維新を起こした日本の政治家に雇われた米国人顧問は、日本がアメリカ式の教育を採用すれば、代表制統治や男子普通選挙権を普及させるのに大いに役立つと確信していたのであった。しかし、こうした日本の発展への道は、商業上の対立や帝国主義の対立が進展しつつある両国間の関係をますます支配するようになっていったため、次第に雲行きが怪しくなっていった。十九世紀の最後の数十年間には、ドイツやイギリスといった別のモデルが出てきたこと、そして、元老が日本の工業化や世界的大国への道を明確に決定したことによって、日本の発展の手本としてのアメリカの魅力は衰えていったのである。(8)

二十世紀初頭の二十年間に、フィリピンにおける公式の植民地支配によって、米国の膨張主義の目標、デモクラシー、ナショナリズムは、イデオロギー的な宣言を超えて海外の社会を実際に統治したり、アメリカが自称する文明化の使命を眼目とする開発プロジェクトを具体化したりするという段階に入った。一九二〇年代までの植民地政策を方向づけたウィリアム・ハワード・タフト（共和党）やフランシス・バートン・ハリソン（民主党）のような進歩的な総督は、多様な民族や点在する島々から国をつくろうと決意していた。そして、皮肉にも、フィリピンの民族運動で文字通り荒廃したところに国家が建てられることになった。スペイン領主を打倒したもののアメリカには黙殺された民族運動は、その後一八九〇年代後半から一九〇〇年代前半に「暴動」と化し猛威をふるい、激しい闘いと残虐な抑圧の末に鎮圧された[9]。反乱鎮圧運動が頂点に達したときでさえ、米政府当局は、国民国家の基盤を築くにあたって、社会進化論的生存競争の場とみなしていた東アジアと太平洋で生き残るに十分なほどフィリピンは最終的には強くなるだろうと誓い、イラストラドス（知識人）として知られる従順なフィリピン人の名士たちと手を結んだのである。いくぶん屈折しているが、フィリピンにおけるアメリカ人の国家形成者たちは、彼らのプロジェクトの成功が、島の奪取によってフィリピンが荒廃したことの代償であるとみなしたばかりでなく、植民地化が民主主義共和国にとって建設的な企てであることを示す手段であって、また、一八九八年以降、海外での膨張主義が引き起こした米国内における深い分裂を解決するのに有力な手段であるとみなしたのであった[10]。この野心的な事業と対をなしている柱は、合衆国を手本とし体育に重点を置く義務初等教育制度の導入と、島の輸送・通信ネットワークを近代化し、経済成長を促し、植民地の人々の生活水準を上げるように計画された見事な開発プロジェクトの導入であった[11]。

一九〇〇年代初頭のタフト以降の総督は、国家形成過程に本格的に関わり、数十年間のうちに独立し、実現可能で永続的な民主主義国家を生むという任務を担うことになった。かなり制限された選挙民によって選ばれた最初の立法府は、一九〇七年に確立されることになる。十年後、二つの主要な民族主義政党から出たフィリピン人指導者たちが、国会議員の大部分を占めるようになった。教育への取組みと社会工学プロジェクトやインフラ整備プロジェクトを通して、タフトやその他の米政府当局関係者は、大多数を占める島の潜在的なデモスを構成しているフィリピン人の農民と都市労働者に政治参加を大幅に広げようとした。しかし、タフトのような最も熱心な進歩党員でさえ、大規模な土地改革を断行することには躊躇し、また、地主や増えつつある大卒エリートの権力や影響力を多少なりとも加減するといった手段をとることにも躊躇したのである。こうした取組みがなされなかったため、地主、商人、専門職の階級が、島のインフラストラクチャ、農業の生産・加工部門、行政官僚制度を支配した。そして、それによって、長年続いている主従関係のネットワークを通して彼らの継続的な支配を確保したのである。[12] 米国の数十年間にわたる支配の間に発展した政党と官僚制度における非対称的で相互的な関係のなかにこのように序列的な束縛が存続したことは、エリートの社会階層から除かれ、増加しつつあるフィリピンのデモスが異議を唱えたり先取的な政治参加をしたりすることを妨げることになった。それでも、社会経済的な不公平が増大しているにもかかわらず、民主主義と普通選挙権への熱望はやまず、千年王国運動のような抗議運動が地方で増加し、第二次世界大戦後には共産主義者主導の抗日人民軍の反乱が起こった。[13] 明らかに、数十年後、フィリピンに特有のデモクラシーの潜在能力が、多くの制約にもかかわらず広範囲にわたる抗議と議会の策謀を引き起こし、一九八六年には収賄のかどでマルコス政権を倒したのである。[14]

少なくともアメリカから新たに独立した諸国家に関する限り、アメリカの外交政策の策定における高潔な民主化推進派のレトリックと、アメリカのフィリピンを超える権力の投影という現実との間の隔たりは、二十世紀初頭の数十年間にますます動揺した。第一次世界大戦の前後には、往々にして進歩主義政党のアジェンダを推進するという名目で、共和党政権も民主党政権も、メキシコとカリブ海で十数回以上の軍事介入に着手した。これらの攻撃の大部分は、何カ月も――というより、たいていは――何年も、あるいは何十年も続く占領となった。パナマとプエルトリコは完全に併合され、一方で、通商禁止、内密の反体制的活動支援、軍事介入を、セオドア・ルーズヴェルトやウッドロー・ウィルソンといったアメリカの本質的に異なる指導者たちがそろって展開し、反体制派を抑えきれず国内の社会秩序を維持しきれないとみなされていたメキシコ、中米、カリブ海諸島の政権を弱体化させたり打倒させたりしようとした。農民や労働者の、あるいは教養ある階級が彼らと同盟を結んでの初期民主主義運動を促進するよりむしろ、アメリカの介入はほとんどいつも、アメリカが地元市場や原材料に販売網を確保し他の外国勢力の大規模な進出を阻むような「実力者」の復活や就任に終わった。[15] デモクラシーというよりむしろ、アメリカの直接的な介入や非公式の支配は、プランテーション、炭鉱、加工処理施設をもたらした。また、ロックフェラーやフォード財団のような慈善団体に融資や指示を受けての保健衛生プロジェクトも増えていった。たいていの場合、こうした事業は、熱帯病についての調査に有意義な結果をもたらしたが、地元住民の生活の質に永続的な影響を及ぼすことはほとんどなかった。[16]

ウッドロー・ウィルソンは、武装化したドイツとそれに対する協商側による攻撃に直面して、一九一四年から一九一八年にヨーロッパの大部分を流血の場にした内輪もめについて「世界をデモクラシーにとって安全なものにするための戦争」と公言したことで知られるが、アメリカの参戦を決断し彼が和平というきわめて困難な仕事をしくじったことにより、デモクラシーの普及に直接的には反する結果になった。ヨーロッパの帝国主義諸国が相互に戦って荒廃したこととアジア・アフリカ諸国がウィルソンの決まり文句を読み違えたこととが組み合わさって、[17] 植民地化された地域の大半で期待が高まり政変による混乱が引き起こされた。独立を求める人々と見せかけのデモクラシーをアメリカが支援したとはいえ、その対象はせいぜいヨーロッパ系の人々に限られていた。ウィルソンやほとんどのアメリカ人は、ヨーロッパ系の国籍や「人種」に限り、自治と代議制統治が可能だと判断したのである。ほとんどの場合、この限定された人々の解放も、右派の独裁者や全体主義の扇動家の出現によってあまりにも短い期間しか続かず、アメリカはこうした独裁者や扇動家に対して経済制裁や武器の通商禁止によって反対の意志を示すことすらほとんどしなかった。アメリカが戦線に軍隊を動員し始める前に、ウィルソンには、彼らの植民地で起こった事件に干渉する意図がなかったこと、まして彼らの支配する民族がナショナル・アイデンティティを人民に教え込み帝国の君主に抵抗させようとする努力を支援する意図もなかったことを協商国に明言した。また、ウィルソンは、日本がヴェルサイユで国際問題における人種差別撤廃の正式な宣言を要求したのに対し、これを拒否した。そして、彼や、彼が実証的な証拠にもとづいて理性的な新世界秩序を創り出すために採用した調査会の有能なメンバーたちは、日本の軍司令官、中国の軍指導者、ロシアの人民委員、ヨーロッパの下級行政官が、ウィルソンの民族自決や人民の政治権力の強化という原則を借用して誇示したとき、これに目をつぶったのである。

ウッドロー・ウィルソンに続く共和党政権や非進歩党政権も、ポピュリストの民主党員であり進歩党の皮を被った社会改革者であったフランクリン・ルーズヴェルトも、カリブ海地域や南米でデモクラシーを進展させることにはほとんど関わらなかったし、戦間期にその地域の国家の大半で強硬に政権を握った独裁政権の抑圧を軽減させようとすらしなかった。ルーズヴェルト政権下では、ひきつづきハイチやニカラグアを米軍が占領し、ほとんどの場合、ラテンアメリカ中でアメリカ企業と地元の有力者の利益を促進する政策がとられた。ルーズヴェルトと彼の補佐官たちは、こうした従属国の支配者たちに政権を握らせることで、ニューディール政策の支持者たちが、国内外の経済回復という手強い課題への対応や、ファシスト・イタリア、ナチス・ドイツ、軍国化し拡張主義傾向にある日本によってウィルソンの弱体化した新世界秩序がますます脅かされていることへの対応に専念できるようにしたのだと臆面もなく論じたのである。[18] しかし、ルーズヴェルトと彼に最も近しい顧問の多くが、ヨーロッパ列強と日本の公式植民地帝国に対しては敵意をむき出しにした。そして、アメリカの外交官はフィリピンの指導者とフィリピン独立の条件についての交渉をした。この交渉については一九三〇年代前半に原則的には合意に至っていたのだが、大日本帝国が急速に拡張し、西太平洋において日本海軍が優勢になってフィリピン島への脅威が増大したために交渉が遅れたのであった[19]。ウィルソンと同様にルーズヴェルトは、アメリカがもう一つのさらに壊滅的な世界戦争で一方の側につく際に、アメリカの主要な目的は、ヨーロッパや東アジア・東南アジアの大部分を巻き込むおそれのある全体主義や軍事侵略の流れを阻止する取り組みのなかで「デモクラシーのための武器庫」として役立つことであると公言したことで有名である。その後続いた激しい紛争のさなかには、大量のアメリカ製の兵器や製品が、ソ連のスターリン独裁とその東欧への波及や、また蔣介石の弱体化した国民党政権の残忍で腐敗した独裁を支援したと難癖をつける人は、ほとんどいなかった[20]。

第二次世界大戦からアメリカは経済・軍事大国として台頭し、しかも七年間の総力戦で疲弊しておらずむしろきわめて強力な唯一の大国となったことから、それまでも輸出を試みられてきたアメリカ流のデモクラシーは、それ以後、後にも先にもないくらい最も大規模かつ継続的に輸出がなされる道が開けたのである[21]。フィリピンと韓国は例外かもしれないが、ドイツと日本における戦後復興は、アメリカが今日までに取り組んだなかで最も成功した例であった。冷戦以後の数十年間にわたって、とりわけジョージ・W・ブッシュ大統領政権期には再び執拗に、アメリカの政策立案者たちはジョージ・C・マーシャルとダグラス・マッカーサーの比類なき功績を想起させながら、海外において干渉政策・国家建設・(アメリカ型の)デモクラシーの普及への要請を強化する傾向があった。彼らは、西欧と日本をリベラル・デモクラシー陣営に入れることに批判的であるとみなされていた。一方、リベラル・デモクラシーは、共産主義の膨張主義との戦いにおける最終的な勝利に不可欠であるとみなされていたのである。しかし、韓国を「失う」脅威から二〇〇三年にアメリカが緊急で第二次イラク侵攻に踏み切るまで発展途上諸国における危機状況に対してくりかえし主張された、それらの国々とかつてのドイツや日本との類似点は、明らかに事実とは違っていた。植民地独立後の世界における事実上すべての新興諸国家とは対照的に、日本とドイツはいずれもアメリカ（ドイツの場合には連合国）が占領していた時期、敗北により疲弊していた。両国が絶望的な苦境にあったため、米国や連合国の為政者や顧問は、それぞれの打ち負かされた体制からどの指導者と役人とを裁判にかけ罰するのか、あるいは意気揚々としたアメリカ人が自信をもって作り上げようとしている民主的な社会で権力者の立場に組み入れるのか、例外的に寛容に指示したのである。また、無条件降伏[22]とは、アメリカの総督、とりわけマッカーサーとその顧問が憲法を起草し、議会制度や選挙の構造を形作り、アメリカ型の自由市場資本主義が優位にあってアメリカの投資や貿易に大きく依存する形での経済復興が実現するということを意味したのであった。

冷戦期における日本やドイツの再建とアメリカの途上国支援との間に間違った類似点を見出すことから生じる誤解や政策の失敗の分析において、対象とする社会の戦後状況よりさらに重要なのは、これら二つの国の歴史、社会、人口統計、文化における非常に多数の相違点であった。これらの相違点のため、両国は全く別個の援助を受けることになったのである。敗北しアメリカが民主化を押しつけ始める前から、かつて植民地化された事実上すべての社会とは対照的に、日本とドイツはそれぞれ千年以上もの間、共通の言語・歴史・領土・広義の社会慣習や政治制度を共有してきた非常に同質性の高い人々を包含する社会から生まれた国家であった。こうした類似点により、少なくとも十八世紀から国家が確固たるものになり、十九世紀末の数十年間には国民国家が公式に形成されることになったのである。相当数の少数民族がおらず根深い宗派間対立がないため、どちらの国においても国家の連帯を大規模にあるいは執拗に妨げる障害がなかった。事実、日本には、古代からの土着の儀礼、儀式、神道の美的な感性が、ナショナル・アイデンティティに大きな影響力を与え、長い間取り残されたアイヌ民族を除いたすべての人々を包含する歴史的使命感となった。また、いずれの国民国家も、人口の多さとその急速な増大に対処しなければならなかった。この急速な人口成長のため、しばしば経済成長が妨げられ、生活水準を改善する努力がうちくじかれ、ポスト植民地化社会において環境が大幅に悪化することになった。ドイツと日本は人口の増加が管理可能な程度であったばかりでなく、利用可能な人的資源に関して、同時代の他の新興国家に比べ、非常に高度な技術をもち、立派な教育を受けており、規律と権威の尊重とが高く評価されていた。ドイツと日本の両国には、国内にない必要不可欠の天然資源を海外で得ることを可能にする高度に発達した海運業・商業部門・軍事技術に加えて、こうした人材がいたからこそ、それぞれの国で著しく急速な工業化が可能になったのである。そして、どちらの場合にも、産業の発展は、高度な科学研究施設・複合的な企業基盤構造・高度な金融機関と結びついていたのであった。これらは、冷戦時代のいかなる新興独立国の産業をもはるかに超えるものであった。

ドイツと日本におけるアメリカによる民主化の成功の類似性を誤用しがちな人々によって、おそらく最も批判的に、しかしほとんど常に無視されているのは、両国が議会制度、選挙政治（ワイマール共和国の時代には少なくとも婦人参政権があった）、そして、しばしば非常に政治化されていたけれども、市民社会に類似したものを発展させ、国家に関して自立の度合いが強い知識人や広義の文化人を生み出したという点である。とりわけドイツでは、ウィルヘルム期とワイマール期には、社会民主主義の本質的な中核と広く考えられていた福祉の基盤を築くという重大な動きがあった。日本では、社会のセーフティネットは、企業と封建時代から続く断片的な主従関係ネットワークに大きく委ねられていた。

皮肉なことに、開発途上地域における影響力と同盟を狙っていたアメリカとソ連とは、ドイツと日本よりも、人口構成と主要な社会的属性において新興独立国に類似しており、大半のポスト植民地化社会と同様に、冷戦期の大国には多言語が混在していた。アメリカにおける多様な民族集団は、社会的格差があってもさまざまな場所で混ざりあう傾向があったが、ソ連には相当の規模の少数民族がおり、たいていの場合、ロシア民族の官僚に支配されて同質的な民族言語圏に集中させられたままであった。米ソはそれぞれ、陸路によるフロンティア拡張・征服・先住民族の支配の産物であった。両国には地域的な憎しみが複雑に絡まりあった歴史があるため、分離運動がくりかえし起こったのである。植民地化された諸国の大部分と同様に、奴隷労働——ロシアの農奴制・合衆国の奴隷制——は産業革命の時代まで継続された。そして、政教分離への移行は、多くの社会思想家はナショナリズムや近代性と関連づけているが、ときおり宗派によって争われていた。アメリカにおいては、原理主義のキリスト教徒であり、ロシアあるいはソ連においては、ギリシア正教会、イスラム教信仰復興論者、救世主信仰的なスラヴ派といった宗派である。

これらの共通点があるにもかかわらず、米ソ両国の冷戦政策を方向づけた政界のエリートも、それを実行に移した大使や開発顧問も、第二次世界大戦後の数十年間に、植民地独立後の国家指導者や諸国民が直面した手ごわい試練に理解や共感をほとんど示さなかった。米ソのイデオロギー的な前提や社会経済諸制度の根本的な不一致について、冷戦についての文献では強調されていることが多いのとは反対に、米ソ両超大国が提示した開発の手法は基本的には類似していた。いずれも、経験主義と合理性を強調する啓蒙のプロジェクトを採用し、「第三世界」諸国において、西洋と日本が達成した工業化への道を再現しようとしたのである。米ソの開発専門家は、「後進」国の低開発社会を急速に近代化させるために、製鋼所や大きなダムなどの非常に大規模な高度先端技術プロジェクトをともに好んだ。両超大国は、とりわけアメリカの近代化論者からは「伝統」をしまいこんでいるとみなされるのが通常であった女性よりも、革新や科学的な解決策をよく受け容れるとみなされた男性の教育・雇用・昇進を優先した[23]。そして、米ソ両超大国の支援計画は、都市の成長を進め、集産主義への移行を図り、新興国家の人口の大部分をなす小作農階級を市場へ方向づけようとするものであった。いくぶん異なる理由により、米ソの立案者たちはいずれも、植民地独立後の社会において自分たちが促進し資金を投入している開発計画が環境に及ぼす結果をほとんど考慮せず、また、農業生産者の地元についての知識や、末期のイギリス帝国・フランス帝国・オランダ帝国において影響力の大きい為政者たちが好んだ適切な技術をほとんど活用しなかった[24]。

こうした一致点があるため、私たちは、米ソの制度と両国が新興国家に提供した近代化モデルとの間の決定的な相違点に関して開発戦略を掘り下げてみる必要がある。この点で、アメリカとソ連のレトリックが、それぞれの超大国によって擁護された政治枠組みの本質の間で根本的に対照をなしているのは妥当なことであった。自由と隷属状態との選択としばしば大げさに言われるように、アメリカが近代化に向かって「急上昇[25]」するための道の優越性を論じている冷戦イデオロギーの信奉者たちは、デモクラシーの長所とそれがアフリカやアジアのかつて植民地化された社会から独立可能な国家を作り上げるにあたって果たす不可欠の役割とを強調した。ウォルト・ウィットマ・ロストウは近代化論信仰の主唱者であり、その理論は一九五〇年代から一九六〇年代前半にアメリカの学者や政策立案者を魅了した。ロストウは、民主主義国インドが「離陸」へと向かう進歩と、共産主義国家中国の残忍な全体主義体制によって繰り返された経済上の失敗・後進性・人々の苦難との対比に何度も立ち返った。当時、非常に有力だったロストウの定式において（彼が決して明確には定義しなかった）デモクラシーは、科学上の大発見、技術革新、資本主義の成長の社会的・知的基礎をなしてきたし、なしつづけるだろうといわれた。これらは産業革命にあたって、また、彼が人間の発展の頂点と見なした「高度大衆消費の時代」に英米両国が到達するにあたって、不可欠であると論じられた。[26]

ロストウの理論と、独立後の旧植民地諸国家の歴史の道筋を変えるために彼が実際に変革しようとしたこととがどんなに欠陥だらけで信憑性に欠けていても、デモクラシーは英米諸国が近代国家を建設するにあたって不可欠であると主張した点で彼は正しかった。ロストウの独創的な論文『経済成長の過程』（一九六四年）における発展への段階的アプローチは、新興独立国におけるデモクラシーの運命に焦点を当てていた初期のそれとは異なっていた。急速な経済成長・開発途上諸国におけるデモクラシーの普及・リベラルな資本主義国の安全保障は密接に関連しているという不変の信念が、一九五〇年代から六〇年代の彼の近代化についての研究や文献の多くに貫かれている。このような政治への強い関心は、アメリカ人の地域研究専門家や外交政策顧問の側で高まっていった。もっと一般的に言えば、彼らは、アジア・アフリカのヨーロッパ植民地秩序からの慌ただしい撤退によって引き起こされることになった不安定性や民族間紛争に強い関心をもっていた。[27] ロストウの初期の論文は、持続的経済成長の達成へと向かうための安定した中央集権国家構造と民主化の組合せに大きく焦点を当てていた。そして、一九七一年には『政治と成長の諸段階』でこれらの連関について論じている。これは、一九六八年にジョンソン政権が任期を終えたあと、彼が〔当局顧問の立場より〕研究の世界に戻ってから最初の主要な学問的業績となったものである。『経済成長の過程』で社会全体の複合的な領域を分析する必要性を主張したことは、すなわち開発理論の経済面に関する彼の最も影響力のある論文においてですら、ロストウがデモクラシーの普及といった政治的要因の重要性を強調していたことを意味する。

ロストウは、民主主義制をとる英米諸国が、近代化への「正常な」道を辿っていると見なした。これと比べて、ロストウや圧倒的多数のアメリカの冷戦論者たちは、共産主義は機能不全で腐敗しており専制的であって、いかなる道理でも真の「離陸」のための基礎をもたないと考えた。彼は共産主義を、伝統的社会から近代化に至る不安定な変遷の時期に、特にアフリカ、アジア、ラテンアメリカの未開発の国家において、肥沃な土壌に広がる病気にたとえた。一九六〇年代、ロストウはケネディ大統領とジョンソン大統領に影響力のある顧問の地位にあったために、国内外のフォーラムで頻繁に発言していたが、彼はソ連や中国の共産主義者が開発に失敗した際には遺憾の意を表した。そして、インドシナにおけるアメリカの介入のコストが嵩み失敗が積み重ねられていったとき、中華人民共和国は彼が小さな批判をする格好の標的となった。ロストウは一九五〇年代初頭にマサチューセッツ工科大学国際研究センター（CENIS）のためにソ連と中国の経済発展についての共同研究を編纂し、包括的に年代順で記述された調査結果を頻繁に更新しながら、共産党政権によって達成された経済成長の段階を「芳しくない」と断じた。彼は、警察国家方式の残虐行為にもかかわらず、共産主義の農業政策が無惨にも失敗した点、とりわけ中国では、得意の鉄鋼生産など、工業化への代替的アプローチの実験が中国を「離陸」させる推進力となるよりむしろそれを遅らせた点を強調した。(28)

発展途上諸国においてデモクラシーを普及させ、ソ連や毛沢東の共産主義という選択肢が広まるのを抑えるというこの決断には、必然的な理由があったのである。どんなに不完全であっても、西洋型デモクラシーや、日本、韓国、マレーシア、タイ、インドといったアジア諸国におけるその再生は、着実に民衆の政治参加を広げた。それはとくに、デモスが少数の男性市民に限定されていたアテネよりもはるかに広範囲にわたっての選挙による代議制統治を通してであった。代議制により、さまざまな基本的人権――言論の自由、出版の自由、集会の自由、恣意的な投獄からの自由など――が育まれた。そうした基本的人権は、活気に満ちた市民社会が現われ存続するために不可欠であった。そしてまた、これらは、技術革新に伴う経済的窮乏や社会的争議に直面すると国家の専制が即座に選択されてしまうような時代には、その誘惑に対抗するのに役立った。何よりも、民主的な諸制度により、批判的な調査、比較的開かれた知的な言説、国民による批判や討論する能力が培われた。これらによって、当該民主主義国家の国民すべてに（少なくとも理論的には）等しく適用される法律に違反した場合には、官僚や大事業家を辞職させたり、場合によっては起訴したりすることが可能になった。おそらく、デモクラシーのこうした特質——優れた攻撃システムというよりもむしろ、高度に競争的な資本主義経済やロナルド・レーガンに代表される挑戦的な指導者たちを生むシステム——から地球の近い将来の支配をめぐって二つのシステム間で非常に激しい冷戦対立が繰り広げられるなかで、自由民主主義諸国の同盟がなぜ共産主義諸国よりも長く存続したのかがよくわかる。

一九四五年以後の新興国家や世界のあらゆる人々に対し、原理としてのデモクラシーが（現地の状況に合わせてヴァリエーションはあるものの）多大な貢献をしたことを否定するのは、見当違いで失礼なことであろう。しかし、アフリカ、アジア、ラテンアメリカの大部分における植民地独立後の状況の現実は、植民地開拓者が人工的につぎはぎして国家と指定した社会にとって民主的な制度が妥当するのかという不可避的な疑問を提起した。こうした国家では、一握りの政治活動家のアイデンティティだけが、根深い民族的・宗教的・身分的隔たりを超えていたのである。選挙は民主的な政体の特質だが、しばしばこれらの隔たりを深刻化させて、共同体間や階級間での暴力の引き金となった。政権として選出された集団内での対立関係が続くと、派閥のえこひいき、縁故主義、利己的なエリートが生まれてしまい、民主的な制度や組織を、特有の腐敗、限定された資料への不平等なアクセス、広範囲にわたる不信に曝してしまうことになった。無数にある難題のなかでもとりわけ蔓延する貧困、共同体間の抗争、人口の急増が、強力で時宜を得た、目に見えて効果的な政府の対応を要求するという状況にあって、これらの債務はすべて、民主的な社会における意志決定のペースが遅いために増大した。ほとんどすべての点で、こうした状況は、少なくとも短期的にみると、民主主義体制よりも共産主義体制に有利であるように見えた。一九四五年以降、発展途上国によって選択可能になったソヴィエトや毛沢東の共産主義は、高度に中央集権化されたリーダーシップと規律正しい官僚のヒエラルキーが国民の困難や社会不安の原因にすばやく対応しうると考えられたのだった。そして、こうした革命の容認を求めていた人々は、新興独立国と同様に、外国からの侵略や植民地化と低開発に苦しんできたスターリン主義のロシアや中華人民共和国で開発が成功したという理由から、革命の妥当性を主張した。共産主義は歴史上、ナショナリスト的な傾向によって抑制されてきたけれども、普遍的なイデオロギーとして、新しい国を創り出そうと奮闘している人々の興味を大いに惹いた。というのも、社会改革を断行したり、高い経済成長率を維持したり、敵対しあう宗教的信仰体系や自民族中心主義によって生み出された長年に及ぶ敵対心を抑えたりするために、国家が武力を行使することを共産主義が正当化したからである。

それらを実行に移す財源をもつポストコロニアル国家はほとんどなかったが、共産主義が与えた給付金が、発展途上諸国の援助受給者にとっては資本主義民主主義国と対抗するのには有利に働いた。おそらく、それによって共産主義体制が記憶されることになる最も永続性のある功績(29)は、ソ連、中国、キューバにおいて、統治している相当数の住民に、医療、まともな住宅、完全雇用、有給休暇、高齢者の保障を付与することにどれだけ成功したかで決まる。言うまでもなく、民族主義的な指導者がこれらの給付金を独立後の時代に向けての先見性のある計画に入れることはしばしばあったのだが、これらの給付金のうち、植民地であった時代に受け取れるようになったものは、まずほとんどなかった。これらの基本的人権が、アメリカにおいて正確な意味ではほとんど認識すらされていなかったという事実によって、この点での共産主義の利点が誇張された。アメリカでは福祉国家が忌み嫌われており、一九五〇年代から六〇年代の豊かな数十年間、政党や政治家が自由放任主義の小さな政府を追求したため、ニューディール以後、社会的セーフティネットは衰退していたのである。他方、共産主義者たちは、マルクス主義の革命家たちのために大衆の支持を得ることが重要であったにもかかわらず、〔反革命の〕白軍や国民党が追放される前ですら、党首や党職員の独裁への道を作るために参加民主主義が容赦なく抑圧されていたため、発展途上の諸社会の市民にデモクラシーを提供すると説得力のある主張ができなかった。レーニンやスターリン政権下のロシアや毛沢東政権下の中国における革命的マルクス主義の特徴は指令型共産主義であるが、それは社会主義的民主主義ではなかった。(30) 後者は、西欧の広域にわたって広がり、豊かで開かれた社会を支え続けている。つまり、純粋に市民参加型の政治を促進しているのだ。一方で、指令型共産主義は、臣民を統制しており、臣民は誰がどのように自分たちを支配するかということにほとんど発言権をもたないか、まったく発言権がない。(31)

いくつかの人権を要請する一方で、事実上、他の人権を無視する、選挙中心型のデモクラシーを普及させようというアメリカの決意は、デモクラシーが過度に競争的で大量消費型のアメリカ資本主義(32)から分離できないことを意味し、デモクラシーを広めるためにより柔軟な方法を工夫するという選択肢を奪ってしまった。この硬直性は、さまざまな新たに独立した社会が存続可能な国の建設に取り組んでいるという状況が複雑かつ多様であることを考慮に入れて、アメリカ型のデモクラシーを変更できないことを意味していた。冷戦初期の数十年間、ロストウやほとんどのアメリカの社会科学者たちが示した「第三世界」という理解が優位にあったため、特定のポストコロニアル社会の歴史と現状を本格的に調査することの重要性は過小評価される傾向にあった。不幸にもこうした傾向により、しばしばアメリカの政策立案者は、ほとんど表面的な印象をもつことになり、型にはまった近代化論を、アメリカの開発アプローチの効力を示し共産主義の開発アプローチの信用をなくすために諸国家やしばしば地域全体に応用したのだった。

　冷戦開始前の半世紀に、フィリピンでの国家建設において最も成功したアメリカの実験が明らかにしたように、非西洋社会におけるアメリカの社会工学は、州の土地改革には至らず、ましてや、ポストコロニアル国家の人口の過半数をなす困窮した小作農・労働者階級に利益をもたらすことになる方法で富や資源を再配分することを意図した計画には至らなかった。一九五〇年代前半からは、世界を支配しようとして軍備拡張が進み、共産主義の脅威が広く認識され、大衆の被害妄想に類似したものが広範囲にわたってアメリカの住民を苦しめたため、こうした傾向がさらに強くなった。中国が共産圏に入り「損失」となったことにより、マッカーシー率いる魔女狩りが引き起こされ、また、政情不安で抗争だらけの発展途上諸国においても、ますます共産主義による転覆への恐怖心が強まることになった。中国における毛沢東主義の勝利にとって決定的であった、精鋭幹部を中心とした革命ゲリラ戦は、一九六〇年にフルシチョフ首相が超大国間の核をめぐる膠着状態にあって共産主義を広め続けるのに最適な方法として賞賛したが、その影響力から、ケネディ政権の政策立案者や軍事戦略家は対ゲリラ戦を主要優先事項にしたのである。大衆率いる農民運動を抑圧するため特別に設計された新しい戦術と武器は、共産主義が発展途上諸国にこれ以上侵入するのを拒否するキャンペーンの一環として、十分にテストされた独裁的な支配の強化方法と組み合わされた。米軍が直接あるいは従属国の体制を通してこうした対応をとったことが、ラテンアメリカ、アジア、アフリカのいたるところで介入の引き金となったのであった。しかし、攻撃目標とされた国における軍事力の極端な行使や破壊と死傷者の規模という観点からすると、分断されたヴェトナムほど被害が大きかったところはなかった。

一九五〇年代後半から南ヴェトナムに派遣された軍事顧問と政治顧問は、二十世紀前半にカリブ海地域の歴史を中断させたときよりもいくぶん巧妙な占領をした。既に配属されていた顧問と協力して、ＣＩＡ捜査官はコーチシナやアンナン南部から開拓された残滓国家に潜入して、アメリカの選んだ有力者ゴ・ディン・ジェムの試みを後押しして彼の政敵を排除しようとし、また、南ヴェトナム共和国と呼ばれていたところを支配すると主張した。ウッドロー・ウィルソンの口先だけのレトリックを繰り返して、ジェムの後援者たちは、彼の民族主義者としての功績を誇張し、南ヴェトナムをデモクラシーにとって安全なところにする先見性ある指導者と呼んだ。しかし、ここでデモクラシーと言われていたのは、不正の選挙であり、それによってジェムや彼の支持者たちは、実際に投じられた票数のうち、とんでもない割合の票数を獲得したことになったのである。アメリカの支援を受けて、ジェムは、彼の正当性に挑み続けていた仏教徒、社会主義者、共産主義者といった反体制派の人々をしばしば暴力で抑圧した。また、フランスの解放戦争を終わらせた和平協定で約束されていた統一ヴェトナム国家を誰が統治するのかを国際的に管理された選挙で決めることになっていたが、これをアメリカが反故にしたのをサイゴン政権は歓迎したのであった。アメリカが支援した多くの有力者たちと同様に、ジェムは腐敗に満ちた不適切な官僚制によって独裁統治を行なった。ジェムが改革に関するアメリカの助言を傲慢にも無視し続け、彼の指揮も訓練も未熟な南ヴェトナム共和国陸軍（Army of the Republic of Vietnam, ARVN）が南ヴェトナム民族解放戦線（National Front for the Liberation of South (Vietnam), NLF）が起こした反乱を鎮圧できなかったとき、ジェムのアメリカ側の支援者たちは傍観していたが、軍事クーデタでジェムの政権は打倒され、彼は殺されたのであった。[33]

ＮＬＦの抵抗と地方支配が拡大したことが大きな理由となり、ヴェトナムの数十年間に及ぶ内乱へのアメリカの介入は、次の十年間には悪化して手がつけられなくなっていった。戦闘が激化し、やがて、一九五〇年代後半から六〇年代前半に付与されたわずかな開発援助は覆い隠されていった。というのは、アメリカが南ヴェトナムでの対NFL戦を指揮し、北ヴェトナムに対する大規模な空中戦を開始して、包囲されたNLFのゲリラ精鋭幹部を支援するために非武装地帯を越える北ヴェトナム軍とますます衝突するようになっていたからである。デモクラシーを広めようと見せかけることをすっかりやめながらも、メコン川プロジェクトのような国家建設を目指しているという姿勢は見せ続けて、ジョンソン政権は、文字通りNLFを排除し、北ヴェトナム軍を打ちのめして降伏させるため、ハイテク反撃を続けた。ヴェトナム戦争が終わる頃には、アメリカの兵器は二〜三百万人の死傷者を出し、北部と南部にある低開発のインフラストラクチャの多くを破壊し、デモクラシーのために守ろうとしていたまさにその、短命に終わった南ヴェトナム共和国を広範囲にわたって破壊したのであった。[34] まちがいなく、ヴェトナム人は、アメリカの介入に対して、表向きはデモクラシーと自由を守るために、農業革命がアメリカの利益を脅かし共産主義支配が進む機会を与えているとみなされていた他の発展途上国よりもずっと高い代償を払うことになったのである。中東における最近の大失敗は、アメリカ人が東南アジアにおけるお粗末な改革運動からほとんど何も学んでいないことを示唆しているけれども、イラクの分断された諸民族は、少なくともレトリックの上ではアメリカの指導者と顧問が人類すべてにデモクラシーを広げるという共和国の使命を遂行するための効果的な方法を考え出したかもしれない。すなわち武力による抵抗を節度をもってし、西洋式議会制統治を確立し、選挙を行なってその人員を配置し、それから、アメリカ軍が撤退するのを待って、自分たちの歴史と文化の伝統に合い、現在の人口や政治の現実に一致する国家の建設に取りかかればよいのだ。

（1） Anders Stephanson, *Manifest Destiny: American Expansion and the Empire of Right* (New York, 1995), chapter 1.

(2) Walter Russell Mead, *Special Providence: American Foreign Policy and How It Changed the World* (New York, 2002), chapter 6; Anthony F. C. Wallace, *Jefferson and the Indians: The Tragic Fate of the First Americans* (Cambridge, MA: 1999), chapter 6.

(3) これを表わすのに適切な用語は，数十年前にピエール・L・ファン・デン・ベルグフが造り出した。Pierre L. van den Berghe, *Race and Racism: A Comparative Perspective* (New York, 1967), pp. 18ff. を参照。

(4) ここでは，加藤節教授が「試練に立つデモクラシー」で展開したのと同様の意味で用いる。

(5) Priscilla Wald, "Terms of Assimilation: Legislating Subjectivity in the Emerging Nation," in Amy Kaplan and Donald Pease, *Cultures of United States Imperialism* (Durham, NC: 1993).

(6) Joyce Appleby, "Recovering America's Historic Diversity: Beyond Exceptionalism," *Journal of American History* 79 (1992); and Richard Armitage, *The Declaration of Independence: A Global History* (Cambridge, MA: 2007).

(7) こうした展開について簡潔にまとめたものとしては，Scott Cook, *Colonial Encounters in the Age of High Imperialism*, chapter 4 を参照。

(8) Akira Iriye, *Across the Pacific: An Inner History of American-East Asian Relations* (New York, 1967), chapters 1-4; Michael Adas, *Dominance by Design: Technological Imperatives and America's Civilizing Mission* (Cambridge, MA: 2006), pp. 1-31; Peter Duus, *The Japanese Discovery of America* (Boston, 1997), pp. 195-200; and Walter LaFeber, *The Clash: U. S.-Japanese Relations Throughout History* (New York, 1997), chapters 2, 3.

(9) この対立とそれが及ぼした影響についての優れた全体像としては，Stuart Breighton Miller, *Benevolent Assimilation: The American Conquest of the Philippines, 1899-1903* (New Haven, CN, 1982) を参照。

(10) Carl Crow, *America and the Philippines* (Garden City, NY: 1914), p. 99; Adas, *Dominance by Design*, chapter 3.

(11) Glenn Anthony May, *Social Engineering in the Philippines* (Westport, CN: 1980); and Adas, *ibid*.

(12) Carl Landé, *Leaders, Factions and Parties: The Structure of Philippine Politics* (New Haven, 1965); and Remigio E. Agpalo, *The Political Elite and the People* (Manila, 1972).

(13) David R. Sturtevant, *Political Uprisings in the Philippines* (Ithaca, NY: 1976); and Benedict J. Kerkvliet, *The Huk Rebellion* (Berkeley, 1977).

(14) Bonner, Raymond, *Waltzing with a Dictator: The Marcoses and the Making of American Policy* (New York, 1987).

(15) Walter LaFeber, *Inevitable Revolutions: The United States in Central America* (New York, 1993); the essays in G. Joseph Legrand and R. Salvatore, eds., *Close Encounters of Empire* (1998); Hans Schmidt, *The United States Occupation of Haiti, 1915-1934* (New Brunswick, NJ, 1995); and Greg Grandin, *Empire's Workshop: Latin America, The United States and the Rise of the New Imperialism* (New York, 2007).（グレッグ・グランディン『アメリカ帝国のワークショップ——米国のラテンアメリカ・中東政策と新自由主義の深層』山根健至・小林操史・水野賢二訳、明石書店、二〇〇八年）

(16) Marcus Ceuto, "The Cycles of Education: The Rockefeller Foundation and Latin American Public Health, 1918-1940," in Paul Weindling, ed., *International Health Organizations and Movements* (Cambridge, 1995); David McBride, *Missions for Science: U. S. Technology and Medicine in America's African World* (New Brunswick, NJ: 2002); and Adas, *Dominance by Design*, chapter 4.

(17) Erez Manela, *The Wilsonian Moment: Self-Determination and the International Origins of Anticolonial Nationalism* (Oxford, 2007); N. Gordon Levin, Jr., *Woodrow Wilson and World Politics: America's Response to War and Revolution* (Oxford, 1968); and Arno J. Mayer, *Politics and Diplomacy of Peacemaking, 1918-1919* (New York, 1967).

(18) Tony Smith, *America's Mission* (Princeton, 1994), chapter 5; and David Schmitz, *Thank God They're On Our Side: The United States and Right-Wing Dictatorships, 1921-1965* (Chapel Hill, NC: 1999).

(19) Warren Kimble, *Forged in War: Roosevelt, Churchill, and the Second World War* (New York, 1997), pp. 138-40, 298-305; Stein Tønneson, *The Vietnamese Revolution of 1945: Roosevelt, Ho Chi Minh and de Gaulle in a World at War* (London, 1991), pp. 13-19, 62-66 and chapter 7.

(20) Donald M. Nelson, *Arsenal of Democracy: The Story of American War Production* (New York, 1946); George Herring,

Aid to Russia, 1941-1946: Strategy, Diplomacy, and the Origins of the Cold War (New York, 1973); and A. N. Young, *China and the Helping Hand* (Cambridge, MA: 1963).

（21）Charles Maier, ed., *The Marshall Plan and Germany: West German development within the framework of the European Recovery Program* (New York, 1991); and John W. Dower, *Embracing Defeat: Japan in the Wake of World War II* (New York, 1999).（ジョン・ダワー『〔増補版〕敗北を抱きしめて——第二次大戦後の日本人』三浦陽一・高杉忠明訳、岩波書店、二〇〇四年）

（22）連合国側は、天皇を立憲君主として存続させるという大幅な例外を認めつつ、日本に無条件降伏を要請した。

（23）Jane J. Jaquette, "Women and Modernization Theory: A Decade of Feminist Criticism," *World Politics* 34/2 (1982); and Caroline O. N. Moser, *Gender, Planning and Development: Theory, Practice and Training* (London, 1993).（キャロライン・モーザ『ジェンダー・開発・NGO——私たち自身のエンパワーメント』久保田賢一・久保田真弓訳、新評論、一九九六年）

（24）Adas, *Dominance by Design*, chapter 5; James C. Scott, *Seeing Like a State* (New Haven, CT, 1998), Joseph Hodge, *Triumph of the Expert* (Athens, OH, 2007), Helen Tilley, *Africa as a Living Laboratory: Empire, Development, and the Problem of Scientific Knowledge, 1870-1950* (Chicago: University of Chicago Press, 2011); and Suzanne Moon, *Technology and Ethical Idealism: A History of Development in the Netherlands East Indies* (Leiden: CNWS Publications, 2007).

（25）一九六三年に出版されたハイルブローナーの古典のタイトルは、皮肉にも冷戦初期における開発パターンの概略を示している。Helbroner, Robert L., *The Great Ascent: the Struggle for Economic Development in Our Time* (New York, 1963).（ハイルブローナー『偉大なる上昇』高橋正雄訳、時事通信社、一九六六年）

（26）Rostow, *Stages of Growth*, pp. 45-6 & chapter 6（W・W・ロストウ『経済成長の諸段階——一つの非共産主義宣言』木村健康他訳、ダイヤモンド社、一九七四年）; "The Challenge of Democracy in Developing Nations," *State Department Bulletin*, February 17, 1964.

(27) このジャンルにおける影響力の大きな文献については、以下を参照。Gabriel A. Almond and James S. Coleman, *The Politics of Developing Areas* (Princeton: Princeton University Press, 1960); David E. Apter, *Ghana in Transition* (New York: Atheneum, 1955) and *The Politics of Modernization* (Chicago: University of Chicago Press, 1965)（D・E・アプター『近代化の政治学』内山秀夫訳、未來社、一九六八年）; and Edward Shils, "Political Development in the New States," *Comparative Studies in Society and History* 2/2 & 3 (1960): 262-92, 379-411.

(28) Rostow, *Stages*, chapter 7（W・W・ロストウ『経済成長の諸段階』）; and "American Strategy on the World Scene," *State Department Bulletin*, April 16, 1962.

(29) E. H. Carr, "The Russian Revolution and Its Place in History," *The October Revolution: Before and After* (New York, 1969).（E・H・カー『ロシア革命の考察』南塚省吾訳、みすず書房、一九六九年）

(30) エドワード・トンプソンや数多くの評者がソ連崩壊の祝勝会で雄弁に語っている点については、Edward Thompson, "History Turns on a New Hinge," *The Nation*, January 20, 1990, pp. 118-19を参照。

(31) この点では、私は、意義のある民主的な参加や表現が冷戦期の共産主義体制で可能であったという加藤節教授と異なる見解である。

(32) John Gray, *False Dawn: The Delusions of Global Capitalism* (New York, 1998), chapter 4.（ジョン・グレイ『グローバリズムという妄想』石塚雅彦訳、日本経済新聞社、一九九九年）

(33) こうした愚行についての初期の説明として最もよいものとしては、David Halberstam, *The Making of a Quagmire* (New York, 1964)（デービッド・ハルバスタム『ベトナム戦争』泉鴻之・林雄一郎訳、みすず書房、一九六八年）を参照。

(34) James Gibson, *The Perfect War: Technowar in Vietnam* (Boston, 1986); and Adas, *Dominance by Design*, chapter 6.

（三宅麻理訳）

カントの「ナショナリズム」

——ドイツとコスモポリタニズムとのはざまで

愛甲雄一

1　はじめに

本稿の表題がカント（Immanuel Kant 1724-1804）と「ナショナリズム」とを結びつけていることに、奇異な印象を受ける者は少なくないだろう。「カントほど、ナショナリズムに貢献するヴィジョンを提示したという評価から程遠い人物はいない」[(1)]というのが、彼にまつわる一般的な評価だからである。事実、ナショナリズムとは対極にある思想潮流、すなわちコスモポリタニズム（世界市民主義）の先駆者としてカントを数え上げることのほうが、今日ではよほど常識化している。特に冷戦が終結した一九九〇年代以降、「グローバル化時代」にふさわしい思想・教義・イデオロギーとしてのコスモポリタニズムが脚光を浴びるなかで、この批判哲学者の政治的著作——とくに『永遠平和のために』（一七九五年）——が多くのひとびとの関心を呼んだことは、こうした事情の証左だと言える。[(2)] もちろん、カントの政治理論に見られる「コスモポリタニズム」は、彼の生きた時代や地域の制約から完全には免れていない。よって現代のコスモポリタンたちからすれば、彼の議論に見られる不徹底な側面、[(3)]とりわけ国家主権の絶対性に対するカントの妥協的態度は、彼らを戸惑わせるには充分であった。[(4)] しかし一般的に言うなら、カントをコスモポリタンの隊列に加えることにほとんどの者は異議を唱えないであろう。そもそも彼の道徳理論にはすべての人間を目的と見なす普遍主義が徹底して備わっており、ゆえにカントを個別の民族共同体に重きを置くナショナリストだと考えることは、カント評価の基本的了解事項からはほど遠い、と言わねばなるまい。

しかしながら本稿では、特にカントにおけるドイツ国民への評価に焦点を当てることで、彼のコスモポリタン政治理論の背後に潜む「ナショナリズム」を浮き彫りにしてみたい。カントの議論と言えば経験的なものを基本的に排した思弁的かつ抽象的なものとのイメージが強く、実際、彼の政治論文にもそうした傾向性が色濃く見られるが、しかしこの哲学者は「現実」からいっさい離れたところで思考を展開する、いわゆる「象牙の塔」にこもる学者ではけっしてなかった。そのことは、彼が一七七二―七三年冬学期から晩年の一七九六年に至るまで人間についての通俗的な「世界知（世間知）」、すなわち「人間学」の講義を熱心に行なったことに、端的に現われている。たしかに、カントが同時代の経験的事象、とりわけ政治的事象について直接言及することは、フランス革命へのまわりくどい指摘を除けばほとんど見られなかった。(5) その意味では、同じく啓蒙主義の影響下にあり時の政治権力に抗して政治的意見を述べることにも物怖じしなかった隣国のヴォルテール、ディドロ、ルソー、同じドイツのフィヒテなどとは対照的である。しかしだからと言って、カントは目の前で生起していた政治の諸事象、とりわけドイツ政治をめぐる状況に対しまったく無関心だった、と結論づけるわけにはいかない。フレデリック・C・バイザーによれば、彼の政治的関心は一七六〇年代半ば以降、ルソーの著作に触れたことをきっかけにして確実に芽生えていた。(6) しかもその関心は、十八世紀後半のドイツが政治的にさまざまな危機や行き詰まりを経験するなかで、隣国フランスの革命によってカント自身が大いなる刺激を受けたことも手伝い、そのドイツの状況打開を視野に入れたきわめて政治的な意図を含むものとなっていた。『永遠平和のために』のなかで提示された三つの確定条項もまた、既存のカント研究では彼のコスモポリタン政治理論として分析されることがほとんどであったが、実は彼のそうしたドイツへの問題意識を根底において反映したものであった。ただそのような問題意識は本作のなかではまったく目立たない形で、しかもドイツ政治に対する改革意識とある種のドイツ人優越意識とがない交ぜになった、きわめて錯綜した形でしか組み込まれていない。よって、この言わばカント政治理論の「知られざる」側面について、それを彼の「ナショナリズム」として光を当てようというのが、何よりも本稿の目指すところとなる。

もちろんカント政治理論の分析に「ナショナリズム」という概念を充てることは、一般的にはアナクロニズムとの批判を免れまい。というのも、カントが実質的にその知的活動を終えた十八世紀末以前のドイツは、まだ基本的には「ナショナリズム以前の時代」に属するからである。もとよりこの点は、元来論争的な概念である「ナショナリズム」をどう定義するかにもよる。ただ一般的に言うなら、それをネーション nation——同一の価値観・文化・歴史的記憶などを共有すると想像された人間集団——に価値を見出し、そのネーションを母体にした主権国家という理想を追求する言説・思想・運動の総体、と定義づけることが可能であろう。[7] そして実際のところ、この種の定義を活用しながら、ドイツ人の間に（言語・文化的でなく）政治的「国民」意識が芽生えてくるのはナポレオン戦争以後のことだ、[8] とか、ドイツ政治史上において近代的国民国家の樹立がはっきりと目指されるに至ったのは一八四〇年代頃のことだ、[9] などといった見方が広く受容されている。こうした立場からするなら、カントを「ナショナリスト」と評することは歴史的に見て誤りだ、と言わねばならない。

事実、十八世紀後半のドイツで Volk/Nation[10] にまつわる政治言語として流通していたのはナショナリズム

Nationalismus ではなく、むしろパトリオティズム Patriotismus という言葉であった。その「愛国」の対象となる祖国 Vaterland は当時の政治状況を反映して、各領邦国家を指す場合もあれば「ドイツ人」[11]以外を帝国臣民に多数含む神聖ローマ帝国を指す場合もあったが、それが「ドイツ人」のみから構成されるドイツ国民国家の形成要求へと結びつくことは、この時期にはまだ見られなかった。[12] これは、当時のパトリオティズムという概念が言語や文化によって区別される排他性を備えたネーション（民族）概念と結びついていたのではなく、自由で平等な公民 Bürger から成る共和国 res publica を理想とした共和主義の伝統と結びついていたことに、深く関係している。[13] したがって、パトリオティズムの対象となる祖国は当然ある種の領土性を伴うが、そのことが即、そこに成り立つ人的共同体の排他性を意味するものとは必ずしもならなかった。この時期のパトリオティズムが今日におけるその用法とはしばしば異なり、一般的にコスモポリタニズムと矛盾しないと見られていたのも、こうした事情によるものである。[14] 実際、カントにおいてもそうした概念上の関係を反映した記述が「人間学遺稿」のなかには残されており、彼はそこで、自国あるいは自民族が他に優越するとの妄想 Nationalwahn は根絶すべきであり、パトリオティズム patriotism とコスモポリタニズム cosmopolitism とがそれにとって代わるべきだ、との指摘を行なっている。[15]

したがってカント政治理論の理解にナショナリズムという用語を適用することは、思想史的には本来慎重であるべきだろう。しかしそれがドイツ国民国家の樹立要求とは直接結びつかないいわば括弧つきのものだということを踏まえるならば、この用語をカントに用いることは、まったく意味のないこととは言えない。というのも、たしかに彼は「ドイツ人」を構成員とする統一的国民国家を明確な形で求めることはしなかったが、しかし抽象的な政治理論としては、明らかにネーションを基本ユニットとする政治社会を自身の議論のなかで想定していたからである。しかも、本稿で明らかにするように、カントの政治理論にはドイツ人の優越性や卓越性を誇る思想もまた含まれており、それは十九世紀以降のナショナリズムが見せてきた排他的な傾向とも一脈通ずるところがあった。よってこうした側面を「ナショナリズム」という言葉で表象することは、パトリオティズムやコスモポリタニズムといった当時の用語では表現しきれないだけに、あながち誤ったこととは言えない。

ところでナショナリズムという概念においては伝統的に、ネーションの構成員を自由かつ平等な個人という普遍的存在に見出すリベラルで民主的な「シビック・ナショナリズム」と、特定の文化的・歴史的背景を共有する「民族」に見出す反リベラルな「エスニック・ナショナリズム」とに分類することが頻繁に行なわれてきた。この区分をもとに、そのそれぞれを別個のナショナリズム現象と見立て、前者を進歩的で解放的、後者を排他的で反動的と見なすことがしばしば行なわれてきたのは、周知のとおりである。しかし今日の有力な考え方によれば、実際にはその双方があらゆるナショナリズム現象に混在する。(16) そして注目すべきことに、カント政治理論の場合にも同様のことが、そこに潜む「ナショナリズム」に関して言えるのである。カント政治理論は一方で世界のあらゆるネーション(とりわけドイツ・ネーション)に対し、「シビック・ナショナリズム」に基づくリベラルな政治改革要求を突きつけている。それは思想的傾向としてはコスモポリタニズムとそれほど矛盾することはなく、したがってその意味では、カントをコスモポリタンと位置づけることもあながち間違いではない。しかし他方で、彼の「エスニック・ナショナリズム」とも言うべきドイツ人に対する民族的誇りの意識が、実はその「シビック・ナショナリズム」の背後に同居している。これが本稿において「ナショナリズム」という用語を用いようとするその最終的な理由にほかならない。つまり、ネーションの政治に関わる解放性と排他性の両側面を兼ね備えたこの概念を用いることが、カントの政治理論に秘められたその二重性を明らかにするうえで有益なのである。

以下では、次のような順番で議論を進めていきたい。まず次節ではカント政治論文の主著である『永遠平和のために』を取り上げ、それが基本的に「シビック・ナショナリズム」に基づくドイツ政治の改革プログラムという要素をもつものであったことを指摘しておく。次に、主として『実用的見地における人間学』（一七九八年、以下、本文中では『人間学』）のなかで展開された彼の国民性Nationalcharakter/der Charakter des Volks論、とりわけドイツの国民性論に焦点をあてて、その内容がカントの「エスニック・ナショナリズム」を反映していたことを、『永遠平和のために』に掲げられた確定条項との関連を示しつつ浮き彫りにしてみたい。本稿の結論では、本稿が明らかにしたカントの「ナショナリズム」が今後のナショナリズム研究にもつその意味について、簡単に触れることにする。

2　『永遠平和のために』――未来のドイツに向けた政治プログラム

『永遠平和のために』は今日でも多くのコスモポリタンや平和主義者が注目する、言わば古典中の古典とも言うべき著名な作品である。それはこの著作が二世紀以上も前に書かれながら、永遠平和というまさに人類の究極課題を成し遂げるうえで、現代にも通用する具体的な理念・政策目標・制度などについて幾多の示唆を含んでいるからであろう。したがって現在に至るまでそれが世界中で読み継がれ、多くの者にインスピレーションを与え続けてきたことは、けっして故なきことではない。ただそうした読まれ方――現代の問題に対する「処方箋」としての読まれ方——が広くなされてきたことの帰結として、同書がもつ次のような特徴への関心が案外、今日までなおざりにされてきたのではないだろうか。その特徴とはすなわち、あらゆる政治的著作がそうであるように、この作品が執筆当時の政治的現実に対して、とりわけドイツのそれに対して、それを変革・克服するための政治的な改革要求を突きつける作品であった、ということである。そこで本節では、簡単ではあるがこの点について検討を試みることで、同書のドイツ政治改革プログラムとしての側面を明らかにしておきたい。

この『永遠平和のために』を構成している議論の主要部分について、まずは簡単におさらいしておこう。そこには周知の通り、永遠平和実現のために国家間で結ばれるべき条約の諸条項（六つの予備条項ならびに三つの確定条項）という形で、将来に向けた世界政治のプログラムが提示されている。まず予備条項として列挙されているのが、現在国家権力を行使しているすべての権力者に実行または禁止が求められる政策上の指針である。そのなかには常備軍の廃止（第三条項）や内政干渉の原則的禁止（第五条項）といった今日的観点から見ても実に興味深い主張が含まれているが、なかでも注意を払っておきたいのが、「道徳的人格」としての国家 Staat の独立性維持を要求する第二条項である。続いて、同書においてはより中心的な意味をもつ確定条項、すなわち「平和状態」を保証する法的体制 rechtliche Verfassung の樹立を要求する確定条項が、三つほど順に挙げられている。その冒頭部では、「平和状態」は人類の「自然状態」ではないがゆえに、これら法的体制はすべて人間の手で創出されねばならない旨が指摘されている。[17]

その確定条項の最初に挙げられているのが、国家 Staat レベルにおける法的体制として「共和的体制」を樹立せよ、との要求を掲げた第一確定条項である。その社会の成員がすべて自由であること、彼ら全員が唯一かつ共同の立法に従属していること、そして国家市民 Staatsbürger として彼らがお互い平等であること、の三原則に基づいて樹立された体制こそ、この共和的体制にほかならない。カントによれば、この体制のみが、永遠平和を将来的に導きうる唯一の体制である。なぜなら、専制とは異なりこの体制は政治的決定を下すさいに国家市民たちの意向を無視することができないが、しかし戦争を遂行する場合その惨禍をもっとも被る国家市民たちは、そうした「博打」の実行にはきわめて慎重になるはずだからである。第二に、国家間 Staaten において形成されるべき法的体制として、各国の自由と平和とを保証する国際連盟 Völkerbund あるいは平和連盟 Friedensbund が設立されなければならない。そのさい、しばしば指摘されることであるが、カントはそのメンバー国が単一権力のもとにおける支配や他国からの強制に従う必要のない旨を強調しており、この体制が世界共和国 Weltrepblik ないしは国際国家 Völkerstaat——世界全体が一国家に統合された体制——とは区別されるべきものであることを繰り返し指摘している。第三確定条項のなかでは、自国以外の土地に足を踏み入れたときもその人物が平和的に振る舞う限りは敵対的扱いを受けない権利、すなわち「訪問の権利」を保証する世界市民的体制の樹立が求められている。カントによれば、この権利は外国人がその土地の者と同等の扱いを受ける「客人の権利」とは異なるものだが、前記二つの法的体制を補足するものとして、それは永遠平和実現のために確保される必要がある。[18]

ここで注意しておきたいのは、人的団体としての Volk あるいは Nation から明確に区分された統治機構としての国家 Staat という近代的発想は、カントにおいてはいまだ完全には獲得されていなかった、ということである。彼にとっては国家 Staat という概念も依然、古典古代のポリスや共和国に由来する政治的な人的団体としての意味あいをもってもり、したがって彼はしばしばその作品中で、ポリスを表わすラテン語の civitas を Staat のあとに添えている。[19] そのほかにも、たとえば第二予備条項では国家 Staat を人間の社会 Gesellschaft von Menschen であると説明し、[20]『人倫の形而上学』(一七九七年)においても彼は、相互関係状態にある Volk の構成員全体を国家 Staat（civitas）と定義している。[21] 要するに、カントが国家 Staat と述べるときも、それはほとんど政治的な人的団体を表わす Volk あるいは Nation とほぼ同じ意味で用いられているのであり、それは『永遠平和のために』においても例外ではない。

このような点を踏まえたうえで、同書の確定条項に示された政治改革要求が意図する内容について、確認しておこう。その場合、そこに示されているあるべき世界に向けた政治改革のためのプログラムは、基本的に「シビック・ナショナリズム」のそれ、と見なさなければならない。なぜなら、カントは第一確定条項ですべての国家 Staat が共和的体制であらねばならない旨を主張しているが、この政治社会を構成する集団の属性には歴史的背景・文化的同質性といったエスニックな要件が含まれておらず、代わりにリベラルで民主的な政治理念に同意する自由かつ平等な個人といった要件が挙げられているからである。しかも、カントが説くこの世界政治プログラムにおける基本政治ユニットは、明らかに政治的な人的団体としての Volk/Nation あるいは Staat である。カントが第二確定条項のなかで世界共和国（国際国家）を排した理由は——それが論理的なものであるかどうかはさておくとして——それが個々の自立的な人的団体 Volk/Nation の独立性、あるいはその存在そのものを否定するからであった。また第三確定条項のなかに見られる世界市民の権利においても、そこには同胞／外国人といった、人類を複数の人的団体に分割する区分が前提として設けられている。したがって、カントのいわゆるコスモポリタン政治理論は、政治的な人的団体としての Volk/Nation あるいは Staat の枠を超え出る政治社会の形成についてはまったく視野に入れていない、と言わねばなるまい。その人的団体の一員となる要件が理念としてはすべての人間に開かれたものであること、すべての個人は彼が属さない他の政治社会内に滞在していても物理的安全面に関しては無権利でないこと、の二点でもって、それはコスモポリタニズムと親和性を有するにすぎない。したがって、カントの政治理論は――彼の考える政治的な人的団体を「ネーション nation」という言葉で一括しうるなら――基本的に「ナショナリズム」のそれである。ただしその構成員としての要件があからさまな排他性を帯びない政治的な人的団体をベースにしているという点で、その「ナショナリズム」は典型的な「シビック・ナショナリズム」のそれ、ということができる。(22)

同書がもつこのような「シビック・ナショナリズム」に基づいた政治プログラムとしての意味あいは当然、カントの同時代人たちの間で正しく感知された。この『永遠平和のために』が著された一七九五年と言えば、フランス革命の余波がヨーロッパ全体に及び、大陸のいたるところで戦争や反乱が勃発した激動と混乱の時代である。それだけに、リベラルで民主的な政治改革の要求を突きつける同書は、そうした流れにも乗って、カントの著作としては例外的なまでに大きな反響を呼んだ。そうした反響のもっとも象徴的な事例と言えるのが、シエイエス(Abbé Emmanuel Sieyès 1748-1836)が同書をきっかけにカントのフランス招聘を試みたという、あの有名な逸話である。(23) カントは結局この申し出を断ってしまったが、しかしこのエピソードは、カントの政治プログラムがフランス革命の目標――「シビック・ナショナリズム」に基づく民主的国民国家の創出――と同じ精神を共有していると同時代人たちが理解した事実を、十二分に物語っている。もちろん同じような知的衝撃は隣国の革命家だけではなく、ドイツの同胞たちに対しても与えられた。この時期、すでに多くのドイツ知識人たちはフランス革命に対し批判的になっていたが、(24) しかしフィヒテ(Johann Gottlieb Fichte 1762-1814)やシュレーゲル(Friedrich Schlegel 1772-1829)といった改革熱に燃えた若き知識人たちによって、このカントの著作は温かく迎え入れられたのである。(25)

こうしたドイツ人たちの『永遠平和のために』に対する共感はもちろん、彼らの革命への熱狂に触発されてのものであった。しかし彼らの共感はこの隣国への関心、あるいは世界平和の実現を目指す啓蒙主義的ヒューマニズムからのみ、もたらされたものではない。そこには当然、当時のドイツが直面していた政治的現実への不満や危機感といったものも、大いに与っていた。そもそもドイツ知識人の間に見られるこうした政治意識は、フランス革命が勃発する以前からかなり長期にわたりくすぶっていた。特に一七六三年に終結した七年戦争によってプロイセンの台頭と帝国の機能不全が明らかとなったことに加え、フランス・イギリスといった大国の存在、そうした隣国の状況と比較してのドイツの現状に対する不満といったものが、こうした政治意識を強く促していた。[26]したがって今日では、革命以前のドイツは政治的に無関心だったという長らく信じられてきた俗説も、すでに時代遅れの神話だと見なされている。[27]カントに通ずるような「リベラル」な政治理論でさえ、重農主義者たちを中心にして、一七七〇年代の時点でドイツでもかなり頻繁に現われていた。[28]ゆえに『永遠平和のために』に目を通したドイツ人たちが同書をドイツ政治のための改革プログラム――「シビック・ナショナリズム」に基づいた政治プログラム――として受け取ったとしても、けっして不思議なこととは言えない。この著作はここドイツでも共和的体制を樹立することを目指し、また隣国との平和的関係の構築を目指すマニフェストとして、多くのドイツ人たちに認識されたはずである。

しかしカントのこの著作は実際のところ、こうしたドイツの現状を意識して書かれた作品だったのだろうか。たしかにカントの書き方は、同書がドイツの政治的現状とは無関係に、ただ哲学上の関心からのみ執筆されたとの印象をもたらす。事実、彼は確定条項のなかに掲げられている法的体制を永遠平和の理念から必然的に導かれるものと考え、予備条項についてもそれがすべて普遍的な法則、すなわち普遍的に妥当する法則だとの主張を展開している。[29]これは要するに、理性が永遠平和という道徳の実現を義務として命令するとき、これら諸条項の実現があらゆる人間にアプリオリに要求される、とカントが考えていたことを表わす。ゆえに、カントの道徳法則がすべて経験とは無関係に実践理性から先験的に導き出されるものであったのと同様、これら永遠平和に関する諸法則もまた、彼は現実政治とは無関係に定立された抽象的義務と見なしていた、との解釈も成り立つ。

『永遠平和のために』の記述がもつこうした特性もあってか、解釈者の間でこのテキストをことさら著者の祖国ドイツに向けた改革提言として読み解く者は、これまであまり見られなかった。しかし通常言われているように、カントがこの著作を著したのは一七九五年四月に結ばれたバーゼル条約――これにより、プロイセンはラインラントをフランスに割譲する――に由来するのだとすれば、カントはこの作品に対し、きわめて強い同時代的意図を込めていた、と言うことができる。しかも本著作におけるカントの議論には、自らは理性が導く法の理念にもっぱら従うかのような主張をしておきながら、実際には経験的諸条件を考慮に入れたらしい立論が頻繁になされている。その典型的事例が「積極的理念」としての世界共和国を退け、「消極的代用物」としての国際連盟を国際法の理念が欲する法的体制と見なした第二確定条項のケースであろう。ここではその「代用物」を選択した理由として、「一般論としては in thesi 正しいことを、具体論としては in hypothesi しりぞけるから[30]」との説明が与えられている。しかしこうした主張こそ、実のところ、彼が『理論と実践』(一七九三年)において排したものにほかならなかった[31]。つまりこのことからも、カントの『永遠平和のために』はその表面的な印象とは裏腹に、経験的なものである現実の政治状況をきわめて強く意識した実践的作品だった、と言うことができる。それは彼の議論において、その理論上の一貫性を一部疑わしいものにするという代償を伴ったが、しかし彼が同時代に対し有していた政治的緊張感を証拠立てるものでもあった。

カントが同書を執筆するにあたって抱いていたこの同時代への緊張感は、彼の祖国ドイツの現実に対してもやはり向けられていた。そのことは、『永遠平和のために』のなかでいくつか見られる現実への「妥協的記述」のうち、その一つがプロイセンのフリードリッヒ大王について触れていることに、間接的に示されている。彼は、この啓蒙専制君主の統治が実際には実現の難しい共和的体制の統治を少なくとも事実上実践していたという意味で、それに肯定的な評価を与えている。[32]これは今日的観点から見ればカントが時の専制権力に擦り寄ったとも受け取れる記述であるが、一七九五年という同書が出版された時点においては、かなり危険な政治的発言だったかもしれない。というのも、この時期はすでに大王の啓蒙的統治に批判的だったその甥フリードリッヒ＝ヴィルヘルム二世の治世となっており、しかもカントはその数年前、『たんなる理性の限界内の宗教』（一七九三年）に収められた論文の内容をめぐって、大王の治下に比べ思想・言論の自由を厳しく制限したこの後継者政府との間に政治的・宗教的なトラブルを引き起こしていたからである。[33]その意味では、先王に対する肯定的発言といえどもそれは現王への批判と捉えられる可能性があり、しかも隣国フランスで当時進行中だった革命を考慮に入れるならば、そうした発言をカントが控えたとしてもけっして不思議ではなかったであろう。しかし彼がそうした発言を『永遠平和のために』のなかであえて行なったということは、やはり彼はドイツの現状を意識しつつ、その改革の促進をも見据えて同書を執筆していた、と考えられる（フリードリッヒ大王の統治に対するカントの肯定的評価がもつ意味については、次節においてもまた触れる）。

もっとも『永遠平和のために』の文面をそのままなぞるだけでは、ドイツに向けられたカントの思いをすべて読み取ることはやはり困難である。そのためには——これが本稿の明らかにしたいことであるが——彼が主に『人間学』のなかで展開したドイツ国民性論を補助線として利用することが、おそらく有効な手続きとなろう。そこで次節においてはこの作業に取り組むことを、主たる課題にしたい。そこで明らかにするのは、『永遠平和のために』がドイツ（とその他のネーション）に対する「シビック・ナショナリズム」に則した政治改革プログラムという意味をもっていたその裏で、そのドイツに対するカントの「エスニック・ナショナリズム」をも含み込んだ作品だった、ということである。この国民性論というレンズを重ね合わせてみた場合、同書からは、その改革プログラムの実現においてドイツ人ほど優れたひとびとはいない、とカントが考えていたことが浮き彫りになる。ただ他方で実は、そうした「エスニック・ナショナリスト」としての彼の誇りはドイツ人の国民性に含まれる専制的傾向によって、結局のところは傷つけられる運命にもあった。そこで、この二つの「ナショナリズム」の狭間でカントがジレンマを抱えていた様子を明らかにすることも、次節での課題となる。

3　ドイツ人の国民性と『永遠平和のために』

(1) カントの国民性論

まず手始めにカントが展開した国民性論について、その背景と特徴とを説明しておこう。

カントが知的活動を展開した十八世紀後半と言えば、ドイツで「国民 Volk/Nation」[34] 概念が広く浸透しつつあった時期でもある。この変化を主導したのがいわゆる教養層 Gebildete と呼ばれる人たち、すなわち、当時フランスを中心に展開された啓蒙主義運動の強い影響下にあった官吏・知識人・小貴族などから成る一定の学識を備えたひとびとの集団であった。彼らはすでにラテン語に代わるコミュニケーション言語として知識層の間にも定着しつつあった世俗語であるドイツ語を通じ、哲学・文学・芸術について語り合う文芸共同体として、都市を舞台としながらお互いの結びつきを深めていた。ハーバーマスが『公共性の構造転換』のなかで描き出したように、ドイツの場合、まずは会食クラブや座談会、フリーメーソンといった場でひとびとが対等な存在として出会い、議論を重ね、さらにそうした諸団体が新聞・雑誌といったメディアに媒介され結びつくことによって、ドイツ語圏全体に広がる「公共圏」が形成されていったのである。(35) よってこの公共圏が彼らの間に共通の教養文化、特に共通の言語によって結びついた「ドイツ国民」意識を覚醒させる母体となったことは、ある意味で当然の流れと言えよう。(36) 一七六五年にモーザー（Friedrich Carl von Moser 1723-1798）によって著された『ドイツ国民精神について Von dem deutschen Nationalgeist』というパンフレットが広範な議論を巻き起こしたことは、こうした教養層の間で国民意識が高まっていたという事実を如実に物語っている。(37)「……国民（Volk）。それはナショナルな文化／教養（National-Bildung）をもつと同時に、言語をももった存在である。(38)」ヘルダー（Johann Gottfried Herder 1744-1803）が一七八〇年代から九〇年代にかけて著した『人類史の哲学考』のなかで、このように「国民」概念を言語・文化共同体として捉えたことは、こうした流れのなかでの象徴的な出来事であった。

したがってこの時期、国民性論がこれらドイツ教養層の間で高い関心を呼んだことは、言わば当然の帰結だったとも言えよう。すでに十七世紀以降、イギリス・フランスでは「ネーションの特質」といった観念に対する関心が広くひとびとの間で共有され、十八世紀半ばに至るまでには国民性概念もまた、彼らの間でおおむね定着していた。そうした他のヨーロッパ諸国における知的状況もドイツにおいておそらく、この国民性への関心を後押ししたに違いない。(39) ただドイツの場合、モンテスキュー（Charles de Secondat, baron de Montesquieu 1689-1755）が著した『法の精神』（一七四八年）に対する評判こそが、こうした関心の拡大を促す大きなきっかけとなったようだ。(40) 周知の通り、この著作の主たる主張は、気候や風土といった自然、生活様式、習俗、宗教、富などのもたらす諸条件が、その土地の「法」や国制に表現される「精神」と基本的に合致する、というものである。ドイツの知識人たちは、十八世紀後半に彼らの間できわめて広範な論議を呼んだこの著作を通じて、各国民の「精神」や性格に対する関心を高めていった。カントの場合も、その例外ではない。彼はすでに一七六四年、『美と崇高の感情にかんする観察』のなかで、彼の国民性論を部分的ではあるが展開しており、[41]それはのちの『人間学』における国民性論への伏線となったに違いない。

ところでそのカントの国民性論であるが、気をつけておきたいのは、各国民の性格はその国民を取り巻く環境によって形作られるのではなく、その「先祖」がもつ天性 angeborner Character によって決まる、と見なされていたことである。ゲルマン民族大移動のケースを念頭においた議論のなかで、彼はその移動が当該諸国民の性格に変化をもたらさなかったとの「証拠」をもとに、風土や土地柄といった自然的要素は国民の性格形成に影響を与えない、と結論づけている。また統治形態についても、それが国民性を作るとの見解には根拠がなく、むしろ逆に国民性のほうが統治形態の性格を決める、との判断を下している。[42]イギリス人とフランス人の性格に関する説明でもそうした判断に違いは見られず、彼らが歴史を通じて人為的に身につけてきた性格も結局のところ、それぞれの国民がもつ天性に発したものにすぎないという。したがって、彼らの国民性に変化が起きるとすれば、カントの見解では、それは戦争が引き起こす暴力的状態で混血がなされたとき以外にほとんど考えられない。[43]このようにして彼は、国民性の淵源に関して、一般的に「エッセンシャリズム（本質主義）」と呼ばれる立場を採用している。つまり、混血のような生物学的変化が起きない限り国民性は変わることがないというのが、彼の基本的な理解なのである。

カントがこのように国民性をほとんど不変のものと捉えていたことは、人間の道徳的改善の可能性には限界がある、と彼が考えていたことを示唆する。というのも、国民性が固定的だということはそのなかに潜む彼らの道徳的性向すら固定的ということであり、したがってその変化を期待することは、事実上ほとんど不可能になるからである。しかしこの点は、彼が人間という存在について一般的に考えていたことと、根底において矛盾するものではない。周知の通り、カントは人間性のなかに根源的には「悪」と呼ぶべき性向、普遍的道徳法則を意識していながら実際にはそれから逸脱した格率を採用してしまう性向が抜き難く存在する、と見なしていた。[44] 要するに、理念としての人間は道徳法則を完全に実行しうる可能性を常にもつわけだが、実在する人間の場合にはその可能性がきわめて低い、ということになる。よって各国民のもつ反道徳的性向は本質的に決定されており、それが変わることは事実上ありえないとしても、それは人間がこうした有限性をもつがゆえの言わば避けがたい結果である。現実にはすべての個人と同様、各国民が普遍的道徳法則にしたがって行為することなどほとんど不可能なのである。ただしカントの場合、だからと言って人間や国民が道徳的義務を遂行することから免除される、ということにはならない。実在する人間や国民もまた理性をもつ存在である限り、その理性が命じる道徳法則に対し、一歩でも近づこうと努力する義務が課せられることになる。この理念と現実の間に横たわる溝を、たとえそれが最終的には実現することがなくとも埋める努力を続けること——これがカントの道徳理論に見られる義務論のポイントであった。[45]

以上のような点を確認したうえで、カントのドイツ人に対する国民性論、ならびに『永遠平和のために』の議論とそれとの関連について、検討することにしよう。

(2) ドイツ人の国民性と『永遠平和のために』

カントはドイツ人の国民性を論じるにあたって、どういう属性をもつひとびとが「ドイツ人」であるのかは明確にしていない(この点は、他の国民を論じるときにおいても同様である)。しかし先にも述べたように、十八世紀後半のドイツではVolk/Nationを言語や文化的共通性によって区分される人間集団と見なすことが常識化していたうえ、『たんなる理性の限界内の宗教』や『永遠平和のために』といった著作では、人類を分類するのに「自然Natur」は言語(と宗教)を用いた、と論じられている。[46] だとするならば、カントの「ドイツ人」とはドイツ語の使用を主たる目安にして区分される集団と見なしても、基本的に間違いはなかろう。政治的には神聖ローマ帝国という緩やかなつながりの下で(しかしそのなかにドイツ語話者以外のひとびとも多数含まれていた)幾多の領邦に分かれていた当時のドイツであるが、しかしカントの「ドイツ」は、こうした政治的統治組織によって区分されるものでは基本的になかったようである。

カントの手によるドイツ人の国民性論は、一見したところ、その優秀性や卓越性を誇るある種の排他性を帯びた「エスニック・ナショナリズム」ないしエスノセントリズムからは、まったく無縁であるように見える。たとえば彼は「地球上でもっとも文明化された二つの国民Volk」としてイギリス人およびフランス人を挙げているが、そのカテゴリーに、自らが属すドイツ人を含めることはしていない。その理由は、彼自身の言葉によれば、「ドイツ人である著者の称賛の言葉は普通、自画自賛にしかならないだろうから」である。[47] また加えて、彼はいかなる国民の性格を語る場合にも、その長所よりもむしろ欠点を重点的に指摘する旨を表明している。[48] そしてのちにも少し触れるが、ドイツ人の欠点を述べることに対しても、彼が躊躇している様子はまったく見られない。

その意味で、カントはドイツ人に対しても他国民に対しても基本的に同等の扱いをする、まさにイメージ通りのコスモポリタンと言えるかもしれない。

ただ「自画自賛にしかならないだろうから」という言い方それ自体のなかに、それをカントにおける控えめさの表現と受け取るにしても、ドイツ人の卓越性に対する彼のひそかな自信、ひいては彼の「エスニック・ナショナリズム」を垣間見ることができる。そこには、自身がドイツ人でなければこの国民もまたイギリス人やフランス人と同等の「文明化された国民」として数え上げていただろう、という言外の意味が読み取れる。そして実際、カントによるドイツ人の性質に関する描写を注意深く読んでいくなら、彼らは人間がもちうる最高のポテンシャルを有しているかのように描かれていることが明らかになる。この点は、カントがドイツ人のことを「悟性を伴った粘液質」のひとびとだと描写していることに、もっとも端的に現われている[49]。

この粘液質という性質は、『人間学』のなかで個人の性格に関し触れられた箇所において、「気質 Temperament」——生命のなかにある欲求能力が感性を通じて触発されたときに、いかなる活動を外的にとるかで区分される性格のあり方——についての議論において取り上げられている。カントはこうした気質を四つほど挙げているが、さらにそれらを感情にまつわる気質、および活動にまつわる気質との二つに分類しており、前者に属すのが多血質と気鬱質、後者に属すのが胆汁質と粘液質である。多血質の人間は感性の鋭敏さに特色が見られるが、その感性が触発したものは持続することがなく、したがって思慮の浅さと陽気さとが同居する。それに対し、気鬱質の人間の場合は感性によって触発されたものが永続する点に特徴があり、ゆえにそれが生み出す思慮の深さが鬱々とした態度を生み出すことが少なくない。一方、気性の激しさゆえに何ごとにもすぐ活動を開始する傾向が強く見られるが、それが持続しないのが胆汁質の人間である。カントによれば、この人間は名誉欲が強くたいていの場合尊大であり、仕事は引き受けたがらずに指図ばかりを下す司令官タイプに多い、という[50]。カントが挙げる四気質の人間のなかでその評価がもっとも高いのが、ドイツ人もそうだという粘液質の人間である。胆汁質のそれとは対照的に、この人間は、たとえ強い動機があったとしても、それをすぐさま行動へと移し変えることがない。したがってその人物は無為や惰眠へと向かう場合もあるが、しかし思慮の深さと慎重さ、そして粘り強さとを具備しているがゆえに、物事を的確に判断したうえで行動を起こす人物ともなりうる。こうした積極面をもつことから、粘液質の人間はたとえ与えられている理性が平凡な量であっても、それが冷静沈着さを生み、したがって知恵ある人間として、世間では哲学者と目されることすらありうるという[51]。カントにおいて、理性的な判断を下すことにもっとも高い能力を示しうるこうした気質の人間こそが、彼の理想的人間像にもっとも近いと言ってもまず間違いはないだろう。だとすれば、ドイツ人はカントにとって、そうした理想的人間像にもっとも近接した場所にいるきわめて優れたポテンシャルをもつ国民、ということになる。

しかしカントがドイツ人の国民性のなかに優秀性・卓越性を見出している点は、彼らがもつこうした「気質」のみに限られる話ではない。本稿の文脈においてより注目すべきなのは、彼がドイツ人を本来的に「コスモポリタン Kosmopolit」、すなわち世界市民的だと見なしていたことにある[52]。この点は実は、一七七〇年代半ば頃に書かれたカント草稿類のなかでも幾度か指摘されている事柄であり、たとえば彼は、『人間学』のとある遺稿のなかでドイツ人が住む土地について「世界市民の国 das land der Weltbürger」との描写を行なっている[53]。こうした記述は他国民の説明においてはいっさい見られないものであり、イギリス人について言うと、彼らは同胞以外のひとびとを人間とは見なさない排他的な国民として、ドイツ人とはきわめて対照的な描かれ方がなされている[54]。周知のとおりカントの『世界市民的見地における普遍史の理念』（一七八四年）の記述に従うなら、自然が人類に課している究極目標はコスモポリタニズムの実現、すなわち世界市民的な社会 weltbürgerliche Gesellschaft の形成にほかならない[55]。その観点からすると、すでに「コスモポリタン」であるドイツ人こそこの到達点に向かう人類が辿るはずの行程において、その最先端にいるひとびと、ということになろう。このことからも、カントがドイツ人のなかに他の国民には見られない優秀性や卓越性を見出していた様子の一端を窺い知ることができる。自らが属するネーションに対するカントの「エスニック・ナショナリズム」が、ここにも現われていると言えよう[56]。

ではカントによれば、ドイツ人が「コスモポリタン」であるとはいったいどういうことを意味するのだろうか。この位置づけについて彼は、以下のような二つの要素を含めて考えている。まず第一の要素であるが、それはドイツ人の間に自らの祖国 Vaterland や故郷 Heimat に対する執着がほとんどないということ、つまりは「ネーションとしてのうぬぼれ〔誇り〕Nationalstolz」がないということである[57]。このうぬぼれは実は、自民族が他民族よりも優れているとの妄想 Nationalwahn につながるとしてカントが警戒したものであり、パトリオティズムとコスモポリタニズムがそれにとって代わらなければならない、と遺稿のなかで主張されたものであった[58]。要するに、逆説的なことであるが、ドイツ人に「エスニック・ナショナリズム」的なものの見られないことが、同胞に対するカントの「エスニック・ナショナリズム」を刺激していたらしい。カントによれば、この特徴のおかげで彼らドイツ人はどんな土地や気候に対しても適応でき、いかなる外国でも自国にいるかのように振る舞うことができる。新たな場所にも積極的に移住を行ない、そこで粘液質としての特性を十分発揮することが可能になる。また外国語の習得に関しても、彼らはきわめて高い優秀さを示す。ネーションとしてのこだわりのなさゆえに、自分たちが最初に得た教養や科学知識を他国民にあっさり渡してしまうのも、カントの見るところ彼らドイツ人の「コスモポリタン」性であった[59]。

ドイツ人が「コスモポリタン」だという第二の要素は、彼らが自らの土地を訪れた外国人に対し、どの国民にもまして歓待を行なう、という点である。[60] カントによれば、この他国民に対するもてなし好きGastfreiheitは、少なくとも傾向性としてはドイツ国民の下層にまで浸透したものであった。[61] ここで、『永遠平和のために』の第三確定条項のなかでカントが「世界市民的な権利Weltbürgerrecht」として提示した権利の内容について、思い起こしておきたい。それは「訪問の権利」、すなわち、人が自分たちの国以外の土地において、現地のひとびとに対して敵対的に振る舞うことがない限りは、その彼らから敵対的に扱われることはないという権利であった。これは言いかえれば、平和的な交流や通商を行なうための友好Hospitalitätを結ぶ権利のことにほかならない。[62] だとするなら、外国人をもてなすことに長けているドイツ人は、その自らの土地で、永遠平和を実現するために必要な法的体制の一つをすでにその国民性として実践している、と言えるだろう。つまり「コスモポリタン」であるドイツ人は、カントにとって、彼が考える理想の一部をすでに体現している優れた国民だということになる。

ここで以下のような疑問が、カントの思考プロセスにまつわる一つの臆測として湧き上がってくる。すなわち、カント自身は自らのコスモポリタン政治理論、つまり『永遠平和のために』のなかに現われた確定条項について、それらが理性のアプリオリな判断から導出されたかのように論じているが、それは実際のところ、彼がドイツ人に見出した国民性がそのままその理論に投影されただけなのではないか、との疑問である。この疑問に対し、肯定的な答えを確証をもって出すことは難しい。なぜなら管見の限りでは、そのような臆測を直接証拠立てるようなカントの言葉は、まったくといっていいほど見当たらないからである。ただ話をタイミングの問題、つまりカントの政治理論が発展していったその時間的なプロセスの問題のみに限定するならば、そうした推測もあながち誤りではないかもしれない。カントの「人間学」講義は一七七〇年代に始まっており、先にも述べたように、ドイツ人の国民性を「コスモポリタン」と評した草稿類も、その頃に書かれたらしきものがかなり残存している。ところが一方で、「世界市民的な権利」に触れた彼の著作が現われたのは、一七九〇年代に入ってからのことである。こうした点を総合すると、ドイツ人の国民性に対する認識の深まりが時間をおいて、『永遠平和のために』のなかで集大成を見たカントのコスモポリタン政治理論、特に第三確定条項の「発見」につながっていったのではないか、との推測は十分に成り立つ——もちろんこれはあくまで、この推測の蓋然性を示すものにすぎないのであるが。

ところが興味深いことに、こうした推測をさらに裏づけるかのような証拠が、『永遠平和のために』の第二確定条項に関しても存在する。この証拠が示すところによれば、第二確定条項に謳われた永遠平和実現のために必要とされる法的体制——世界共和国 Weltrepublik ではなく国際連盟 Völkerbund——のアイデアもまた、カントは、ドイツ人に見られる特徴のなかから示唆を得たのかもしれない。この証拠の一端は、やはり一七七〇年代半ば頃に書かれたとされる「人間学草稿」のなかで、まずは窺い知ることができる。カントはそこで、ドイツ人が気質的にコスモポリタン cosmopolitisch であることを表明し、さらに彼らが「あらゆるネーション alle Nationen の善きひとびとを集めて一つにまとめ、そのすべてを平等に快く受け入れる」国民だと述べたうえで、「普遍的となることができる国民 Volk の連合 Völkerbund　ルソー。」として話を結んでいる。[63] もう一つの証拠は、この草稿が掲載されたアカデミー版カント全集の当該頁において、その註のなかで注意が促されているカントの別の草稿である。ダンツィヒ市図書館に収められているというこの草稿（こちらは、一七八五年八月から十月の間に執筆されたらしい）のなかで、カントはドイツ人について、以下のような記述を残している。すなわちドイツ人とは、……好んで改革を受け入れるひとびとである。Nation 間の争いが戦争に代わり、行進 Processionen〔引用者註……フランス語における procès（訴訟）を転用したがゆえの誤りと考えられる〕を通じて判決が行なわれるようにするというアベ・サン＝ピエールの提案が実現した場合、ドイツがその中心となるだろうと述べたルソーは、完全に正しい。このことは、レーゲンスブルクの帝国議会で幸運にも判決の下された争いの事例が数々あることによって、確証される事柄である。(64)

草稿の記述では各文の連関がはっきりしないことがしばしばあるが、それはここで引用した草稿類でも例外ではない。しかしそれでも、以上のような記述からは、カントが次のように考えていたことが読み取れる。すなわち、神聖ローマ帝国に見られたあの分権的政治体制において、ドイツの場合、第二確定条項に記された永遠平和を実現する法的体制——国際連盟 Völkerbund——の原型が疾うに実現していた、ということである。しかもルソーに倣ったこの見解をもとに、国際連盟を世界に拡大していくその中心的役割すらも、カントはドイツ人に託していたらしい。したがってこうしたことから、『永遠平和のために』のなかに表現されている彼のコスモポリタン政治理論はやはり、ドイツ人の国民性に関する彼の見解からその示唆を多く引き出したものではなかったか、との仮説が成り立つ。実際このように考えた場合、カントが第二確定条項のなかで世界共和国ではなく「消極的代替物」としての国際連盟を支持したその理由についても、ある程度の説明がつく。つまり、彼は論理的な一貫性を重視する以上に——それを重視したのであれば、彼は世界共和国を支持するべきであっただろう——現にあるドイツの政治組織を善きものとして受け入れたのだ、ということである。いずれにしても、三つの確定条項のうちすでにその二つをその国民性の一部として実現していたドイツ人は、カントの評価のなかでは実に卓越した国民と見なされていた可能性は高い。カントにおいて、彼の同胞は自身の「エスニック・ナショナリズム」を満足させてくれる、まさに誇るべきひとびとであったと言えよう。

ただ同胞に向けられたカントの「エスニック・ナショナリズム」も、『永遠平和のために』で示された第一確定条項の観点からすると、けっして完全に満足させられるものではなかった。先にも述べたように、カントによれば、国家レベルで永遠平和を導きうる唯一の法的体制は、国民の自由と彼ら相互の平等を前提にした共和的体制以外にはありえない。それは専制、すなわち立法権と執行権とが融合しており、統治者が法を専断的に決定し実行する体制とはいわば対極に立つものである。ところが困ったことに、カントが判断した限りでのドイツ人の国民性は、共和的体制を樹立するにふさわしい性向をまったく示していない。実に皮肉に満ちた言い方であるが、ドイツ人の「いい面」とは、「自分たちの秩序と規則に対する愛着にしたがい、革新（とくに政府のなかでの独断的改革）を始めることよりもむしろ専制を敷く」ことだとカントは見ていた。このように専制をよしとする傾向性は、彼の考えによれば、ドイツ人がひとつの国民として生まれながらにもつ天性に由来する。何でもすぐ他者のやり方に倣いたがることや、自分たちは独創的になれないといった劣等感をもってしまうこと、さらには、自分たちの同胞との関係を平等なそれに近づけようとするのではなく、むしろ序列関係のなかにひとびとを格づけしようとするほど奴隷的であることなどが、そうした天性として挙げられている。カントは、この位階秩序を好んでしまう性格の源はドイツの帝国体制 Reichsverfassung Deutschlands に求められるかもしれない、とも述べている。しかしそれは結局のところ、ドイツ人の国民性に基づく致命的欠陥だというのが、彼の最終的な判断であった。このようにしてカントは、一方でドイツ人がさまざまな優秀性や卓越性を備えていることを認め、それを誇る向きをそれとなく見せてはいるものの、しかし他方でそうした優れた側面の裏に、こうした欠点のあることをはっきり認識していた[65]。

ところでカントの「ナショナリズム」において、こうした事実は大いなるジレンマと言わねばなるまい。彼の「シビック・ナショナリズム」はドイツ人を含むすべての国民が共和的体制を樹立することを要請するが、カントにとって肝心要であるこのドイツ人の国民性は、その樹立可能性を遮断しているからである。しかもこのことによって、ドイツ人の優秀性と卓越性とをひそかに誇っていたカントの「エスニック・ナショナリズム」も、大きく傷つけられることになる。人類の目標である世界市民的社会の形成に関し指導的地位にあるはずのドイツ人が、この点では他国民の後塵を拝さなくてはならなくなるからである。

ではこの二種類の「ナショナリズム」をカントにおいてともに満足させてくれるような、ドイツ人が辿るべき未来ははたしてあるのだろうか。この点において大きなネックとなるのが、カントが国民性の淵源について本質主義的立場を採用していたことである。彼の見解からすれば、国民性はその国民の天性に根差したものであり、基本的には変化をしない。とするなら、専制への親近性をもつドイツ人の国民性は、大規模な混血などが行なわれない限り、カントの「シビック・ナショナリズム」を満たすことはまずありえない。したがって彼の誇るドイツ人は、永遠平和実現のために樹立することが必要な三つの法的体制のうち、その一つをどうしても実現できないことになる。しかもその一つというのはこれら三つの法的体制のなかで、おそらくもっとも重要なものである。

こうしたジレンマに陥ったカントがある種の現実的処方箋として下したのが、前節においても触れた「啓蒙専制主義」に対する肯定的な評価であった。ドイツ人の間に本質的に専制へと向かう気質があるなら、そのドイツで共和的体制をわずかでも実現するためには、専制下でもその統治を共和的理念に則して行なう、という妥協的方法以外に道はない。『啓蒙とは何か』（一七八四年）における記述をはじめ、啓蒙専制君主として知られたプロイセンのフリードリッヒ二世、いわゆるフリードリッヒ大王に対し、カントが一貫して高い支持を与えたのは、こうした理由に基づくものであった。[66] もちろん「哲学王」に対するこのカントの態度については、それ以外にもさまざまな解釈が可能である。それを当局との無用な軋轢を避けるための政治的便宜主義と見なす一般的な解釈から、共和政までの過渡的段階としてこの専制を受け入れた、と見なす見解[67]まで、そのそれぞれに一定の説得力がある。しかしながら、カントが根源的には人間は「悪」だと断じていたことに加え、国民性は基本的に不変だと考えていた彼のこの認識からすれば、カントにはドイツが辿るべき最善の道筋として、啓蒙専制主義を支持する以外に選択肢はなかったのではないか。もとより、人間は根源的には「悪」であっても道徳的改善に努める義務は常に負う、との立場に立つカントであれば、ドイツでの共和政樹立は不可能、との発言は絶対に行わない。道徳法則はそれを理性が認識できる限りにおいて理念的には常に実現可能なのであり、それは共和政に関しても同様であって、したがって全ドイツ人はそれに向けて努力する義務を負うというのが、彼の基本的な考えである。しかしカントの歴史哲学、すなわち、人間は「天使」ではないのだから共和政は彼らの意思のみでは樹立や維持ができず、結局それを可能にするものは彼ら人間を一定の行為へと導く「自然」に見出さざるをえなかった彼の歴史哲学[68]を前提にするなら、共和政の実現はやはり将来的にも人間の力だけでは難しいことになる。共和的な精神に基づいて行なわれる専制的統治、という意味のフレーズがカント政治論文のなかでたびたび登場し、それを次善の策として受け入れている姿勢のなかに、こうした現実に対する彼の呻吟ぶりと、ある種のあきらめが窺える。

同胞であるドイツ国民に対し、その優秀性と卓越性とを誇る意識を有していたカントは、その政治体制についてはこうした妥協で満足せざるをえなかったがゆえに、内心忸怩たる思いを抱いたことだろう。ただそのカントの傷ついた「エスニック・ナショナリズム」は、他国民の政治体制を「シビック・ナショナリズム」の観点から激しく批判あるいは揶揄することで、ある種の慰めを得ていた可能性はある。つまり、共和的体制を実現できないのはなにもドイツだけに限った話ではない、というわけだ。それは特に、カントが「文明的な国民」の一つに挙げているイギリス人の政治体制に対するきわめて低い評価のうちに、現われているかもしれない。イギリスの政治体制と言えば、それは個々人の「自由」を保証する体制だとして、当時多くの知識人から称賛を受けていたものである。ヴォルテールやモンテスキューといった隣国の啓蒙主義者のみならず、ガルヴェ（Christian Garve 1742-98）やゲンツ（Friedrich von Gentz 1764-1832）、レーベルク（August Wilhelm Rehberg 1757-1836）などのドイツ知識人たちも、そろってこの体制を評価していた。[69] カントによれば、当のイギリス人自身がそのことを理由に、尊敬を他国民に対し強要していたようである。[70] しかしカントのイギリス立憲体制に対する評価は、そうしたトレンドとはまったく対照的なものであった。

彼は『人間学』と同年に出版された『諸学部の争い』（一七九八年）のなかで、イギリスの「制限君主」は実のところ絶対君主にほかならない旨を、断定的な口調で指摘している。このような主張の背景には次のようなカントの判断、すなわちこの国の議会は実質的には王の提案にまったく反対できない、という判断があり、その証拠として彼は、この国の王がほとんど無制限に戦争を行なってきたことを挙げている。[71] このようなカントの視点はアメリカ独立戦争が行なわれた一七七〇年代後半、共和政建設に向かうアメリカに対し激しい抑圧を加えたイギリスについて、彼が強い批判意識を抱いたこととも関連があるだろう。[72] 一方、興味深いことに、一七八九年以降に共和政樹立を目指したもう一つの「文明的な国民」、つまりフランス国民に対するカントの評価は相対的に高く、彼らはときに過度なまでの自由精神を見せるが他者に対しては常に親切な国民であり、したがっていずれ「愛すべき国民になるに違いない」とまで、『人間学』のなかでは述べられている。[73] こうした英仏に対するカントの対照的な評価については、共和的体制を求める彼の「シビック・ナショナリズム」が反映していたことは言うまでもなかろう。しかし同時に、当時評判の高かったイギリスの政治体制も実は大いに問題を含んでいると結論づけられたことで、ドイツ人の専制的傾向に対する彼の不満も幾分かは和らいだのではないか。

以上のように、カントの『永遠平和のために』に提示された政治改革プログラム——「シビック・ナショナリズム」のそれ——は、国民性論というレンズを通して眺めてみた場合、彼の「エスニック・ナショナリズム」とも複雑に絡み合っていたことが、よく見えてくる。彼の同胞であるドイツ人の国民性は、彼が考えるところの人類のあるべき未来をすでに一部先取りしているが、しかし同時にそれは、彼らドイツ人には共和的体制の樹立がほとんど不可能だということをカントに対し指し示すものでもあった。その意味で、彼のドイツ人としての「エスニック・ナショナリズム」は、誇りと失望の双方に直面せざるをえなかったのである。『永遠平和のために』におけるコスモポリタン政治理論が時に現実との妥協的要素を帯びているのも、このジレンマを抱えた彼のドイツへの思いが反映した結果にほかならなかった。つまり、カントの啓蒙専制君主に対する高い評価、世界共和国でなく国際連盟を支持したこと、また今日的観点から見れば実に限定的な「世界市民の権利」要求といったものは、すべてこうした事情と関連しており、前者はドイツにおいて実現しえない共和政に対する代替案、後者二つはすでにドイツにおいて事実上実現していたものとして、そのそれぞれが三つの確定条項のおのおのに結実したのである。

4　おわりに

『永遠平和のために』という作品はこれまで一般的に、カントにおけるコスモポリタン政治理論の代表作だと見なされてきた。しかし本稿が明らかにしたように、それはカントのドイツに対する思いも反映していたという意味で、彼の「ナショナリズム」に基づく著作でもあった。表面的には、同書に示されている政治改革に向けたプログラムは、基本的に「シビック・ナショナリズム」の発想のもとに組み立てられている。間違いなくその改革要求は彼の祖国ドイツに対しても向けられていたが、いずれにしても、この改革プログラムはその基本政治ユニットであるネーションの属性に関し排他的な要素を含んでおらず、さらに外国におけるあらゆる個人の物理的安全は保障する権利――世界市民の権利――を含んでいるという意味で、コスモポリタニズムの理念とも全面的に矛盾するものではなかった。それゆえ、『永遠平和のために』に示されたカントの政治理論をコスモポリタン政治理論と呼ぶことも、少なくともこの観点からは誤りではない。しかし、彼の『人間学』に見られるドイツ国民性論とこの平和論とを突き合わせてみると、その政治理論の背後において、ドイツ同胞に対するカントの「エスニック・ナショナリズム」もまた流れ込んでいたことが浮き彫りになる。彼は、おそらくドイツ人の優秀性ならびに卓越性を高く評価し、それに対し誇りの気持ちを抱いていた。それゆえ、ドイツ人がその国民性においてすでに体現している特徴の一部が、『永遠平和のために』に示された確定条項の二つ（第二・第三確定条項）にほぼそのままの形で表明されているのである。ただその誇るべきドイツ人の未来も、残り一つの確定条項が求めるもの、すなわち共和的体制の実現という意味では悲観的にならざるをえなかった。なぜなら、カントの見るところ彼らの国民性には、専制をよしとする傾向が先天的に含まれていたからである。したがってカントの「エスニック・ナショナリズム」は、けっして完全に満たされることがない。そのジレンマが妥協策としての啓蒙専制主義に対する高い評価として、あるいは他国の政治体制、特にイギリスのそれに対する激しい批判として現われている。つまり、彼のコスモポリタン政治理論はこうしたドイツに対する彼の思いとない交ぜになった「ナショナリズム」の要素を、その背後に抱え込んでいたのである。

このように本稿は、カント政治理論をもっぱらコスモポリタニズムに分類する従来の一般的な理解に対し、少なくとも一定の修正を迫らんとしたものである。そこには、表立っては現われてこないもののドイツに対する彼自身の「ナショナリズム」が、その底流において潜んでいた。とすれば、こうした本稿の指摘が、今後のナショナリズム研究に対し意味するものははたして何だろうか。もはやこの点を詳細に検討する余裕はないが、一つだけそこから教訓を汲み出しうるとすれば、ナショナリズム、あるいはそれと関連する思潮は一人の思想家内部において実に複雑な現われ方をする、ということである。カントのように、多くがコスモポリタンとして疑わない人物でさえも自らの同胞に対してある種の特別な思いを抱いていたとすれば、現代のコスモポリタンたちの場合も、はたしてその例外になると言えるだろうか。従来のナショナリズム研究では、特定の思想家について「ナショナリスト」というラベルを貼ったりはがしたりすることに、しばしばその努力が注がれてきた。しかしそうした単純な図式で思想家を分類するだけでは、その人物の思想の襞になど分け入ることはけっしてできない。特にナショナリズムという、実につかみどころのないものと見なされる政治思想の場合、それが一人の人物のなかでどのような形をとって現われるかについては、より繊細な解釈と理解とが求められるのである。

（1）アーネスト・ゲルナー『民族とナショナリズム』加藤節監訳、岩波書店、二〇〇〇年、二二〇頁。

（2）たとえば、Chris Brown, *International Relations Theory: New Normative Approaches* (Hemel Hempstead: Harvester Wheatsheaf, 1992), pp. 28-41; Daniele Archibugi, 'Immanuel Kant, Cosmopolitan Law and Peace', *European Journal of International Relations* 1, 4 (1995), pp. 429-56; Martha C. Nussbaum, 'Kant and Cosmopolitanism', in James Bohman and Matthias Lutz-Bachmann (eds.), *Perpetual Peace: Essays on Kant's Cosmopolitan Ideal* (Cambridge, Mass.: The MIT Press, 1997), pp. 25-57; Pauline Kleingeld, 'Kant's Cosmopolitan Law: World Citizenship for a Global Order', *Kantian Review*, 2 (1998), pp. 72-90; Katrin Flikschuh, *Kant and Modern Political Philosophy* (Cambridge: Cambridge University Press, 2000), pp. 179-205; Otfried Höffe, *Kant's Cosmopolitan Theory of Law and Peace* (Cambridge: Cambridge University Press, 2006), translated by Alexandra Newton; Robert Fine, *Cosmopolitanism* (London: Routledge, 2007), pp. 22-29; Stan van Hooft, *Cosmopolitanism: A Philosophy for Global Ethics* (Stockfield: Acumen, 2009), pp. 115-20 などを見よ。

（3）たとえば、セイラ・ベンハビブは『永遠平和のために』におけるカントの第三確定条項を取り上げ、そこで述べられている世界市民的権利の内容が今日的観点から見て不十分であることを指摘している。ベンハビブ『他者の権利——外国人・居留民・市民』向山恭一訳、法政大学出版局、二〇〇六年、三三—七頁。

（4）この種の戸惑いを見せているものとして、たとえば、ユルゲン・ハーバーマス『引き裂かれた西洋』大貫敦子・木前利秋・鈴木直・三島憲一訳、法政大学出版局、二〇〇九年、一六五—二〇二頁を参照せよ。

（5）カントがフランス革命について言及した事例としては、『諸学部の争い』のそれがよく知られている。*Kant's gesammelte Schriften VII* (Berlin: Georg Reimer, 1917), S. 85（カント「諸学部の争い——三部からなる」角忍・竹山重光訳、『カント全集18　諸学部の争い・遺稿集』岩波書店、二〇〇二年、一一六—七頁）を見よ。

（6）フレデリック・C・バイザー『啓蒙・革命・ロマン主義——近代ドイツ政治思想の起源 1760-1800』杉田孝夫訳、法政大学出版局、二〇一〇年、五四—六三頁。

(7) この暫定的な定義は、ベネディクト・アンダーソンが下している「ネーション」の定義に多くを負っている。アンダーソン『想像の共同体——ナショナリズムの起源と流行』白石隆・白石さや訳、リブロポート、一九八七年、一八—九頁を見よ。

(8) Hagen Schulze, *The Course of German Nationalism: From Frederick the Great to Bismarck, 1763-1867*, (Cambridge: Cambridge University Press, 1991), trans. Sarah Hanbury-Tenison, p. 49.

(9) バイザー『啓蒙・革命・ロマン主義』三五頁。

(10) 十八世紀のドイツにおいては、Volk と Nation という言葉はほとんど区別されずに使われている。これについては、Bernd Schönemann, 'Volk, Nation, Nationalismus, Masse", in Otto Brunner, Werner Conze, Reinhard Koselleck (Hg.), *Geschichtliche Grundbegriffe: Historisches Lexikon zur politisch-sozialen Sprache in Deutschland: Band 7* (Stuttgart: Klett-Cotta, 1992), S. 314-5 を参照のこと。この点に関しては、カントの場合も基本的に同様——しかし使用頻度のうえでは、Volk の方が圧倒的に多い——である。たとえば彼が展開する国民性の議論においては、『人間学』ではそれを der Charakter des Volks として示している（*Kant's gesammelte Schriften VII*, S. 311）が、『美と崇高の感情にかんする観察』（一七六四年）の場合は、国民性を表わすのに Nationalcharakter という単語が用いられている（*Kant's gesammelte Schriften II* (Berlin: Georg Reimer, 1912), S. 243.）。また『人間学』のなかでフランス人やイギリス人に言及するときに、それらを Volk で表現する場合もあれば、Nation で表現する場合も見られる（*Kant's gesammelte Schriften VII*, S. 313-5）。しかしその個々の使用法から、カントが双方を意識的に区別して利用している様子を見出すことはできない。

(11) この時期の「ドイツ人」とはおおむね、ドイツ語という言語を母語として話すひとびとの総体と見なされていた。この点については本稿における第三節（一）の議論を参照のこと。

(12) この点は、たとえばフランスの占領下にあったベルリンで『ドイツ国民に告ぐ』（一八〇八年）という有名な演説を行なったフィヒテの場合でさえ同様である。彼はこの作品のなかで、ドイツ・ネーションの祖国愛 Vaterlandsliebe は統一的な支配 Alleinherrschaft ではなく「従来の連邦共和国 Völker=Republik」を求めるべきだと説いている。J. G. Fichte,

"Reden an die deutsche Nation", in *J. G. Fichte-Gesamtausgabe der Bayerischen Akademie der Wissenschaften I, 10* (Stuttgart-Bad Cannstatt: Friedrich Frommann Verlag, 2005), S. 213（フィヒテ『ドイツ国民に告ぐ』大津康訳、岩波書店、一九二八年、一九五―六頁）を参照。

(13) Rudolf Vierhaus, *Deutschland in 18. Jahrhundert: Politische Verfassung soziales Gefüge geistige Bewegungen* (Göttingen: Vandenhoeck & Ruprecht, 1987), S. 101-2、杉田孝夫「ドイツ啓蒙とPatriotismus」、『東京都立大学法学会雑誌』第三八巻第一号、一九九七年七月、三四七―九頁、オットー・ダン『ドイツ国民とナショナリズム 1770-1990』末川清・姫岡とし子・高橋秀寿訳、名古屋大学出版会、一九九九年、二九―三〇頁。ただし、パトリオティズムと共和主義との結びつきを思想史的に明らかにしたマウリツィオ・ヴィローリは、十八世紀後半におけるヘルダーらの著作のなかに、この二つが分離しパトリオティズムとナショナリズムとが融合していく端緒を見てとっている。この点については、ヴィローリ『パトリオティズムとナショナリズム――自由を守る祖国愛』佐藤瑠威・佐藤真喜子訳、日本経済評論社、二〇〇七年、一九二―二一一頁を参照せよ。

(14) 杉田「ドイツ啓蒙とPatriotismus」三四七―九、三五五―九頁。

(15) *Kant's gesammelte Schriften XV* (Berlin und Leipzig: Walter de Grunter, 1923), S. 590-1.（カント「人間学遺稿」高橋克也訳、『カント全集15　人間学』岩波書店、二〇〇三年、四一〇―一頁）

(16) 黒宮一太「ナショナリズムの起源」、施光恒・黒宮編『ナショナリズムの政治学――規範理論への誘い』ナカニシヤ出版、二〇〇九年、第一章、一一―三頁。

(17) *Kant's gesammelte Schriften VIII* (Berlin und Leipzig: Walter de Grunter, 1923), S. 348-9.（カント「永遠平和のために」遠山義孝訳、『カント全集14　歴史哲学論集』岩波書店、二〇〇〇年、二六〇―一頁）

(18) *Ibid.*, S. 349-60.（カント、同前、二六二―七七頁）

(19) 『永遠平和のために』におけるこのような事例として、たとえばibid., S. 352（カント、同前、二六五頁）を挙げることができる。

(20) *Ibid.*, S. 344.（カント、同前、二五三頁）

（21）*Kant's gesammelte Schriften VI* (Berlin: Georg Reimer, 1914), S. 311.（カント「人倫の形而上学」樽井正義・池尾恭一訳、『カント全集11　人倫の形而上学』岩波書店、二〇〇二年、一五二頁）

（22）Robyn Eckersley, “From Cosmopolitan Nationalism to Cosmopolitan Democracy”, *Review of International Studies*, 33 (2007), pp. 675-92を参照。エッカーズレイはこの論文のなかで、「コスモポリタン・デモクラシー」の実現に至るまでの前段階として「コスモポリタン・ナショナリズム」が目指されるべきだ、と主張している。そのさい、この「ナショナリズム」に親和的な議論としてカントが幾度か取り上げられているが、実際この「コスモポリタン・ナショナリズム」と見なされているものは、内容的には本稿で「シビック・ナショナリズム」と呼んでいるものと大きく異ならない。

（23）アルニセイ・グリガ『カント——その生涯と思想』西牟田久雄・浜田義文訳、法政大学出版局、一九八三年、二九五—六頁、Jacques Droz, *L'Allmagne et la Rèvolution française* (Paris: Presses Universitaires de France, 1949), pp. 160-1; Alain Ruiz, “Neues über Kant und Sieyès”, *Kant-Studien*, 68 (1977), S. 446-53.

（24）Klaus Epstein, *The Genesis of German Conservatism* (Princeton: Princeton University Press, 1966), p. 440.

（25）J. G. Fichte, “Zum ewigen Frieden. Ein philosophischer Entwulf von Immanuel Kant. Königesberg, Bei Nicolovius. 1795. 104.S. 8.”, in *J. G. Fichte-Gesamtausgabe der Bayerischen Akademie der Wissenschaften I, 3* (Stuttgart-Bad Cannstatt: Friedrich Frommann Verlag, 1966), S. 221-228（フィヒテ「カントの『永遠平和のために』論評」杉田孝夫・渡部壮一訳、『フィヒテ全集　第六巻』哲書房、一九九五年、四五七—六九頁）、F. Schlegel, “Versuch über den Begriff des Republikanismus”, in Schlegel, *Kritische Friedrich-Schlegel-Neuausgabe Band 7* (München: Verlag Ferdinand Schöningh, 1966), hrsg. Ernst Behler, S. 11-25. もちろんフィヒテやシュレーゲルに、カントの議論に対する批判がなかったわけではない。

（26）Vierhaus, *Deutschland in 18. Jahrhundert*, S. 184-5.

（27）バイザー『啓蒙・革命・ロマン主義』一一—六頁。

（28）Diethelm Klippel, “The Concept of Liberty: Political Theory in Germany in the Second Half of the Eighteenth Century”, in Eckhart Hellmuth (ed.), *The Transformation of Political Culture: England and Germany in the Late*

Eighteenth Century (Oxford: Oxford University Press, 1990), pp. 449-50, 56-8.

(29) *Kant's gesammelte Schriften VIII*, S. 348-9.（カント「永遠平和のために」二六〇―二頁）

(30) *Ibid*., S. 357.（カント、同前、二七三頁）

(31) *Ibid*., S. 275-7.（カント「理論と実践」北尾宏之訳、『カント全集14　歴史哲学論集』一六三―七頁）

(32) *Kant's gesammelte Schriften VIII*, S. 352.（カント「永遠平和のために」二六六頁）

(33) このトラブルの経緯については、たとえばE・カッシーラー『カントの生涯と学説』門脇卓爾・高橋昭二・浜田義文監修、みすず書房、一九八六年、四一三―二〇頁などを参照。

(34) 当時互換的に用いられていたVolkとNation（この互換性については註10を参照）に対しどの訳語をあてるかは、難しい問題である。もちろん「国民」という訳語が適切な場合もあるが、文脈によっては「民族」などの方がふさわしいケースもある。が、本節で扱うカントのder Charakter des Volks（Nationalcharakter）論の場合、そこでは「国民性」という訳語が一般には用いられてきた。したがってそれとの調和を優先し、無用な混乱を避けるために、以下では基本的に「国民」という訳語を採用しておきたい。

(35) ハーバーマス『公共性の構造転換』細谷貞雄訳、未來社、一九七三年、五四―五、一〇二―四頁。

(36) Otto Dann, 'Begriffe und Typen des Nationalen in der frühen Neuzeit', in Bernhard Giesen (Hg.), *Nationale und kulturelle Identität: Studien zur Entwicklung des kollectiven Bewußtseins in der Neuzeit* (Frankfurt am Main: Suhrkamp, 1991), S. 66; Bernd Schönemann, 'Volk, Nation, Nationalismus, Masse', in Otto Brunner, Werner Conze, Reinhard Koselleck (Hg.), *Geschichtliche Grundbegriffe: Historisches Lexikon zur politisch-sozialen Sprache in Deutschland: Band 7* (Stuttgart: Klett-Cotta, 1992), S. 307-14.

(37) フリードリッヒ・マイネッケ『世界市民主義と国民国家I――ドイツ国民国家発生の研究』矢田俊隆訳、岩波書店、一九六八年、二七―八頁。

(38) *Johann Gottfried Herder Werke: Band 6* (Frankfurt am Main: Deutscher Klassiker Verlag, 1989), S. 255. なおヘルダーもまた、NationとVolkを区別して使ってはいない。

(39) アントニー・D・スミス『ナショナリズムの生命力』高柳先男訳、晶文社、一九九八年、一五四―五頁。
(40) ルードルフ・フィーアハウス「一八世紀のドイツにおけるモンテスキューの影響」佐々木毅訳、F・ハルトゥング、R・フィーアハウスほか『伝統社会と近代国家』成瀬治編訳、岩波書店、一九八二年、一一七頁。
(41) *Kant's gesammelte Schriften II* (Berlin: Georg Reimer, 1912), S. 243-56.（カント「美と崇高の感情にかんする観察」久保光志訳、『カント全集2　前批判期論集II』岩波書店、二〇〇〇年、三六八―八三頁）
(42) *Kant's gesammelte Schriften VII*, S. 313.（カント「実用的見地における人間学」渋谷治美訳、『カント全集15　人間学』二九八頁）
(43) *Ibid.*, S. 311-2.（カント、同前、二九六頁）
(44) *Kant's gesammelte Schriften VI*, S. 32-9.（カント「たんなる理性の限界内の宗教」北岡武司訳、『カント全集10　たんなる理性の限界内の宗教』岩波書店、二〇〇〇年、四二―五二頁）
(45) このような指摘は、カントの著作の随所に見ることができる。さしあたっては、*Kant's gesammelte Schriften VIII*, S. 379（カント「永遠平和のために」三〇四―五頁）にある議論を参照のこと。ここでは、「徳の真の勇気」とは人間性のなかに潜む悪の原理に打ち克つことにある、と述べられている。
(46) *Kant's gesammelte Schriften VI*, S. 123（カント「たんなる理性の限界内の宗教」一六四頁）、*Kant's gesammelte Schriften VIII*, S. 367.（カント「永遠平和のために」二八七頁）
(47) *Kant's gesammelte Schriften VII*, S. 311.（カント「実用的見地における人間学」二九六―七頁）
(48) *Ibid.*, S. 313.（同前、二九八―九頁）
(49) *Ibid.*, S. 317.（s同前、三〇六頁）
(50) *Ibid.*, S. 286-9.（s同前、二五七―六一頁）
(51) *Ibid.*, S. 290.（同前、二六二頁）
(52) *Ibid.*, S. 318.（同前、三〇七頁）
(53) *Kant's gesammelte Schriften XV*, S. 590.

（54）*Kant's gesammelte Schriften VII*, S. 315.（カント「実用的見地における人間学」三〇一頁）

（55）*Kant's gesammelte Schriften VIII*, S. 28（カント「世界市民的見地における普遍史の理念」福田喜一郎訳、『カント全集14　歴史哲学論集』一九頁）、*Kant's gesammelte Schriften VII*, S. 331.（カント「実用的見地における人間学」三一八頁）

（56）ポーリン・クラインゲルトやピーター・メルヴィルもまた、「ナショナリズム」という表現は使用しないもののこの点を取り上げ、カントがドイツ人を特別視していた可能性を指摘している。Pauline Kleingeld, "Kant's Cosmopolitan Patriotism", *Kant-Studien*, 94 (2003), p. 305; Peter Melville, "Staging the Nation: Hospitable Performances in Kant's Anthropology", *European Romantic Review*, 17 (2006), p. 40.

（57）*Kant's gesammelte Schriften VII*, S. 318.（カント「実用的見地における人間学」三〇七頁）

（58）*Kant's gesammelte Schriften XV*, S. 590-1.（カント「人間学遺稿」四一〇—一頁）

（59）*Kant's gesammelte Schriften VII*, S. 317-8.（カント「実用的見地における人間学」三〇六—七頁）

（60）*Ibid.*, S. 318.（同前、三〇七頁）

（61）*Kant's gesammelte Schriften XV*, S. 594.

（62）*Kant's gesammelte Schriften VIII*, S. 357-8.（カント「永遠平和のために」二七四—五頁）

（63）*Ibid.*, S. 591.

（64）*Ibid.* なおルソーは『サン＝ピエール氏の永遠平和のための計画の概要 Extrait du projet de paix perpétuelle de Monsieur l'Abbé de Saint Pierre』（一七六一年）のなかで、カントが言うこのドイツの役割についての指摘を行なっている。Jean-Jacques Rousseau, *Œuvres complètes III: Du contrat social, écris politiques* (Paris: Gallimard, 1964), p. 572を見よ。

（65）*Kant's gesammelte Schriften VII*, S. 318-9.（カント「実用的見地における人間学」三〇七—八頁）

（66）*Kant's gesammelte Schriften VIII*, S. 40-2.（カント「啓蒙とは何か」福田喜一郎訳、『カント全集14　歴史哲学論集』三一—三頁）

（67）Georg Cavallar, *Kant and the Theory and Practice of International Right* (Cardiff: University of Wales Press, 1999), pp.

13-43.

（68）*Kant's gesammelte Schriften VIII*, S. 366.（カント「永遠平和のために」二八五頁）

（69）ドイツ知識人たちのイギリス立憲体制に対する高評価については、バイザー『啓蒙・革命・ロマン主義』五九〇—六二九頁に詳しい。

（70）*Kant's gesammelte Schriften VII*, S. 311, 315.（カント「実用的見地における人間学」二九六、三〇一—二頁）

（71）*Ibid.*, S. 90.（カント「諸学部の争い」一二二—三頁）

（72）*Kant's gesammelte Schriften XV*, S. 630.

（73）*Kant's gesammelte Schriften VII*, S. 313, 314.（カント「実用的見地における人間学」二九九、三〇一頁）

フランス革命におけるデモクラシーの構想
——シィエスとロベスピエールとの比較を通して

ルス・スカー

加藤節教授によって指摘された、デモクラシーの理念と実践に関する三つの中心的な要素は以下のとおりである。第一に治者と被治者の究極的な同一性、第二にそれを実現するための運動、第三にそのような同一性を保障し、具体化するための諸制度である。これら三つの要素はすべてフランス革命の文脈において興味深いものとして現われており、そこにおける一連の論争は、フランスと広範な国際状況の双方においてデモクラシーと国民のあり方との関係についての後世の解釈に大きな影響を与えた。アベ・シィエスとマクシミリアン・ロベスピエールという二人の偉大な革命家は、第一共和制の成立に帰結した憲政的危機にさいして重要な貢献をなしたが、フランス革命がつまずいたのは加藤教授がデモクラシーの要素として挙げた三点目をめぐってであった。革命を通じて、治者と被治者の同一性を説く主張や理想には事欠かなかった。また、その理想の実現をめざした政治運動も多く見られた。しかしながら、革命家たちは、巨大な商業社会において治者と被治者の同一性の確立や維持を可能にする制度のあり方については明確な見取り図をもちえず、彼らの多くはいかなる形態であれ執行権力一般に不信の目を向けた。そのような制度のあり方は今日においてなお未確立のままであり、したがって、一七八九年とそれ以降のフランスが直面していた憲政的危機を再検討することは有意義な課題である。当時、デモクラシーはヨーロッパの政治において目新しく不確定な概念であったが、そこにおいて、アベ・シィエスはデモクラシーと国民《ネイション》(あるいは国家《ステイト》)に内在する憲法制定権力とを結びつけた。ロベスピエールは、デモクラシーの概念を駆使することによって、制度化された権力の侵犯に対して個人権の主張を支持した。彼はのちに、デモクラシーと共和主義的な統治形態に値する有徳な民衆との結びつきを強調した。シィエスとロベスピエールの理論的遺産は、デモクラシーの思想、運動そして体制をめぐるその後の歴史を通じて、大きな影響を与え続けているといえる。

※

フランス革命以前、旧体制下における統治者と被治者の隔たりはますます埋めがたいものとなっていた。そうでありながらも、革命が勃発した一七八九年の時点で、フランスがいつか君主政体ではなくなると真剣に信じた者はほとんど皆無といってよかった。同じ世紀の先人であるルソーやモンテスキューはそのようなことを信じなかったし、全国から選出されて一七八九年の五月にヴェルサイユに集結した議員たちも、自分たちが近代的な共和政体を立ち上げるために集まったとは、一瞬たりとも信じなかった[(1)]。にもかかわらず、革命によって解き放たれた劇的で強烈な社会的、政治的変化の作用は、わずか三年後の一七九二年に男子普通選挙権、民主的国家と共和政体をもたらした。その後まもなくフランスは恐怖政治に陥り、巨大な権力を伴った非常事態政府が内戦と対外戦争の危機に直面しつつ秩序維持に腐心するなかで、その真新しい共和主義的憲法は無期限的に停止されることとなった。

一七八八年の五月八日から八月八日のわずか三か月の間に、フランスは永遠に変わったといえる。権力の中枢に亀裂が生じ、その空隙から、世界を震動させた革命とブルボン朝国王のフランス支配を支えた絶対君主制の終焉という、それまでは想像しえなかった事態が生じた。「国王が逝去した。国王万歳！」（"The King is dead! Long live the King!"）。この有名な標語は、ある国王が死去したさいに王冠が次の国王へ不断に継承されることを祝して、フランス国王の連綿とした系譜にそって数世紀にわたり繰り返されてきた。ルイ一六世はその祖父ルイ一五世から、ルイ一五世は太陽王ルイ一四世から、ルイ一四世はルイ一三世から、ルイ一三世はブルボン家の初代アンリ四世から王冠を継承し、そのブルボン家はフランク王国終焉後の九八七年にユーグ・カペーによって創始されたカペー朝に由来するものであった。[2]このような長く絶えることのない国王の系譜が権力を保持するという原則は、一七八八年にルイ一六世の国璽尚書において明確かつ歴然と述べられている。

王国全体によってあまねく認められた原則は以下のとおりである。王国において国王のみが主権をもつこと、国王はその権力行使において神に対してのみ責任を負うこと、国王と国民とを結ぶ絆はその本質上解きえないこと、国王とその臣民との相互的な利益や義務は両者の結合の再確認に資するものだけであること、国民の利益はその元首の権力の不変性に存すること、国王は国民の最高の主権者であり、彼の行為すべては国民の利益を念頭においていること、そして最後に、立法権力は他の諸権力から分離独立され、国王自身に存すること、である。これらこそ、フランス君主制の不変の権力なのである。[3]

しかしながら、原則上はどうであれ、絶対君主制が現実には機能していないことは一七八八年にはもはや明白であった。フランス国家は破産しており、その租税制度は時代遅れで、フランスを圧迫する諸外国を前に一貫性を欠き、不十分でもあった。ルイ一六世の政府が依拠する財政や行政制度を抜本的に変革するには、大幅に機を失していた。すでにその年の初め、国庫は新たに四二〇〇万リーヴルの借入れを余儀なくされたが、これさえも国家破産の恐れとそれが公権力の全般的崩壊につながる可能性を完全に払拭することはできなかった。(4)

一七八八年五月八日は、手遅れになる前に絶対君主制を改革する最後の機会であった。この日、国璽尚書ラモワニョンは自らの名前を冠したラモワニョン勅令を発し、一三ヶ所に存在した最高司法機関、高等法院の権力を再編して弱体化させようと試みた。最も影響力をもったパリ高等法院をはじめ、これらの高等法院は中世フランス政体の最後の偉大な名残りであり、彼らはフランス全土にわたって法律的、治安的、そして政治的な責任を負う機関であった。高等法院は、全員ではないにせよほとんど圧倒的に貴族によって構成され、彼らの多くは個人的な富によってその官職を購入したのであった。これらの法服貴族たちは多くの特権をもち、気質において保守的で、自己利益中心的で浪費家であるという評判が広がっていた。彼らは、文芸や科学の革新に対して反動的な懐疑の目を向けつつ、残忍で非効率的な刑法や抑圧的な封建的特権の擁護に尽力しているように思われていた。パリの高等法院はかつて、全フランスの三分の一におよぶその管轄区で天然痘への予防接種を禁じたことでも悪名高かった。(5)しかしこれらの悪評にもかかわらず、一八世紀を通じて、高等法院は絶対君主に対する抵抗の中心点となってきた。高等法院は国王の勅令を登記してそれを法律として制定させる職務を有していたが、彼らはしばしばそれを拒絶し、自分たちの大義を主張しつつ激しい諫争を行なってきた。国王が高等法院からのそのような諫言を覆し、自ら親裁座（*lit de justice*）に就いて勅令登記を強要したり、国王封印状（*lettres de cachet*）を出して個々の法服貴族の投獄や亡命を迫ったりすると、高等法院は国王への抵抗の声として大衆の支持を獲得し、民衆の利益の反映や王国の根本法に規定されたとされる彼らの権利を主張した。

一八世紀が終わりに近づくにつれ、絶対君主と高等法院との抗争（およびその両者の権力に正統性を与えている王の原則〔thèse royale〕や貴族の原則〔thèse nobiliaire〕という教義）は、危険な膠着状態に陥ることになった。典型的な絶対君主であった太陽王ルイ一四世が一七一五年に死去して以来、一七八八年のラモワニョンによる不運な介入にいたるまで、歴代の国王政府は否が応でも必要となった改革のためのプログラムを策定しようとしたが、遅かれ早かれ、高等法院の抵抗にあって腰砕けとなってきた。しかし、もし高等法院が国王の勅令を妨害したり骨抜きにしたとしても、高等法院もまた彼ら自身でフランスの状況を好転させるための力はもっていなかっただろう。ラモワニョン勅令が一挙に打開しようとしたのは、このような膠着状態であった。

この勅令は、五月八日、親裁座のためにヴェルサイユに集結したパリ高等法院の貴族たちに提示された。その内容は権威主義的であると同時に徹底的であり、刑法典の改革、司法制度の実質的な再編、高等法院の立法介入の禁止、地方からの抵抗を軽減するための立法過程の集権化などを導入しようとするものであった。当初、パリでも地方でも、高等法院に対する長いあいだ恐れられていたクーデターがついに起こったという衝撃が広がり、その後に混乱が続いた。国中の法律家たちはこれらの新しい司法改革を拒否した。民衆は路上に繰り出し、抗議行動のいくつかは暴徒化した。レンヌでは群集が市内の一部を支配し、グルノーブルでは死者も出た。高等法院の法服貴族たちとその支持者を黙らせるために国王封印状が各地で乱発されたが無駄であった。この混乱の最中、一六一四年以来開かれていない国家の代議機関、三部会の開催を求める声が高まってきた。この期に及んで、過去のはるか遠い時代の慣例を踏襲し、王国の財政的、行政的危機を三部会という特別の代議集会によって解決することが期待されるようになった。七月五日、国王政府は、異論の多いラモワニョン勅令から人びとの関心をそらそうとして、国王は三部会の構成方法について——もしそれが最終的に召集されるとして——臣民の意見を聞く用意があると発表した。

※

パリ近郊の教会街シャルトルに住む無名の聖職者、アベ・シィエスが、三冊の政治的パンフレットを出版して名声を獲得し、フランスの進路を大きく変えたのは、このような極度に緊迫した火急の事態においてであった。(6) 当初は匿名で出版されたこれらのパンフレットは、以下のとおりである。

1、『特権論』(一七八八年一一月)
2、『第三身分とは何か』(一七八九年一月)
3、『フランスの代表者たちが一七八九年に行使できる執行手段に関する見解』(一七八九年五月)

これら三作のうち最後のものが最初に執筆されたと考えられ、その時期は一七八八年の七月か八月、すなわちルイ一六世がついに三部会の開催に同意した時期近くと想定される。草稿段階では、このパンフレットは「大臣と貴族による二重の専制に対して国民《ネイション》を保証するための手段に関する意見」という、より煽動的な表題が付されていた。この表題は、シィエスがすでに革命を予見していること、そしてその革命においてはフランスの国民《ネイション》が全体として完全な自由を確立し、ルイ一六世の政府、あるいは高等法院の貴族たち自身の権利主張が否定されるだろうと想定していたことを示している。シィエスの考えによれば、かつて権力の正統化のために用いられてきた王の原則も貴族の原則も、もはや無効であった。国民《ネイション》それ自体がフランスの正統な公的権力の唯一の源泉であるとする点において、シィエスは一貫していた。

シィエスの政治思想における最も根本的な概念は国民《ネイション》である。シィエスにとっての国民《ネイション》という概念は、ホッブズの政治思想における国家《ステイト》という概念と同様、すべての卓越性、重要性、複雑性を孕むものであった。[7] 彼は国民《ネイション》について、ポジティヴな定義とネガティヴな定義の双方から論じている。初期の革命的パンフレットにおいて、シィエスは「国王のみが王国における主権を所有する」という絶対君主制の第一原理への攻撃にとりかかっている。興味深いのは、この作業にあたり、シィエスが直接に主権の問題に焦点をあてたわけではないことである。主権という政治用語はシィエスの著作のなかに非常に稀にしか出てこない。一七八九年の革命は国王から国民《ネイション》への主権の移譲を伴い、また実際これこそ疑いもなくシィエスが当然と考えた帰結であったが、彼は単純にそのようなことを主張したわけではなかった。その代わり、シィエスは憲法制定権力という考えに基づく、より複雑で間接的な議論によって主権に対する国民《ネイション》の権利を弁証した。シィエスの意味する憲法制定権力とは、国民《ネイション》が自ら憲法を制定する不可譲の権利である。

> すでに国中のいたるところで、慢性的な無秩序に悩まされる臆病な被害者であり続けるのはもう十分だ、という力強い声があがっている。社会秩序の根本原理に対する訴えが見られ、いかなる人々にとっても、すべての社会秩序において最も重要な基礎は良き憲法をもつことであるということがいまや理解されてきている。良き憲法のみが市民に自然権と社会的権利の享受を保証し、善のためになされうるすべての営為に安定性を与え、悪のためになされてきたすべてを漸次廃止することができるからである。[8]

ここにおいてシィエスは、国民《ネイション》についての彼のポジティヴな定義と「社会秩序の根本原理」に基づいたその権利を規定している。(9) 彼が社会秩序の根本原理に言及するのは、絶対君主が依拠している原理が虚偽、無効であり、来たるべき三部会において正当に棄却できることを示すためであった。彼によれば、良き憲法の有無こそが、一つの政治体として組織された国民《ネイション》と二五〇〇〇平方リーグの表面に散らばった巨大な人々の群れとを区別する決定的な差異であった。そしてシィエスは、フランスはいまだ良き憲法をもってはいないが、ついにそれが手の届くところにきていると熱心に訴えた。

シィエスは憲法制定権力の概念によってこれまでのフランスの政治史を否定し、一七八九年に初めて自らを表明、構成、確立したフランスにおける国民《ネイション》の可能性を示した。これは、フランク王権以降のカペー朝やブルボン君主制といった、遠い過去の記憶への参照によって同時代フランスの公的制度を合理化しようとする政治的議論の徹底的な拒絶であった。

それゆえ、われわれの発生の起源をめぐる探求を深淵の闇の中に放り投げ、そこで幸福に朽ちるままにさせておくべきである……。古代の政治的殿堂の遺物を掘り返しても無駄であり、そのような試みは過去の殿堂が元来どのように構築されたかを教えるものではない。とりわけヨーロッパの諸国民は彼らの憲法を、より正確にいえば政治社会の形態を、それが二世代に続いて同じ形で継承されることがないほど、絶え間なく変革してきた。博識な歴史研究は事態を混乱させるだけである。ある時代の形跡は別の時代のそれと矛盾するからである。最も確信に満ちた断言を下す著述家は、彼に先行する著述家と彼に後続する著述家の双方から反論されることになる。よって、歴史的証拠を掘り起こすことは、すべての党派、すべての主張にとって自分たちに都合のよい武器を提供するだけである。そしてこのような果てしのない押し問答の間に、時は過ぎ去り、時宜は失われてしまう。[10]

シィエスによれば、定義上、時代を超越した社会秩序の原則によって付与された憲法制定権力を国民《ネイション》が責任をもって行使し、彼らがついにその完全なる権利を獲得する機会が目前にある以上、過去に実際何が起きていたとしても、それについて論じることは無意味であった。彼はまた、国民《ネイション》が自らを適切に構成する機会を逸しないように警告した。時をつかみ、正しく偉大なことを行なえ。そうしてようやく、われわれは言葉の正しい意味において一つの国民《ネイション》となるだろう。シィエスはフランスにそう急き立てた。

シィエスにおいて、憲法制定権力は国民《ネイション》の概念を特徴づけるものであり、その言葉の意味をより正確に理解するためには、憲法を作る権力と憲法によって作られた権力の間に設けられた差異を注意深く見る必要がある。これは、彼の三冊の初期革命パンフレットのなかで最も有名な著作、『第三身分とは何か』において最も明確に述べられている。ここにおいてシィエスは、政治体（あるいは国民《ネイション》）の形成に関する彼の理論を、三つの特徴的な段階に分けて説明している。すなわちそれは、孤立した諸個人が一つの国民《ネイション》を形成するために集合するにいたる推測上の歴史過程である。第一の段階では、孤立した諸個人は単に共通善のために互いに結合しあうことを欲しさえすればよい。シィエスはいう。「この事実だけで彼らを国民《ネイション》とするに十分であり、彼らは一つの国民《ネイション》としてのすべての権利を保有する。問題はその行使の仕方である」[11]。第二の段階は第一の段階の発展形態であり、共通意思の確立を含む。そこにおいて諸個人は、共通の必要やそれを満たす方法について協議したり同意したりする。第三の段階は、そのような共通意思を形成したり行使したりするには諸個人の数が多くなりすぎ、代理による統治、すなわち委任や代議制が必要かつ魅力的となるときに生じる。シィエスによれば、「第三の段階は、実際に作動するのは本当の共通意思ではなく、代表されたそれであるという点において、第二の段階と異なる」という。シィエスが国民《ネイション》についてのポジティヴな定義を最も明瞭に下すのは、ここにおいてである。

国民《ネイション》はすべてに先立って存在し、すべての源泉となる。その意思は常に合法であり、それ自体が法である。国民《ネイション》に先立つものとしては自然法があるのみである。実定法における適切な階層秩序について述べれば、すべては唯一国民《ネイション》の意思にその起源をもち、法秩序における第一の優先権は憲法にある。そしてその憲法自体は二つの部門に分類される。立法機関の組織と機能を規制するものと、様々な能動的（あるいは執行的）機関の組織と機能を確定するものである。(12)

ここから明らかなように、シィエスによれば、国民《ネイション》は自然法にのみ従属し、望めばいついかなる時でも、その共通意思と憲法制定権力を用いて憲法を制定することができる。この理由から、国民《ネイション》がそれ自身の憲法に従属するというのは背理である。「国民《ネイション》は意思する権利を譲渡したり停止したりはできないのであり、その意思が何であれ、国民《ネイション》は自らの利益の求めるままに、その憲法を変更する権利を放棄しえない」(13)。それに加えて、憲法に規定された異なる部門同士に対立が生じた場合も、国民《ネイション》のみがそれを裁くことができる。「全体から切り離されたとき、倫理体の一つ、あるいは複数の構成要素など取るに足らないものとなる。権力は全体にのみ帰属する。部分が異議を唱えるやいなや、全体はもはや存在しない。そしてもし全体がもはや存在しないのならば、どうしてそれが判断を下せるだろうか？」

シィエスは、国民《ネイション》および憲法を作る権力と憲法によって作られた権力との関係についての厳格かつ複雑な理論によって、一七八九年以前のフランス憲法が何を規定し何を規定しなかったかという相殺的な議論を斥けることができた。何にもましてシィエスは、古い憲法における時代遅れの諸機関の間で深刻な対立が生じており、いまやそれらを解決する権利を有しているのは国民《ネイション》それ自体であると指摘する。自身の論理を慎重に追いながらシィエスは、仮に三部会が一六一四年以来定期的に開かれていたとしても（もちろん事実はそうではなかったが）それは依然として単に憲法によって作られた機関にすぎず、それはその資格によっては自らの組織や構造に関する論争を決することはできないであろうと論じる。国民《ネイション》のみがそれをなす権力を有しているはずだからである。

では、国民《ネイション》の意見を聞く必要があるとすれば、それはどのようにしてなされるのだろうか。政治思想家としてのシィエスに遠慮がちな態度は見られず、彼はこの問いを直截に論じている。国民《ネイション》はどこに見出されるのか？　国民《ネイション》の意見を聞く権利は誰が有するのか？　彼は『第三身分とは何か』の終わりでこれらの問いを投げかける。彼によれば、国民《ネイション》はフランス全土に広がる四万の教区に見出される。「政治社会はその構成員の総体以外の何ものでもない」。したがって、国民《ネイション》はすべての住民、公務に貢献するすべての人々のうちに見出されなければならない。第二の問い、すなわち国民《ネイション》の意見を聞く権利は誰が有するのか?という問いに対して、シィエスは応える。万人である、と。「公共秩序に関する一大事がすべての市民に重くのしかかるとき、〔国民《ネイション》を〕召集する権利の所有者をめぐって議論することは、時間の無駄ではないだろうか」(14)。

シィエスの初期の革命的パンフレットの成功を説明する上で、彼による国民《ネイション》のネガティヴな定義も、ポジティヴな定義と同様に重要である。一七八八年の晩夏、来たるべき三部会のための行動計画を作成して公表したとき、シィエスは聖職者、貴族、第三身分（平民）の三階級が共同でそれを実行するだろうと期待した。彼は、全三階級から選出された代表者たちが共通の議会に集結し、彼らが国民《ネイション》全体を代表する形で憲法制定権力を行使するものと考えた。しかしながら、高等法院の貴族たちが一六一四年と同様の三部会の召集方法を主張し、王族や他の貴族たちも同様の時代錯誤的な要求に同調するにつれて、シィエスは、第三身分が単独で革命的変革を主導しなければならないと悟るようになる。シィエスによる国民《ネイション》のネガティヴな定義はここから引き出され、それは『特権論』に示されている。特権によって聖職者と貴族が第三身分から区別されている以上、彼らは国民《ネイション》の外部と見なされなければならない。彼らは国民《ネイション》の健全な肉体に寄生し、それを蝕む癌腫瘍であり、決して国民《ネイション》の本来の構成要素ではない。シィエスはそのように力強く主張する。『特権論』の冒頭で、シィエスは特権を次のように定義している。

特権はすべて、国法の免除、あるいは法で禁じられていない物に対する独占権の付与を目的としている。特権の本質、特権の特徴とは、その保有者を通常の権利の埒外におくことであり、それはこれらの二つの方法のうちのどちらか一つによってなされる。(15)

明瞭かつ容赦のない論理立てによって、シィエスは次のように結論する。「物事の本性からして、すべての特権は不正でおぞましいものであり、いかなる政治社会の最高目的にも反する」。当時のフランス社会において、特権は渇望の対象であり、高い価値が認められていた。それは財政上の便益をもたらすだけでなく、社会的名誉の象徴でもあり、しばしば種々の免税を伴っていた。聖職者と貴族はその多様な特権によって第三身分と区別されていたが、第三身分もまた特権の存在によってその内部で分裂させられていた。シィエスにとって特権は、フランスを破産の危機に追いやった最も深刻で腐敗した社会的病理であった。「特権の存在を支えてきた因習は、およそ地上に存在してきた最悪の偏見である。特権は社会組織となによりも密接に関連し、人々を深刻に腐敗させ、その利益を享受する人々をますます特権の擁護側へと引き寄せていく」(16)。国民《ネイション》は、自由と平等を基礎として確立されなければならず、特権との関係ではネガティヴに定義されなければならない。この点においてシィエスはきわめて論理的に一徹であった。各人の時間と労働を自由に交換する平等な市民こそ、シィエスが想起する新しい政体の社会的基礎になるものである。しかし特権は各人の自由で平等なやりとりを不可能にし、この社会的基礎を突き崩してしまう。それは特定の個人に不当な優位性を与えるがゆえに、平等な市民からなる国民《ネイション》は、それを許容することができないのである。

国民《ネイション》についてのポジティヴ、ネガティヴ双方の定義から浮かび上がってくる実際的なイメージは、莫大な公的負債に対する責任を引き受け、フランスの新しい政体の立ち上げを約束する第三身分の姿である。その間にも、既存の税制は正式に廃止され、国民《ネイション》が新しい憲法を獲得するまでの暫定的なものとして再編された。このようにしてシィエスは、第三身分の憲法制定作業を頓挫させようとするクーデタに対して予防線を張るとともに、軍隊が第三身分に対して逆用されないように、その管轄権を第三身分に帰属させた。これらシィエスの主張は、国民《ネイション》による憲法制定権力行使の機会を確保するための実際的提案であった。

ヴェルサイユに集結した第三身分がシィエスの構想を実行に移して自分たちを国民議会と名乗るようになると、国王政府から強力な抵抗が生じた。六月二三日、ルイ一六世は三部会大広間での親臨会議を招集し、王国における三階級の階層秩序は維持されなければならないと強硬に主張した。またそこにおいては、第三身分の求めに応じていくつかの財政的、政治的譲歩はなされたものの、特権の廃止も認められなかった[17]。しかしながら第三身分はシィエスの論理を踏襲し、国民《ネイション》の一部ではなくその全体を代表しているという確信の下、泰然としていた。そのわずか四日後の六月二七日、ルイ一六世はついに屈し、聖職者と貴族に向けて第三身分が独自に設立した国民議会へ合流するよう命令した。このとき、第三身分の代表として選出されていた一人の無名の弁護士が、彼の故郷、北フランスのアラスへ出した友人宛の手紙に、勝ち誇った様子で次のように書いている。「今度の革命は、わずか数日で、過去の人類の全歴史よりも偉大なことを成し遂げている」[18]。この人物こそロベスピエールであり、彼はいまや、シィエスの政治思想が準備し、正統化し、公論における数ヶ月の論争をへてついに始まろうとしている革命へと参入していくこととなった。

※

革命の初期におけるロベスピエールの貢献は、加藤教授がデモクラシーの第二の要素としてあげた点、すなわち治者と被治者の同一性という理念を実現するための運動と関わっている。国民議会における憲法論議のいかなる局面においても、ロベスピエールは公的に共和制を主張したことはなかった。しかしながら、彼は国民議会のなかで民主的原理の主要な唱道者であったことに違いはない。彼は、最低限度の直接税を支払ったかどうかに応じてフランス市民を能動的市民と受動的市民へ分類することには猛反対した。彼にとって、市民のそのような区分は人権宣言によって禁止されたことであった[19]。同様に、国民議会が選挙への立候補資格の必要条件として「銀一マール」の価値に等しい直接税納税を押しつけようとしたさいに、ロベスピエールはこれにも反対している。このようにして、ロベスピエールはフランスにおける普通選挙権を求める長い政治運動を開始した。男子普通選挙権への献身によって孤立したり嘲られたりすることもあったが、彼は屈することなく、役者やユダヤ人、フランスの植民地支配の下に暮らす西インド諸島の住民など、体制から排除された人々の権利を繰り返し擁護した。[20]

ロベスピエールはその他の点でも国民議会の審議に重要な貢献をしている。たとえば彼は、新たな立憲君主制が確立されたあとに国民議会の議員が国王政府の大臣となることを禁止する法令を提出し、それを可決させている。彼はモンテスキューとルソーの著作を読んでおり、両者が立法権力と執行権力の分離の重要性を説いていることを知っていた。したがってロベスピエールは、特例的な立法機関である国民議会の議員が、その権力を混同することなく執行機関の大臣となることは不可能であると論じた。[21] 彼はこれにとどまらず、もう一歩進んで国民議会の現議員は新たに創設される立法議会への被選挙権も剝奪されるべきだと主張した。このようにして、彼は自分やその同僚たちをも新しい憲法の下で政治的に無力化したのだった。これは、政治的には驚くべき自己否定である。このような措置によってロベスピエールが何を達成しようとしたのか、正確にはわからなかった。高潔(incorruptibility)という自身の評判を確固たるものにするためか、彼の反動的な政敵が再選されて自分が落選する可能性への予防線か、何かその他の計り知れない策動のためか、それとも単に一つの政治原理の厳然たる貫徹それ自体のためだったのか。いずれにしても、ルイ一六世がしぶしぶながら新しい憲法を受け入れ、一七九一年九月に国民議会が閉会したとき、ロベスピエールは自由と平等の代弁者、貧者の味方、デモクラシーの主導者、そして政治の世界においては稀有で見事な、有徳かつ高潔の士として英雄視されることとなった。

※

一七九二年八月一〇日、立憲君主制が崩壊すると、フランスは再び体制をめぐる混乱のなかに引き戻された。

君主制崩壊後に設けられた憲法委員会は、シィエスやコンドルセ、そしていわゆるジロンド派と緩やかな連携を組む人々を含んでいた。シィエスは依然として代議共和政体をめぐる彼の精巧な理論を実現しようと望んでおり、コンドルセはロベスピエールよりも早く一七九一年には公然と共和制を主張していた[22]。四月一五日、パリ・コミューンからジロンド派に対する新たな請願によって中断されながらも、国民公会は憲法審議の開始を宣言し、その制定が完了するまで週三日をそのための審議に充てることとした。即座に憲法制定にとりかかろうとする人々を制しつつ、ロベスピエールは、新憲法は新たな人権宣言から始められなければならないこと、そしてそれがアメリカの経験と欠陥のあった一七八九年の人権宣言の吟味の上に、両者の長所を組み合わせて改善されなければならないことを主張した。数日後、個々の権利についての議論が始まると、彼は報道の自由について端的に次のように述べている。

革命は人権を樹立するためになされる。したがって、革命の成功のために必要なすべての方策を講じることが、これらの権利のためにも、必須である。……革命の利益に照らせば、報道の自由に基づいて計画された謀略は抑圧されねばならないだろう。……仮に報道の自由と相容れないとしても、革命成就のまさにそのために作られた法律が必要であると、私は言明する[23]。

このときロベスピエールの心中に、革命においては目的が手段を正当化するという考えがあったことは明瞭だろう。革命が追求し、革命がその確立を保証しようとしたまさにその諸権利は、必要であれば、革命の大義のために一時停止されうる。これは偽善ではなく、ロベスピエールの真摯な、そして危険な政治的プラグマティズムであった。

議論が財産権におよぶと――一七八九年の人権宣言はこれを生命、自由と並んで謳っていた――ロベスピエールは貧者に対する深い献身を明らかにした。彼は時代に先駆けた共産主義者というわけではなかった。彼は土地やその他に関する所有権の存在それ自体に反対したわけではなく、必要最低限の生活手段を提供することによってローマの農地均分法（*loi agraire*）を革命フランスで再現しようという主張に対しては慎重に距離をとった。彼は金持ちたちを嘲笑しつつ安心させた。「心配ご無用。私は諸君の財産に手をつけようとは思っていない。その出所がいかに不純であろうとも」[24]。富を排斥することよりも清貧を名誉とすることのほうがより重要（でありまたより現実的）だと、ロベスピエールは考えた。しかし彼は所有権に対して明確な制限を設けるよう訴えた。「所有権は、他のすべての権利と同様、他者の権利への尊重という義務によって制限されている」。そしてロベスピエールは、「富者に課税し貧者を支えよ」というマラー派の新聞の標語にしたがい、累進課税制を要求した。対立する党派の新聞によって彼が容赦なく酷評されたのはこのためであった。ジロンド派の新聞「ル・パトリオット・フランセ（*Le Patriote français*）」は、報道の自由に対する制限にもかかわらず流布され、次のように訴えている。「ロベスピエールは累進課税という不条理な原則を神聖化している。この税制は平等を破壊し、産業を壊滅させ、〔教会や亡命貴族たちから没収した〕国有財産の売却を阻害するであろう」。ジロンド派は自由市場経済に立脚した近代的な共和制を思い描いたのに対し、ロベスピエールは貧者の生活を実質的に改善する再分配政策を志向していた。そして、最も安定的な時期でさえ十分な食糧供給が確保されなかった四年間の革命的混乱ののち、パリのみならず全国で食糧暴動が頻発していたこの時期において、民衆の支持を獲得したのはロベスピエールの主張であった。

社会の第一の法は、社会のすべての構成員に生存の手段を保証することである。他のすべての法はこの目的に従属し、財産はもっぱらこの目的を確証するために位置づけられ、保証されねばならない。……財産が万人の生存に対立するものとして位置づけられたことはいまだかつてなかった。(25)

換言すれば、深刻な飢えに苦しむ人々は、その所有者が誰であれ食料への権利を有するということである。これはヨーロッパの政治思想の長い伝統のうちに古くから根づいてきた立派な見識であったが、同時代においてこれを採用するさい、ロベスピエールは自身の豊かな教養から引き出された理論的な資産をふんだんに利用した。

ジャコバン派とジロンド派の対立はそのまま国民公会での憲法審議にもちこまれ、それが審議の遅延を招き議論を歪めさせてもいた。そこで六月初旬にジャコバン派が最終的に勝利したとき、彼らは、ロベスピエールの側近であるサン＝ジュストやクートンを含んだ新しい憲法制定委員会を設立し、共和制憲法の草案作成にあたらせた。国民公会は毎日午後の時間をその審議にあてることになった。フランスはすでにほぼ一年にわたり憲法を欠いた状態にあり、人々は憲法制定過程が長引くことに苛立ち始めていた。このような事情を背景に、ジャコバン憲法草案は電光石火のごとく六月一〇日までに準備された。歴史家のミシュレが皮肉をいうように、「一七九三年の憲法は、世界それ自体のごとく、六日間で創造された」。一七九三年憲法は男子普通選挙権を宣言し、改正された人権宣言には困窮した市民への生活保護と万人への公教育という二つの画期的な規定が盛り込まれた。男子普通選挙権は三年前にロベスピエールがそれを主張したときは単に彼の風変わりな政治的夢想と見なされていた要求であり、生活保護と公教育も彼が主張してきた政策であった。他方で、所有権に対する制限は設けられなかった。そうであっても、ロベスピエールは新憲法草案への喜びを隠さなかった。「全ヨーロッパは人間理性とフランス国民の主権がもたらした素晴らしい記念碑に対する賞賛を強いられるであろう」。当時のヨーロッパは必ずしもそれによってフランスを賞賛することはなかったが、この憲法がそれまでの近代史のなかで最も民主的な憲法であったことに疑いはなかった。憲法は全国で開かれた第一次集会を通した人民投票によって予定通りに承認され、その結果は賛成一八〇万一九一八票、反対はわずか一万一六一〇票であった。票差は圧倒的であったが、内戦状態を反映して投票率は低く、実際に投票したのは投票資格をもつ人口のうち四分の一程度であった。その間も、パリに対する連邦主義者《フェデラリスト》の反乱がカルヴァドス県のカンからボルドー、ブールジュ、ニーム、トゥールーズ、マルセイユ、トゥーロンそしてリヨンなどフランス南部へと広がっていった。六月中旬には、フランスの八三県のうち六〇県がパリに対して公然と反抗するようになり、一七九三年の憲法は誕生と同時に停止されることとなった。首都には、この憲法をなんとしても葬り去りたいという欲求、そして必要に迫られた人々がいた。サン＝ジュストは国民公会でこう述べている。

公安委員会は目下の公的騒乱の原因を考察してきた。そしてその原因を、法令を執行する権力の脆弱さ、統治構造の無駄、一貫した政策の欠如、影響力をめぐって政府と競合しようとする党派的激情のなかに見出してきた。公安委員会はそれゆえに、次のことを実行しようと固く決意した。すなわち、諸君に対し国家の現状を正確に説明すること、革命の諸成果を確固たるものにするための最善の方策を提示すること、連邦主義《フェデラリズム》を打ち砕くこと、人民のために豊かさを確保すること、軍隊を強化し、国家にとっての疫病である陰謀を完全に除去することである。(26)

国民公会は公安委員会との合意の下に、あるいはおそらくそれに脅されて、国の内外で平和が回復されるまで臨時革命政府が継続することを承諾した。こうして恐怖政治が時の通例となった。

以後、一七九三年から一七九四年にかけてのフランスは正式に恐怖政治によって統治されることになるが、それに対するロベスピエールの主導性は慎重に見極められなければならない。彼は決して専制的な独裁者ではなかったし、恐怖政治の創始者でもなかった。また、恐怖政治の名の下になされたすべての法令を認可したわけでもなかった。彼は公安委員会の一二人の構成員のうちの一人であり、公安委員会が制御しようとした当時のフランスはきわめて緊迫した状況下にあった。ロベスピエールは一七九三年七月二七日に公安委員会に選出され、その一年後のまさに同じ日に失脚した。彼はその処刑の間際、疲労と憤激のなかで述べている。「私は犯罪への対応を迫られたのであり、それを支配しようとしたのではない」[27]。公安委員会の会議はたいてい夜、かつてのチュイルリー宮殿の一室にて行なわれ、ロベスピエールは熱心に参加した。チュイルリー宮殿が包囲され、君主制が最終的に終焉した一七九二年八月一〇日からちょうど一周年が近づいていた。階下では日中の陽射しの下、国民公会がなんとか議会召集の動議を可決していたが、彼らが起草した共和制憲法は無期限的に停止され、埃をかぶった棚に仕舞いこまれてしまった。ロベスピエールが加わったのち、公安委員会は見るからに強化され、いまや希望、権力、恐怖が扉の向こうに閉ざされた夜通しの会議に渦巻いていた。公安委員会の逮捕権限は反革命容疑者法によって著しく強められ、「その行為、交友関係、発言や著述のいずれかによって専制や連邦主義《フェデラリズム》の支持者、自由の敵と見なされた者」[28]ならいまや誰でも逮捕できることになった。

ロベスピエールは、彼の最も重要な演説の一つ、「共和国の内政に関して国民公会を指導すべき政治道徳原則についての報告」において、次のように述べている。

この国において、われわれは利己主義に代えて道徳性を、名誉欲に代えて誠実さを、慣習に代えて原則を、礼儀作法に代えて義務を、軽薄の圧制に代えて理性の帝国を、些事への不安に代えて悪徳への恐れを選び直したいと考えている。われわれは傲慢さではなく尊厳を、虚栄心ではなく寛大さを、財貨への愛ではなく栄光への愛を望んでいる。われわれは良き集団よりも良き性格を、陰謀よりも価値を、機知よりも能力を、華麗さよりも真実を、つまらない放蕩よりも幸福の魅力を得たいと希望している。見せかけの儚い偉大さの代わりに人間性の本当の偉大さを置きかえ、おおらかだが軽薄で不平がちの民衆の代わりに幸福で力強く決然とした国民を創造し、君主制の悪徳と愚かさの代わりに共和制の徳と驚くべき達成をもたらしたい。(29)

この堅苦しいデモクラシーこそロベスピエールの夢であった。そこにおいて人民は清廉かつ愛国的で、模範的な同輩者からなるとされた。彼らは純真な喜びを共有し、空疎なおしゃべりや放蕩といった軽薄な気晴らしは否定された。まさにルソーが一七八九年よりはるか以前に述べているように、そこでは、人々は金銭よりも名誉に価値をおき、名誉それ自体が個人の高潔さと見なされた。そして五年間にわたる緊迫した革命の時をへても、ロベスピエールのこのような夢は以前として前途遼遠であった。このような理由から、彼は恐怖政治の継続を訴えた。

平時の人民政府の活力が徳であるとすれば、革命時のそれは徳と恐怖である。徳を欠いた恐怖は有害であり、恐怖を欠いた徳は無力だからである……。恐怖とはすなわち正義の一つであり、迅速かつ厳格で確固たる正義のことである。それゆえそれは徳の派生物であり、デモクラシーをこの国の最も切迫した必要に適用した結果である。(30)

ロベスピエールによれば、独裁者による恐怖政治は抑圧であるが、徳によって司られる恐怖政治は貧者の避難所であった。

共和制の原則、宗教、そして道徳との関係をめぐるロベスピエールの演説は、年来の彼の信条の公的な表明を強化するものであった。彼は疑いなく神と人間霊魂の不滅を信じていた。彼は、バスティーユ陥落の一周年に催された全国連盟祭以来、フランスでは祖国愛の熱情が潜在してきたとするが、彼の演説はいまやこの祖国愛の熱情をいかにして展開、制度化し、いまだ不安定な共和国の社会的基礎の下支えとするか、ということを示そうとするものであった。それはすなわち、国民《ネイション》を呼び起こすことによって統治形態としての共和制を強化することであった。それは、ロベスピエールがついに彼の最も深遠な個人的信条、すなわち革命を救うことのできると彼が考えた国家宗教、およびそれと革命との密接な――この密接さを疑う者も少なからずいたが――関係について述べた演説であった。公式には彼は公安委員会の見解を代弁しつつ、実にしばしば、彼の姿勢は非常に私的であった。彼は雄大に切り出す。「世界は変わった。それはもう一度変わらなければならない」。ロベスピエールは、言語の発達といった人間の進歩、農業の発展やニュートンの発見といった自然界の征服の証拠を列挙する。自然的な秩序の領域ではすべてが変化してきた。そしていまや、道徳と政治の秩序においてもすべてが変わらなければならない。彼はここで人間理性を、その半分が昼で半分が夜の闇に包まれた地球の姿に例えている。すなわち、これまで文芸と科学だけに啓蒙の光がおよんできたが、いまだ闇の中にある道徳の領域をも啓いていこうというのである。当時、これは決して風変わりな願望ではなかった。この時期は一時的に政治から遠ざかっていたシィエスや、獄死したコンドルセ、またロベスピエールと関係のあった他の多くの革命家たちにも、この願望は共有されていた。むしろロベスピエールの視座の特徴は、人間の道徳的発達に関する関心、神への信頼、そしてデモクラシーに対する情熱的な傾倒という三つの強迫観念が、彼の中で奇妙に一致していたことであった。

フランス革命は人間の権利と正義の原則の上に築かれた最初の革命であった。他の革命は野心を求めたのみであったが、われわれの革命は徳を与えた。他の革命では無知と権力が人々を巻き込み新たな専制に帰結したが、正義から生じたわれわれの革命は唯一自立している。共和制は、認識しえない状況の力や絶えざる陰謀と自由の擁護者との抗争によって二転三転し、いわば、すべての党派の上を滑ってきた。しかしそれは、組織された力をそれの外部に、すなわち、影響力の手段を党派の手中に見出してきた。そして共和制はその誕生の時から、それを擁護する誠実な人々とともに迫害され続けてきた。そして、党派の領袖やその代理人は彼らの立場の優位性を保持するために、共和制という装いの下に隠れる必要に迫られた。……詐欺師たちはすべて、愛国心を称揚するためのすべての常套句やスローガンを、誰よりももっともらしく口にできるよう競ってきた。(31)

ここにこそ、ロベスピエールを狂わせた問題が潜んでいた。われわれは政治の現実においていかにして誠実な人間を見分けることができるのか、という問題である。公共善のために献身する人々の言語が、自己利益のみに執着する人々にいともたやすく採用されるとすれば、誰が、どのようにして、真実の愛国者を偽の愛国者から識別しえるのだろうか。ロベスピエールは、完全に誠実に、自らを単にある一つの党派の指導者だとは見なさなかった。彼は自らを迫害される者、すなわち、共和制を擁護しながら、暴君、血に汚れた人間、愛国主義の迫害者たちと戦う闘士と見た。彼の死後、彼の政敵たちはまったく同じ言葉を彼に向けた。ロベスピエールは暴君、血塗られた人間とされ、恐怖政治における最悪の残虐行為の、すべてではないとしても主要な責任者となった。彼はこの皮肉にも驚くことはなかったであろう。言葉の移ろいやすさ、話されたことと真実との間の恐るべき空隙こそ、彼がこの演説の最後で嘆いたことなのだから。

※

結論にあたり、デモクラシーの構成要素として加藤教授が指摘した三番目の点、すなわち治者と被治者の同一性を実体化するための諸制度という問題に立ち返りたい。フランス革命は、治者と被治者の関係が強く疑われた状況で、デモクラシーの制度構築をめぐる極限的な試みを示したといえよう。公的役人が民衆に責任を負う代議統治機構というシィエスの構想は、彼による国民《ネイション》のポジティヴな定義、すなわち正統な憲法制定権力の唯一の源泉としての国民《ネイション》という概念から導出され、またそれと両立するものであった。しかしながら、ロベスピエールが依拠したのはむしろシィエスによるネガティヴな国民《ネイション》の定義、すなわち法的特権の不在によって特徴づけられた国民《ネイション》の概念であった。ここから、革命における民主的原理の指導的立場であり続けた彼は、市民間におけるすべての法的区別に対する攻撃へと進んでいった。ロベスピエールによれば、そのような法的区別は一七八九年の人権宣言で禁じられたものであった。また、フランスでの普通選挙権を求める長い政治運動と並行して、ロベスピエールは特権への攻撃を制度化されたすべての執行権力への攻撃に転化させ、それに厳しい嫌疑の目を向けた。古い絶対君主制と、短命な失敗に終わった立憲君主制の余波の下で、執行権力に対する敵意は自然でもあった。しかしながら、それは同時に、持続可能な新たな政府形態、すなわち巨大な商業社会に適した近代的な代議民主政体の確立にとって障害にもなった。フランス革命は、近代の民主的統治体制が今日なお直面している課題の予行演習として、しかも極限的な種類のそれとして理解されるだろう。

（1）革命以前におけるルソーとモンテスキューのフランス思想史に対する影響として、Sonenscher, M (2007), *Before the Deluge: Public Debt, Inequality and the Origins of the French Revolution*, Princeton: Princeton University Press および Sonenscher, M (2008), *Sansculottes: An Eighteenth-Emblem in the French Revolution*, Princeton: Princeton University Press を参照。

（2）Jones, C (2003) *The Great Nation: France from Louis XV to Napoleon: the new Penguin History of France*.

（3）Lamoignon, C. F. de (1787) *Discours de M. de Lamoignon, garde des Sceaux de France, A la Séance du Roi au Parlement, le 19 Novembre 1787*, Paris: De l'Imprimerie de Philippe-Denys Pierres, p. 3.

（4）Sonenscher, M (2007), pp. 1-22.

（5）Doyle, W. (1990) *The Oxford History of the French Revolution*, Oxford: Oxford University Press, p. 76 および Palmer, R. R. (1959) *The Age of Democratic Revolutions*, Princeton: Princeton University Press, vol. 1, p. 454.

（6）Sonenscher, M. (2003) (ed.) *Emmanuel Joseph Sieyès, Political Writings (Including the Debate between Sieyès and Tom Paine in 1791)*, Indianapolis/Cambridge: Hackett.

（7）Hont, I. (1994) "The Permanent Crisis of a Divided Mankind: 'Contemporary Crisis of the Nation State' in Historical Perspective", in *Political Studies*, Special Issue, Dunn, J. (ed), vol. 42.

（8）Sonenscher, M. (2003) (ed.), p. 5.

(9) Forsyth, M. (1987) *Reason and Revolution: The Political Thought of the Abbé Sieyès*, New York: Leicester University Press, Holmes & Meier Publishers, Inc.

(10) Sonenscher, M. (2003) (ed.), p. 17.

(11) Ibid., p. 134.

(12) Ibid., p. 136.

(13) Ibid., p. 137.

(14) Ibid., p. 143.

(15) Ibid., p. 69.

(16) Ibid., p. 88.

(17) Doyle, W (1990), pp. 106-7.

(18) Robespierre (1910-67), *Œures complètes*, E. Hamel (ed.), 10 vols., Société des Études Robespierristes, Paris: Ernest Leroux, vol. 3(a), p. 42.

(19) Robespierre (1910-67), vol. 6, p. 160.

(20) Thompson, J. M. (1939), *Robespierre*, Oxford: Basil Blackwell, p. 71.

(21) Robespierre (1910-67), vol. 7, speech of 30 Sept, 1791.

(22) Baker, K. M. (1975) *Condorcet: from Natural Philosophy to Social Mathematics*, Chicago: University of Chicago Press.

(23) Robespierre (1910-67), vol. 9, p. 112.

(24) Ibid.

(25) Ibid.

(26) Thompson, J. M. (1989), *Leaders of the French Revolution*, Oxford: Basil Blackwell, p. 195.

(27) Ibid., p. 242.

(28) Archives Parlementaires de 1787 à 1860, Débats Législatifs et Politiques des chambers Françaises, sous la direction

de M. J. Mavidal et de M. E. Laurent, Première Série, 1787-99, 82 vols., Paris (1885): Libraire administrative de Paul Dupont, vol. 74, pp. 303-4.

(29) Robespierre (1910-67), vol. 10, p. 352.

(30) Ibid., p. 357.

(31) Ibid., pp. 44-5.

（大井赤亥訳）

J・S・ミルにおける内政不干渉原則の再検討

三宅麻理

はじめに

リベラル・デモクラシー諸国によって、発展途上国の民主化を建前とした介入やその支援が正当化されるということがたびたび起こっている今日、介入をめぐる国際政治理論においてしばしば援用されるミル（Mill, John Stuart, 1806-1873）の内政干渉・不干渉論[1]を検討することにも意義があると思われる。このため、第一に、どのような条件の下であれば他国への干渉が正当化され、また、どのような条件の下では他国へ干渉すべきでないとミルが考えたのかという点について、第二に、そのような内政不干渉原則を正当化する根拠をミルがどこに置いていたのかという点について考察することとする。

一八五九年十二月、「内政不干渉に関する小論[2]」において、ミルは、十九世紀中葉のヨーロッパにおけるイングランドの立場およびイングランドと植民地インドとの関係とを見据えながら、内政不干渉の原則について、国際道徳の原理と時代情勢からそれに加えるべき修正という観点で論じた。折りしもその前年の一八五八年にセポイの反乱を契機として東インド会社が解散し、ミルは、三十五年間勤めた東インド会社ロンドン事務所を退職したため、東インド会社に対してそれまでよりも距離を置いて発言することが可能になっていた。後年、ミルはこの論文を執筆した意図について、自伝のなかで次のように述べている。

私がこのエッセイを書いたのは、大陸においてイングランドによく向けられる、イングランドの外交政策には独特の利己的なところがあるという非難に対し、一方では弁護の筆をとりつつ、他方でこのような非難がもっともらしく聞こえるのには、イギリスの政治家たちがとかくイングランドの国策を自国の利害にしか関係のないもののように語りがちなその低調さ、それからその当時スエズ運河建設に反対したパーマストン卿の行動等によるところが多いことをイギリス人に警告したい気持ちが働いたためであった。また、私はこの機会を利用して、本当の国際道徳の原理や、時代や情勢の変化によって国際道徳に当然加えられてよい修正等に関して、長い間温めていた見解（その一部はインド関係の経験から生まれたものであり、また一部は当時ヨーロッパの民衆の頭を大きく占めていた国際間の諸問題によって生まれたものであった）も表明した。(3)

「内政不干渉に関する小論」が書かれた当時、パーマストン（Palmerston, Henry John Temple, 3rd Viscount, 1784-1865）首相が国民全体の支持と自由・保守両党の支持とを獲得し、二次にわたって長期の安定政権（五五―五八、五九―六五年）を維持していた。クリミア戦争（一八五三―五六年）を契機として、国民の主要な関心は内政から外政に向かっていったが、この戦争でイングランドを勝利に導いたのがパーマストンである。彼の外交政策は、ヨーロッパ諸国に対しては勢力均衡を図り、それ以外のアジアやアメリカ等に対しては自由貿易の拡大を指向する、というカニング外交を引き継いだものであった。一八三九年のロンドン条約においてベルギーの独立と安全を保障し、イタリアの独立運動には好意的な立場をとる一方で、非ヨーロッパにおいては中国市場の開放という目的でアヘン戦争の開戦を決定したのも、その当時外相であったパーマストン（一八三〇―三四、三五―四一、四六―五一年に外相）である。また、首相になってから一八五六年に第二次アヘン戦争たるアロー戦争の開戦を押し切ったのも彼だった。

このような時代状況において、一八五〇年代末イングランドがヨーロッパにおいて占める位置をミルはどのように捉えていただろうか。ミルが見るところ、イングランドは、ヨーロッパにおいて領土が最大であり、かつ、富と富がもたらす権力とが圧倒的に大きいが、弱小国を侵略したり同程度の列強と主導権争いをしたりすることはせず、他国から侵略されればそれに屈服することはないものの、干渉されなければ干渉しない。つまり、自衛のために戦うだけなのである。外国に説得などの手段をもって影響力をふるう場合は、自国のためというよりむしろ他国のためであって、「紛争調停、内乱停止、交戦国の調停、敗戦国への穏便な処置のための仲裁、奴隷貿易といった人道に反する国家的な犯罪や不祥事の廃止」を行なっているにすぎない。ミルによれば、イングランドの外交政策はヨーロッパ諸国から利己的だと非難されているが、それは誤解であって、このような外交政策をとる国は世界でも珍しい。黒人奴隷制をなくしたり、西インド諸島を存続させたりするために、巨額の費用を投じるという公平無私な政策をとっているにもかかわらず、他国からは誤解されているというのである。

当時、ミルは、イングランドの行動と判断が今後のヨーロッパを左右することを予見し、イングランドの政治家にはそれ相応の責任が伴うことを明言した。とはいえ、政治家が実際に考えていることと発している言葉とは、必ずしも一致しない。彼らが考えているのはイングランドの利益ではなく安全保障である。イングランドの安全が脅かされたり利益が不当に危険にさらされたりしたら、自衛権を行使してそれに対処すると言っているにすぎない。にもかかわらず、ヨーロッパ諸国の政治家たちは、イングランドが無制限の領土拡張や商業における独占を狙っていると受け止めてしまい、イングランドが自国の製造業のために新しい市場を無制限に拡張し続けて国際道徳の義務をことごとく踏みにじろうとしていると考えているようだ、とミルは憂慮していた。

ミルの見るところ、イングランドが他国の利益を配慮していないと非難されている最たる例は、スエズ運河問題である。スエズ運河建設を進めているフランスは、イングランドがこれを躍起になって阻止しようとしていると見ていた。パーマストン首相がスエズ運河建設に反対しており、その理由としてイングランドの利益を損なうと公言していたためであるが、そのような誤解を生む愚かで不道徳的な発言をすると、反感をもたれてしまうのではないかとミルは危惧していた。ミル自身は、スエズ運河が建設されれば、市場の拡大による生産工程の見直し、商業の発展、通商取引の拡大から、物質文明を利することになる、すなわち、スエズ運河が完成すれば、商品の輸送距離が大幅に短縮され、文明世界と非文明世界の双方に多大な便益をもたらすと考えていた。後述するように、ミルの世界観を理解するうえでは、彼の文明国か否かという分類のしかたが一つの鍵となっている。

1 文明と野蛮

そもそも、ミルにおける文明と野蛮とはどのような分類概念なのだろうか。文明の概念は、一八三〇年代以降、彼の歴史的、政治的論考のみならず、経済学的、論理学的論考にもしばしば登場する状況認識の基礎概念である。(4)「文明論」(5)(一八三六年)においては、広義の「文明」とは、「ある国がよりよく進歩し、人間と社会との最高の特性においてもっとも卓越し、完全性への道においてはるかに進歩しており、より幸福で、より高貴で、より賢明でである」状態、つまり「社会及び物質的な生活の改善と、人間の精神的な性質の改善との両方を含む」[6]もののことである。

一方、狭義の「文明」は、「富裕で人口の多い国民を未開人（savages）や野蛮人（barbarians）から区別する」ような「社会」の進歩を指し、「文明論」で問題にされたのはもっぱらこの狭義の文明である。産業革命以後、新しい階級の出現、産業構造や社会階層構造の変化を受けて、彼が定義した狭義の「文明」の特徴は、財産（property）と知性（intelligence）の普及と協働力（power of co-operation）の増大であり、これらの要素が現代ヨーロッパ、特にイギリスにおいて他のどの場所、どの時代よりも際立って存在し、急速に進行しつつあるということであった。

さらに、この狭義の「文明」の不可避的結果として、イギリス社会は大衆社会へ移行しつつあると彼は認識していた。彼は大衆の全面的な進出が不可避的であることを認めていた。にもかかわらず、彼は文明の進歩につれて「権力がますます個々人及び個々人の小集団から大衆へと移り、大衆の重要性が絶えず増大し、個々人の重要性が絶えず減少しつつある」ことの結果として「多数者の暴政」が生じることに対する危機意識を抱いていたのであった。

こうした危機意識は後年の『自由論』や『代議制統治論』まで引き継がれていく。同時に、ミルは、「文明論」において狭義の文明と野蛮とを対置し、主著たる『論理学大系』（一八四三年）『自由論』（一八五九年）『代議制統治論』（一八六一年）に至るまで文明国による野蛮社会の支配は正当であると一貫して主張し続けていくのである。

「内政不干渉に関する小論」(一八五九年)においても、「文明の程度が同じか類似しており、社会の改良の度合いが高い」文明国と、「社会の改良の度合いが非常に低い」野蛮人とでは、国際慣習や国際道徳のルールが異なってくるとミルは論じている。「自衛のためでなく、ある思想を押しつけるために他国の内政に干渉し侵略戦争を始めるのは、領土や財源のために戦争を始めるのと同程度の犯罪である」が、攻撃されたり、攻撃を受けるという脅威を受けたりしなくても、戦争を開始することが容認される場合があるとミルは主張する。その第一の理由として、通常の国際道徳の原理は互恵関係で成り立つが、野蛮人はルールを守らないため、彼らとは互恵関係を結べないとする。第二の理由は、野蛮な状態にある場合は、すぐに独立するより、外国人に支配されたほうがいい時期があるというものである。

2　国際道徳の原理

文明国と野蛮人との間に、文明国同士の場合と同じ国際慣習や国際道徳の同ルールが通用すると考えるのは、重大な誤りである。そしてそれによって、政治家たちが安全で無責任な立場の人々からどんなに非難を受けようとも、いかなる政治家もそれに陥ってはいけない。同じルールが異なる状況に適用することができない多くの理由のうち、以下の二つの点が最も重要である。第一に、通常の国際道徳の諸ルールは、相互依存関係を条件としている。しかし、野蛮人は相互依存関係をもつことができない。いかなるルールも彼らが遵守するということを当てにすることは不可能である。彼らにはその多大な努力をする能力がなく、遠く離れたところから彼らの意志を十分影響下に置くことはできない。第二に、未だ野蛮な諸国家は、外国人によって征服され服従させられることが彼らの利益となる時期を過ぎていない。(7)

この認識は、同時期に書かれた『自由論』において、ミルが次のように干渉原理とその適用範囲を述べている部分と共通している。ミルは、ベンサム主義から「個々人は自分自身の利益の最良の判断者であり、したがって自由と自治を享受すべきである」という反親権主義的な原理を受け継いだが、これが適用されるのは「成熟した諸能力をもつ人間」のみであって、子どもではなく成人に、野蛮人ではなく文明人に適用されるというものであった。その結果、ミルは、進んでいる国が後れている国を一時的に専制統治することには反対しなかった。(8)

人類が、個人的にまたは集団的に、誰かの行動の自由に正当に干渉しうるのは、自己防衛を目的とするときのみである。すなわち、文明社会の成員に対し、彼の意志に反して、正当に権力を行使しうるのは、他人に対する危害の防止を目的とするときのみである。彼自身の幸福は、物質的なものであれ、道徳的なものであれ、十分な正当化の根拠となるものではない。……この理論は、成熟した諸能力をもつ人間に対してだけ適用されるものである。われわれは子どもたちや、法が定める成人年齢以下の若い男女を問題にしているのではない。まだ他人の保護を必要とする状態にある者たちは、外からの危害と同様、彼ら自身の行為による危害からも保護されなければならない。同じ理由から、われわれは、民族自身が未成年期にあると考えられる後れた状態にある社会は、考慮外においてよいだろう。……専制政治は、その目的が彼らの向上にあり、そしてその手段が、その目的を実際に達成することによって正当化されるかぎり、未開人を扱う正しい支配形態である。一つの原理体系としての自由は、人類が自由で平等な討論によって進歩しうるようになる時代以前の社会状態に対しては、適用されない(9)。

さらに、「内政不干渉に関する小論」では、「独立と民族意識は、改良の度合いの進んでいる国民が成長と発展をするのに欠かせないものであるが、野蛮人にとってはむしろ障壁となってしまう」とミルは言う。「野蛮人は、一民族としての諸権利をなんら有していない」のであって、文明国と野蛮状態との間に成り立つ唯一の道徳律は、人間と人間との間の普遍的な道徳のルールでしかないとミルは論じている(10)。

こうして、ミルは、文明国間関係においては、自衛目的でない侵略戦争を始めることは犯罪であると主張する一方で、文明国と野蛮状態との関係においては、互恵関係が成り立たないため、文明国は野蛮状態を支配してもかまわない、むしろ、野蛮状態にある場合に、文明国が野蛮人にとっての善きもののために統治するのであれば、そのような支配を受けたほうがいい時期があるのだとして、植民地支配を正当化するのである(11)。

このように、ミルにおいて、国際道徳の原理は普遍的に適用されるものではなかった。ミルは、諸国家間関係を見るとき、文明国間および文明国・準文明国関係と、文明国と野蛮状態にある社会との関係に分けており、国際道徳の原理の適用についてもその分類に従ったのである。

3　通商と平和

ミルが通商の拡大を重要視していたことは、既に一八四八年に出版された『経済学原理』のなかで明確に示されていた。とりわけ注目すべきは、通商の発展が、前記のような生産・商業・通商取引の拡大といった「経済的利益」のみならず、その重要性をはるかに凌駕する「知的道徳的効果」をもたらすとミルが論じている点である。

文明諸国民の間に行なわれる交通の一大部分にとって、その目的となっているのは通商である。このような交通は、いつの時代にも進歩の第一次的源泉の一つであったが、特に現代においてそうである。……諸国民に対し、互いの富と繁栄とを善良なる意志をもってながめることを最初に教えたものは、通商である。以前には、愛国者というものは、世界が自分の国であると感じるほど教養が高い場合のほかは、自分の国以外のすべての国が、力が弱く、貧しく、政治が乱れていることを望んだものであったが、いまや、他の国々の富と進歩とのなかに、自分自身の国の富と進歩との直接の源泉を認めている。また本来戦争と相対立する個人的利益を強化拡大することによって、非常な勢いをもって戦争を陳腐なものたらしめつつあるものも、通商である。そして国際貿易の大規模な拡張と急速な増加とは、世界の平和の主要なる保障手段であることにより、人類の思想と諸制度と性格との不断の進歩に対する偉大な永久的保障である、と言っても、それは誇張とはならないであろう。(12)

ミルは、ここで戦争と平和について言及しているが、いかなる戦争をも否定するという意味での平和主義者ではなかった。アメリカ南北戦争の際には、「戦争は、それが正しい目的のために行なわれる場合には、決して、国民が蒙る最大の害悪（the greatest evil）とは言えない。……戦争は忌むべきものではあるが、しかし最も忌むべきものではない。……人間は、必要があれば、正義を守り、不正を撃退するための戦いを行なうことをいやがってはならない」[13]と主張している。

しかし、国際貿易の拡大が戦争を抑止して世界平和を保障すると考えた点では、ミルは、スミス（Smith, Adam, 1723-90）を受容したベンサム（Bentham, Jeremy, 1748-1832）の思想を受け継いでいた。そして、他国が通商によって富を増やすことは、イングランドの富に直接つながると考えた。「内政不干渉に関する小論」において、ミルはさらに、他国の富の蓄積がイングランドの富につながらない、あるいは上回る場合をも想定したうえで、国際道徳の原理を展開したのである。

パーマストンが考えたイングランドにとっての不利益の一つは、スエズ運河の完成によりフランスの海軍がインドにおけるイングランドの利権を侵害することだった。しかし、敵が容易にインドに到達するということは、援軍の到達も容易になるということであり、また、敵がインドへ容易にやって来たとしても、イングランドの海軍力をもってすれば敵に対抗しうる、とミルは反論する。

さらにミルは、スエズ運河建設の完成により被るイングランドの不利益が、主たる商業国家として通商取引の増大から得られる利益を上回った場合を想定して、次のように主張する。不測の事態によって、他国が通商取引から多大な利益を得ることがイングランドにとって不都合だとしても、だからといって一国家が人類のその他の人々に利益が入らないようにするとしたら、そこにキリスト教のであれ世俗のであれ、道徳があると言えるだろうか。イングランドの利益が他国の利益と一致しないのであれば、イングランドは他国にとっての敵なのであろうか。他国がイングランドを敵とみなした場合、イングランドはどのような根拠にもとづいて不平を言うことができるだろうか。イングランドがとる行動原理が不道徳的であるために、世界の他の国々が同盟を結んでしまったら、イングランドが自国の利益よりも人類全体の繁栄を優先させるようになるまで決して和解しないだろう、とミルはヨーロッパ諸国による反英大陸同盟の可能性を憂えたのである。

このように、ミルがスエズ運河建設問題をめぐって再確認し、イングランドの人々に対して訴えた国際道徳の原理とは、人類全体の繁栄を促進することに自国の利益を見出すものであった。そして、ヨーロッパ諸国に対して、自国の利益を人類全体の繁栄よりも優先させようなどとイングランドの国民は考えていないと弁明した。ミルによれば、イングランドの国民は世界の富と文明とを発展させることに自分たちの利益を見出しており、スエズ運河建設に反対しているわけではない。彼らは国内問題と関連していない場合には外交問題に無関心であり、スエズ運河建設について考えもせずただ外交政策について政府すなわち首相の独断に委ねてしまっている。この問題に関心をもっている人々はごく少数で、しかも首相の判断には反対しているというのである。ましてや、当時、運河は建設不可能だろうと言われており、この論文を書いた時点で提案されていたスエズ運河建設の手段と資金を検討した限りにおいて、ミルは運河建設計画にイングランドが加担する必要はないという考えに傾いていた。わざわざフランスの建設計画を阻止して不道徳性を示し、イングランドの関心は自国の利益だけであると世界に公言して憎まれるのは愚かであって、沈黙を守るべきであるとミルは判断したのであった。

4　内政不干渉の原則

以上のような前提のもとで、ミルは文明国間あるいは文明国・準文明国間における内政不干渉の原則をどのような条件で適用されるものと考えただろうか。

まず、特定の政府や制度を隣国にとって最善であるとして、あるいは、隣国の安全のために必要であるとして押しつけることは正当化できるか否かという問題についてであるが、前述したように、「ヨーロッパのキリスト教圏といった文明国」間関係においては、「自衛のためでなく、ある思想を押しつけるために他国の内政に干渉し侵略戦争を始めるのは、領土や財源のために戦争を始めるのと同程度の犯罪である」。征服戦争や、合法的な戦争の結果としての征服戦争はもちろん、ある文明国を別の文明国が併合することをその国民が自発的に選んだのではないにもかかわらず併合して支配下におくことは、不道徳きわまりないとミルは言う。

また、文明国間、あるいは文明国・準文明国間においては、他国の内政の規制に干渉すべきでないと考えられている。たとえば、『代議制統治論』において、ミルは、「支配国と類似の文明をもつ人々から成」る従属国の例としてアメリカやオーストラリアを挙げ、それらの植民地においてイングランドの代議的諸制度を真似た諸制度を与えたものの、そうした諸制度による自治については、まったく内部的な問題についてさえイングランドが最高決定者として規制した点で、他のヨーロッパ諸国と同様に劣悪であると批判している。

他国の内乱や党派争いに関与することを正当化できるか否かという問題についても、同論文において、一八三七年カナダで植民地自治の要求と移民の対立を原因とする反乱が起きたのを例に、内政不干渉の立場をとるべきであるとの見解が示されている。

諸植民地の内政に干渉するという悪習は、われわれがそうすることによって利益を得ようという考えをやめた際に、ただちに死滅したのではない。われわれは、われわれ自身の便益のためではなくて、植民地の一部分あるいは一党派の便益のために、引き続き諸植民地を苦しめた。このように支配に固執したため、われわれはカナダの反乱という代価を支払わされ、そこで初めて、それを放棄するという名案を得たのである。(14)

そして、他国民が自由のために闘っている場合に支援することを正当化できるか否かという問題については、慎重に見ていく必要があるとミルは言う。まず、抑圧的な統治に加担するための介入は論外であって、「自国民を服従させるために外国からの支援を必要とする国は、存在すべきでない」と断言する。というのは、そのような国を外国人が支援しても、もともとの専制から外国による専制に従わせることになるだけだからである。ここでは、イングランドによるインド藩王国の統治が念頭に置かれていると思われる。

ただし、「対立する党派の勢力が均衡していて内戦が長引いている場合や、勝者側の党派が人道に反する苛酷な仕打ちによってしか敗者側の党派を制圧できず、その国の永続的な福利にとって有害な場合」は検討を要するとミルは言う。このような例外的な場合においては、複数の近隣諸国、あるいは、一国の強力な隣国が他の国々の黙認を受けて他国の内戦を制止し、和解によって公平な条件での調停をとりなすことが公認の原則となっているとミルは見ていた。ヨーロッパ諸国によるギリシャ・トルコ間関係への介入、トルコ・エジプト間関係への介入、オランダ・ベルギー間関係への介入、また、イングランドのポルトガルへの介入が近年の事例であったとされている。

ミルによれば、他国の人々が自由な制度を求めて土着の専制のみと闘っているとき、外国人が合法的に介入する根拠は原則としてない。なぜなら、介入はたとえうまくいってもその国の人々自身の善のためになるという保証はほとんどないのであって、国内の圧政者から自分たちを解放するために労苦や危険に立ち向かい自由を奪取するほど、自由を愛する気持ちが強くない場合には、本当の自由が永続的に得られることにならないからである。例外的に支援してもかまわないのは、その支援が合法的な自衛手段である場合のみである。

しかし、外国による支配や外国に支持されている土着の暴君と闘っている人々に対しては、不干渉の原則を守るべき理由はない。「自由にこのうえなく引きつけられ、自由な諸制度を守る力があり、それを活用する力がある人々であっても、はるかに強力な国の軍事力に立ち向かうことはできないであろう」から、このような場合に勢力均衡を回復するために干渉することは、不干渉を実現するための干渉として正当化される。[15] 不干渉の原則は、それが正当な道徳の原理であるためには、自由な諸国家のみでなく専制君主によっても遵守されなければならない。

> 不干渉政策を実現するために介入することが必ずしも賢明とは限らないにしても、そうした介入は常に合法的かつ道義的である。自由の恩恵を尊重しない国民に自由を与えることは間違っているが、その国民がそれを尊重しているのであれば、外国からの抑圧によってそれの追求が妨げられてはならない。[16]

このような介入の例としてミルが挙げているのは、一八四八から四九年までのハンガリーによるオーストリアからの独立運動の事例である。ミルによれば、ハンガリーがオーストリアと闘っているのに際して、本来、外国諸国は内政不干渉を貫くべきであった。しかし、ハンガリー人が自由の恩恵を尊重してオーストリアの支配と闘い優勢になりそうなときに、ロシアがオーストリア側について邪魔をするのは間違っており、イングランドがハンガリーを支援するのは合法的な介入である。このとき、イングランドがフランスと協力していたら、ロシアの武力介入を防げたのにもかかわらず、静観していたことで、数年後にはハンガリーの件は抜きにしても、さらに強大化したロシアと闘わねばならなくなるだろう。そして、今後、ヨーロッパ諸国の独裁権力が反英と同時に反自由主義のために一団となってかかってくることがあっても、イングランドは自国の安全を守るためにその連合軍に打ち勝てるだけの強力な自由諸国民の同盟軍の指導者となるべきだとミルは構想していたのである。

結びにかえて

以上見てきたように、ミルにおける内政不干渉・干渉の原則は、文明国間関係および文明国・準文明国間関係と文明国・野蛮状態間関係とで異なっており、国際道徳の原理は前者にしか適用されず、後者に対しては干渉や専制統治を正当化するものであった。

ミルの枠組みにおいて内政不干渉の原則が適用されるのは、文明国間・準文明国間については、侵略、征服、併合はもちろん、抑圧的政府、内政規制、内乱、党派争い、土着の専制のみと人々が闘っている場合である。ただし、内乱が長引いている場合や、人道に反する行為が行なわれている場合は、それらを制止し公平な条件での調停を行なってもよい。また、外国による専制や、外国の支援を受けている土着の専制と人々が闘っている場合には、不干渉原則は適用されず、対抗勢力と均衡を保つために干渉してよいとされる。もちろん、いかなる干渉や専制統治であってもいいというわけではなく、それは統治される人々の便益を考慮されなければならなかったのであり、ミル自身、「一国が外国人によって統治されるのは、常に大きな諸困難の下において、しかもきわめて不完全にでしかありえない」と認識していた。ミルはイギリス東インド会社によるインド統治を擁護したが、他国の人々にとっての善、福利、便益をいったい誰がどのような基準にもとづいて判断するのか、判断基準と資格とが問題である。そもそも、自由を奪われた人々が安全の確保を超えた「民主主義への強制的移行」まで望んでいるかどうか、さらにそのために外部からの救援まで望むか否かの意思確認は容易でない。たとえ確信を抱いたとしても、それだけで他者に介入の権利や義務が生じるわけでもない。民主的な政府を樹立するという善意で他者のために介入したとしても、それを将来の彼らが認めてくれるかどうかも予見しがたい。このように、介入義務の正当化は、リベラルが依って立つ自己決定や自己責任の体系そのものと齟齬をきたしているのである。(17)

ただし、ミルは、文明と野蛮を人種による先天的な区別であるとはみなしていなかった。ミルはコント（Comte, August, 1798-1857）の社会学から多くを学んでいたが、当時、コントが骨相学に傾倒したのに対しては、生物学的な決定論であるとして批判した。十八世紀後半以降、異なる人種間での優劣感覚を伴う差異意識が体系立てられ、たとえばヒューム（Hume, David, 1711-76）は「国民的性格について」（一七五三年）において黒人は白人よりも劣等であり、いかなる文明国民も出現したことがないと述べていた。ミルは、奴隷制に一貫して反対しており、その意味ではアーノルド（Arnold, Matthew）、アクトン（Acton, John (Lord)）、マルクス（Marx, Karl）、カーライル

(Carlyle, Thomas)、ラスキン（Ruskin, John）、スティーブン（Stephen, James Fitzjames）といった同時代人たちと一線を画していたといえよう。[18] アメリカで南北戦争が勃発したときにも、ミルは奴隷制が主たる争点であることを当時のイングランドでいちはやく見抜いていた。そして、イングランドの自由主義者を含む上中流階級の大多数が、自決権を訴える南部を熱狂的に支援したのに対し、ミルは終始一貫して奴隷制に反対する北部側に立って議論したのであった。

本稿は、二〇〇九年度日本政治学会研究大会（於日本大学）分科会A7「人道的介入をめぐる国際政治思想」での報告に加筆修正したものである。

（1）国際関係論の研究者がミルを視野に入れている例はアルフレッド・コバン（Alfred Cobban）やチャールズ・ベイツ（Charles Beitz）など枚挙にいとまがないが、ミルの思想の研究者がミルの国際関係をめぐる論説や外交に関する論考に注目することは少ない。この点をミルの政治思想史研究者が指摘している論文としては、Varouxakis, Georgios, "John Stuart Mill on Intervention and Non-Intervention", *Millennium*, vol. 26, No. 1, 1997, pp. 57-76.

（2）Mill, John Stuart, "A Few Words on Non-Intervention", *Collected Works of John Stuart Mill*（以下、*CW*）vol. 21, pp. 109-124 [*Fraser's Magazine*, vol. 60 (December 1859), 766-76].

（3）Mill, John Stuart, "Autobiography", *CW* vol. 1, pp. 263-264.（『ミル自伝』朱牟田夏雄訳、岩波文庫、一九六〇年、二二六―二二七頁）なお、訳の一部を適宜変更した。以下同様。

（4）関口正司『自由と陶冶』、みすず書房、一九八九年、二六三頁。

（5）Mill, John Stuart, "Civilization", *CW*, vol. 18 , p. 119.（山下重一・杉原四郎編『J・S・ミル初期著作集三』御茶の水書房、一九八〇年、一八二頁）

（6）White, Joseph Blanco and John Stuart Mill, "Guizot's Lectures on European Civilization", *CW*, vol. 20, pp. 374-375.

Guizot, François, *Histoire de la Civilisation en Europe*, Paris: Hachette, reprinted in 1985[1828], pp. 55-72.（フランソワ・ギゾー『ヨーロッパ文明史』安士正夫訳、みすず書房、一九八七年、二―二二頁）

（7）Mill, John Stuart, “A Few Words on Non-Intervention”, *CW*, vol. 21, p. 118.

（8）Stafford, William, *John Stuart Mill*, Houndsmill: Palgrave Macmillan, 1998, p. 109.

（9）Mill, John Stuart, “On Liberty”, *CW*, vol. 18, pp. 223-224.（J・S・ミル「自由論」『世界の名著38　ベンサム、J・S・ミル』早坂忠訳、中央公論社、一九六七年、二二四―二二五頁）

（10）このような普遍的な道徳のルールをミルが実践したのは、たとえばジャマイカ事件に際してであったと思われる。一八六五年十月に英領ジャマイカ島東部モラントベイで黒人の反乱が起こり白人十数人が殺害されたとき、エア総督（Eyre, Edward John, 1815-1901）が戒厳令を発令して反乱を鎮圧し、軍法会議によって数百人の現地人を処刑した。ミルは、イングランドによるジャマイカの支配自体は正当なものとみなしていたと思われるが、下院議員として、この問題を調査するジャマイカ委員会に加わり、エア総督の行為を殺人罪として追及した。この点については、山下重一『J・S・ミルとジャマイカ事件』御茶の水書房、一九九八年を参照。

（11）植民地支配は過剰人口と利潤率低下とに悩む本国と、労働力不足に悩む植民地という二つの問題を解決するというウェイクフィールド（Wakefield, Edward Gibbon, 1796-1862）の論理を、ミルはとっていた。Sullivan, Eileen P., ‘Liberalism and Imperialism: J. S. Mill's Defense of the British Empire’, *Journal of the History of Ideas*, 44: 4, 1983, pp. 607-9.

（12）Mill, John Stuart, ‘Chapter 17: Of International Trade’, “The Principles of Political Economy with Some of Their Applications to Social Philosophy”, *CW* vol. 3.（ミル『経済学原理　第三巻』末永茂喜訳、岩波文庫、一九六〇年、二七五―二七七頁を参照）

（13）Mill, John Stuart, “The Contest in America (1862)”, *CW*, vol. 21, pp. 125-142.

（14）Mill, John Stuart, “Considerations of Representative Government”, *CW*, vol. 19, Chapter. 18 Of the Government of Dependencies By a Free State.（ミル『代議制統治論』水田洋訳、岩波文庫、一九九七年）

（15）この見解に対する批判としては、ベイツによる国家の自律性の観点によるものがある。Beitz, Charles, *Political Theory and International Relations*, Princeton: Princeton University Press, 1979, pp. 71-105.（C・ベイツ『国際秩序と正義』進藤榮一訳、岩波書店、一九八九年、一〇六—一五一頁）

（16）Mill, John Stuart, "A Few Words on Non-Intervention," *CW*, vol. 21, p. 124.

（17）押村高『国際政治思想——生存・秩序・正義』勁草書房、二〇一〇年、一二五—一五八頁。

（18）ミルの人種観をめぐっては、Varouxakis（1998）に対し、Mandler（2000）によってミルのインド論が検討されていないという批判がなされ、それに対する反批判としてVarouxakis（2005）が帝国の枠組みのなかでミルの人種観を再検討した。Varouxakis, Georgios, "John Stuart Mill on Race", Utilitas, vol. 10, No. 1, March 1998. Mandler, Peter, "'Race' and 'nation' in mid-Victorian thought", in *History, Religon, and Culture: British Intellectual History 1750-1950*, ed. by Collini, Stefan, Richard Whatmore and Brian Young, Cambridge University Press, 2000. Varouxakis, G., "Empire, Race, Euro-centrism: John Stuart Mill and His Critics," in *Utilitarianism and Empire*, ed. by Schultz, Bart and G. Varouxakis, Maryland: Lexington Books, 2005, pp. 137-153. 功利主義と人種観との関係については、Jones, H. S., "The Early Utilitarians, Race and Empire: The State of the Argument", in *ibid.*, pp. 179-187を参照。

マックス・ウェーバーにおける〈合理化〉と〈二〇世紀〉の政治

――ナショナリズムとデモクラシーへの一つの視座として

亀嶋庸一

1　問題の所在

ナショナリズムとデモクラシーの現在について論じようとするならば、どうしても言及せざるをえない重要な論点の一つであり、またこのテーマに暗い影を投げかけている問題がある。すなわち、それは〈戦争の世紀〉としての二〇世紀という問題である。

いうまでもなく、それは二〇世紀に登場した世界戦争が、国家間の対立と国内での総動員体制を背景としたナショナリズムの激化をともなっていたからであり、また同時にそれらの戦争が民主化や福祉国家体制の発展と密接なつながりをもっていたからである。したがって、戦争とナショナリズムやデモクラシーとの関係についてはこれまで多くの考察が与えられてきたのもきわめて当然であったろう。けれども、ここで改めて取り上げたいのは、それらの間の相互の関連それ自体ではなく、そうした連関が生み出されるにいたった固有の歴史的文脈についてである。なぜならば、二〇世紀以降の戦争やナショナリズム、そしてデモクラシーの独自な展開を可能にさせたトータルな意味での〈政治〉そのものの歴史的位相こそが、問われるべきであると考えるからに他ならない。

本稿が、ウェーバーの〈合理化〉と〈二〇世紀〉の政治とをめぐる歴史社会学的考察に注目するのは、それ故である。

ウェーバーが二〇世紀の政治に関するきわめて先駆的な考察を展開したのは、世紀転換期以降、とりわけ〈戦争の世紀〉の始まりといえる第一次大戦においてであった。それ故、彼の洞察や、それに支えられた彼の政治的評論が、しばしばこの大戦争やその後の恐るべき時代との関連で論じられてきたのは、避けがたいことでもあったといえよう。実際、「帝国主義の時代」における国家間の容赦なき生存競争という冷徹な状況認識を背景に、ドイツの「世界強国」としての道をあくまでも希求したナショナリストとしてのウェーバーの立場と、そうであるが故に第一次大戦という未曾有の困難に際して、祖国の政治体制改革が不可欠であるという危機意識に立脚した、彼の民主的で議会主義的な改革構想との密接な関連性に注目するならば、多かれ少なかれ「政治的人間」ウェーバーの時代的制約性――多分に帝国主義的な――を指摘せざるをえないのである。

他方で、彼の政治学的な洞察が、そうした制約性にもかかわらず、今日においてもなお多くの読者を魅了し続けている深い知見と哲学に支えられていたことも確かである。かの有名な政治と倫理をめぐる考察を別にするならば、〈合理化〉あるいは〈合理化のパラドクス〉こそ、ウェーバーについて論じられる際に現在もっとも多くの関心を集めているテーマの一つだといえよう。官僚制化と資本主義化としての〈合理化〉、そしてまた没意味化としての主知主義的合理化は、二〇世紀の戦争と革命の時代をはるかに貫いて現代の世界を支配し、いたるところに「鉄の檻」をつくり出しているのであり、それ故そうした問題をいちはやく見抜いたウェーバーの鋭い診断は、今日の社会への批判的考察の「古典」として位置づけられているのである。

ウェーバーについてのこのような二つの一見分裂的な関心をみるならば、次のような問いを立てることができよう。すなわち、ウェーバーの〈合理化〉に関する考察と、二〇世紀の政治に関する彼の考察との間にはいったいどのような関連性がありうるのかという問いがそれである。資本主義の発展とそれにともなう階級状況の進展がいかなる政治的状況を生み出しているのか、また政党や行政組織の官僚制化が政治に対していかなる影響を及ぼすことになるのか、一八九五年のフライブルク大学教授就任講演から一九一九年の講演「職業としての政治」にいたるまでの、そうした問題をめぐるウェーバーの議論についてはすでによく知られている。けれども、ここでの問いは、そうした狭義の政治社会学的な視点に限定されたものではない。そうではなくて、「西欧近代」にいたる「合理化の軌道 Bahnen der Rationalisierung」とその帰結が、政治それ自体に、とりわけナショナリズムやデモクラシーといった二〇世紀の政治に及ぼす影響についての、ウェーバーの世界史的洞察に関わる問いなのである。すなわち、それは〈合理化〉によって現われてくる政治の「固有法則性」をめぐるウェーバーの根源的認識に関わる問いに他ならない。

同時代の政治への彼の関心と〈合理化〉に関する彼の世界史的考察とが相互に密接に関連しあっていたことをみるならば、二〇世紀の政治に関する彼の一連の洞察は、まずはこの〈合理化〉における政治の「固有法則性」をめぐる彼の根源的認識にまで遡って検討されなければならないであろう。それ故、この問いは、ウェーバーの政治学的考察と彼の宗教社会学的考察とが実際どのようにつながっていたのかという、まさにウェーバーの全体像を把握するうえでの一つの手がかりを見出そうとする試みとならざるをえないのである。

2　〈合理化〉における宗教と政治

（1）〈西欧近代〉と〈合理化〉

周知のように、西欧的合理化の問題はウェーバーの宗教社会学的研究の中心的テーマであった。『宗教社会学論集』の「序言」（一九二〇年）の冒頭で、ウェーバーは次のような問いを立てている。

「いったい、どのような諸事情の連鎖が存在したために、他ならぬ西欧という地盤において、またそこにおいてのみ、普遍的な意義と妥当性 universeller Bedeutung und Gültigkeit をもつような発展傾向をとる文化的諸現象――少なくともわれわれはそう考えたがるのだが――が姿を現わすことになったのか[1]」。

体系的かつ合理的概念にもとづいた科学、音楽、建築、経済や政治の分野での専門官僚、主権国家、そしてなによりも「近代西欧においてわれわれの生活を支配しつつあるもっとも運命的な力[2]」である資本主義、これら一連の諸文化は確かにいずれも西欧において最初に登場した。それ故、ウェーバーはその原因を求めて西欧の「合理化の軌道」の探求を試みると同時に、他の諸文化圏においてそうした方向での合理化が生じなかった文化的背景を明らかにしようと世界の諸宗教の考察を試みたのである。

西欧近代の諸文化だけが「普遍的な意義と妥当性」をもつというウェーバーの主張は、一つにはそれらの文化、とりわけ西欧の資本主義と国家、そして科学技術が、西欧のみならず世界を支配しつつあるという二〇世紀初頭の現実認識にもとづいていたというべきであろう。帝国主義から第一次大戦にいたるその時期に、西欧近代の文化や制度が非西欧圏に暴力的に拡大されていったことをみるならば、西欧近代の「普遍的妥当性」は、少なくとも非西欧側からみるならば、文字通り世界における西欧の軍事的ヘゲモニーの結果に他ならないからである。

けれども、ウェーバーにとって西欧文化の普遍性は西欧の世界支配を意味していただけでは決してなかった。なぜなら、彼のみるところ西欧文化の普遍的な意義は、なによりもその「合理主義」が「文化の普遍史的考察」のなかで占める「独自な特性」にあったからである。その独自性とは、「現世の呪術からの解放」と行動的禁欲による「現世改造」という生活態度（エートス）に他ならない。「世界宗教の経済倫理」の「序論」（一九一五／一九二〇年）において、彼はこの呪術からの解放と禁欲的現世改造の二つが徹底的に達成されたのは、ほとんど「西欧の禁欲的プロテスタンティズムにおける教会および教派の壮大な形成」においてだけであったと述べている。[3]

よく知られているように、ウェーバーは宗教の領域における合理化が西欧においてだけではなく世界の各地でさまざまな形をとって現われていたことを強調していた。すなわち、彼によれば、儒教はその「現世への合理的適応」において——現世の「合理的克服」というピューリタンの「合理主義」とは対極的であったとしても——まぎれもなく一つの「合理主義」であったし、逆にインドの宗教は現世否定の方向での合理化という点で世界における歴史的起点であったと同時に、その「主知主義的な合理主義」による「世界像の合理化」という点においてももっとも徹底していた。[4]けれども、これらの「合理主義」的な宗教は、しばしば呪術との共存もしくはその黙認をともなっていたために、「現世の呪術からの解放」という点において徹底しえなかったのであり、したがってまたそこからは「行動的・禁欲的な『現世改造』」と日常生活の「方法的組織化」とに特徴づけられるような生活態度も生まれえなかったのである。

ウェーバーによれば、この違いはまさに決定的であった。なぜなら、西欧において、そしてまた今日の全世界において「われわれの生活を支配」する「もっとも運命的な力」である近代資本主義の出現は、ピューリタニズムに徹底してみられた「呪術からの解放」と、そこから生まれた独特な「合理的生活態度」の登場とに密接に関連していたからである。ウェーバーにとって、古代ユダヤ教の使命予言から近代の禁欲的プロテスタンティズムの倫理にいたる長い、そして決して必然的でも単線的でもない道程こそは、他のどの地域にもみられなかった西欧文化独自の「合理化の軌道」に他ならなかった。この「軌道」にともなって登場した資本主義を中心に、西欧の歴史のなかで法や科学などそれまでさまざまな領域で独自に進んでいた合理的発展が一つにまとまって文化的総体としての西欧近代の合理主義という形をついにとるにいたったのである。西欧の合理化に「普遍的な意義」を見出すウェーバーの視点は、このような独自な軌道と特性とがもつ文字通り世界史的な意義に根拠づけられていたといいえよう。

けれども、同様によく知られているように、ウェーバーの関心は西欧の合理化の独自な意義とその成立にいたる道を解明することだけにあったのではなかった。なぜなら、彼にとっては、西欧の合理化のプロセスに加えて、その合理化によってどのような世界が生まれつつあるのかという問題こそが切実に問われるべきことであったからである。実際、彼は、一九〇五年の第一次ロシア革命に関する考察「ロシアにおける市民的民主主義の状態について」（一九〇六年）のなかで、「現代の高度資本主義」から不可避的につくりだされてくる「新たな隷従の檻」、すなわち官僚制化の増大する進行にともなって「自由」を持続的に確保することが困難とならざるをえない事態について警告していた。この警告は、一九一七年の革命の際にも再度行なわれていた。彼によれば、国家行政の官僚制と私経済の官僚制とを結合させる国家社会主義は、官僚制という「隷従の檻」をいっそう強固なものにしてしまうだけだからである。資本主義の進展は社会主義を生み出すが、しかし社会主義革命の運命は資本主義を生み出した合理化という、より大きな歴史的「革命」による強い制約を受けざるをえないことになるのである。(5)いうまでもなく、「隷従の檻」は社会主義のみならず西欧自体にとっても不可避とされた。とりわけ第一次大戦は、総動員体制のもとでこの種の官僚制化や組織化がいっそう進展せざるをえなかったからである。西欧の合理化とそのパラドクスに対するウェーバーの関心は、合理化の帰結が孕むこのような問題性に対する批判的な視点にもとづいていた。このような意味でウェーバーの考察は、二〇世紀という〈戦争の世紀〉を背景とした、西欧の合理化に対する普遍史的問題関心と同時代的問題関心との双方に深く根ざしたものだったといえるのである。

（2）〈合理化〉のもとでの政治と宗教

それでは、このような西欧独自の合理化は、政治にいったいどのような影響を及ぼすことになったのであろうか。合理化が政治それ自体の合理化をともなうとすれば、それによって政治はどのような「革命的」変化を被ることになったのであろうか。この問題へのウェーバーの考察を明らかにする一つの重要な手がかりは、彼の宗教社会学研究にある。とりわけ注目すべきであるのは、「中間考察――宗教的現世拒否の段階と方向〔に関する理論〕」（一九一五／一九二〇年）であろう。

「中間考察」では、宗教それ自体のさまざまな方向での合理化の類型化が試みられている。すなわち、宗教がその呪術的、原初的な段階から次第に現世否定的な宗教への道を歩んだ場合には、人々に「苦難」からの解放を約束する「救済宗教」としての性格を強め内面化されていくという合理化の方向として、禁欲と神秘論という二つの道がありうるとされている。しかし、いずれの場合においても、宗教はその合理化にともなって経済や政治などの現世の諸領域との間に鋭い緊張関係をもたざるをえなくなる。同時に、合理化は宗教のみならず現世の諸領域それ自体の合理化としても現われてくる。それ故、宗教と現世との緊張関係の深化は、宗教と現世の諸領域の双方の側での合理化、すなわち宗教と個々の領域がそれぞれの「内的な固有法則性」を強めていくことの帰結でもあったのである。(6)

ここで注意すべきことは、「中間考察」が「現世拒否」の宗教がとりうる段階と方向に関する一般理論としての性格をもちながらも、具体的な考察の展開においては事実上西欧の事例が中心となっているという点である。その理由は、宗教と現世の諸領域との緊張関係が原理的にもっとも強められたのが西欧においてであったということにあるだろう。それは、現世の諸領域での合理化、すなわちそれぞれの「固有法則性」が、ウェーバーからみてもっとも純粋な形で現われたのは西欧近代においてであったということを意味している。

ウェーバーによれば、合理化の進展にともなう宗教と政治との緊張関係は次のように展開されてくる。両者の緊張は、宗教が特定の地域や部族や国家の守護神であった段階を超えて、友愛倫理にもとづく普遍主義的な救済宗教として立ち現われるにいたってまず生ずる。さらに、この緊張関係は、政治の合理化の進展にともなっていっそう強まらざるをえない。政治の合理化は、まず官僚制化として現われる。経済の合理化、とりわけ資本主義化がそうであるように、政治の合理化もまた人と人との人格的関係を非人格的な諸規則にもとづく関係に置き換え、そうするにつれて人格的な関わりのなかでの友愛を重視する救済宗教との緊張を不可避的に高めていくからである。それ故、ウェーバーにおいて、政治の合理化は一つには近代的な官僚制化と、それにともなう国家行政組織およびその実務の非人格化、即物化として捉えられていたといえよう。

けれども、宗教と政治との緊張関係にはもう一つの異なる様相が付随していた。政治と宗教は、それぞれの合理化にともなってたんに互いに相容れなくなるばかりではない。なぜならば、経済とは異なって、政治の場合には決定的な局面において宗教と直接競合することになるからであり、それ故にこそ、両者の緊張はいっそう先鋭なものとならざるをえないからである。政治は、どのような局面において宗教と競合関係に陥るのであろうか。ウェーバーが、その例として挙げていたのは戦争であった。戦争は、とりわけ近代的な政治的共同体の内部に献身や無条件の犠牲といった「ある種のパトスないしは共同体感情」を呼び起こすからである。そればかりではない。戦争は「兵士のみに固有な死の意味とその聖化に関する感情」を付与する。近代における日常においてある日偶然に訪れる死と戦場における死との違いは、まさにこの意味付与の有無にある。それ故、国民に国家への献身的な共同体感情を引き起こし、兵士の死に民族や国家のためといった意味を与え聖化する戦争は、彼らの献身の対象であり、犠牲者の死を聖化する儀式を司る国家それ自体を聖化することになるであろう。こうして、政治は宗教固有のパトスや感情とまさに直接的に競合することになるのである。(7)

（3）宗教社会学における戦争と宗教

ウェーバーが「中間考察」を発表したのは第一次大戦開始直後であった。その意味で、彼が、近代における政治と宗教との緊張関係を、そしてその緊張関係のなかから浮かび上がる政治の固有性を戦争の問題と関連づけながら描いていたという事実はきわめて重要である。それは、ウェーバーの政治観において戦争が占める意義の大きさを、そして彼の宗教社会学的考察と戦争との強いつながりを示唆するものであるといえよう。実際、戦争についての言及がみられるのは、第一次大戦前にすでに書かれていたとみられる「中間考察」ばかりではない。それに続く一連の、大戦中から敗戦後にかけて次々と発表された論文、すなわち「ヒンドゥー教と仏教」(一九一六～一七年)、そして「古代ユダヤ教」(一九一七～二〇年)においても戦争の問題が、それぞれの宗教意識の展開に対してきわめて重要な意味をもつものとして描かれていたのである。この意味で、後期ウェーバーの主要作品の一つである「世界宗教の経済倫理」においては、宗教と戦争についての考察がいわば「通奏低音」のように執拗に継続して試みられていたといえよう。(8)

ウェーバーによれば、「公式のインド宗教の性格にとって決定的なこと」は、その担い手が「高貴な文人の一階層」である「バラモン司祭貴族」だったことにある。それはインドの宗教に次のような刻印を与えることとなったからである。「正統派と異端派とを問わず、知識層に由来するインドの救済技術はすべて、日常生活からの離脱、さらにこれを越えて、天国と神の国を含めて生と世界一般からの離脱という意味をもっている」。彼らが現世を拒否するのは、それが悲惨で罪深いからではなく、その「無常さ」にあった。「業・輪廻教説」にみられるように、「世界は再生と再死の永遠の、無意味な『歯車』」にすぎない。それ故、ヒンドゥー教の哲学は、霊魂がいかにしてこの「現世の歯車」から離脱しうるかという問題を問うことになったのである。(9)

ウェーバーは、このような特徴をもつ「バラモン的思考」が直面せざるをえなかった「重大な困難」を指摘する。「すべての霊智的な神秘主義」に共通してみられるような、その困難とは、すなわちこのような極端な現世拒否からは「現世内の生活のためのいかなる倫理も引き出すことができなかった」ということに他ならない。それに対する「正統派」の答えは、それぞれのカーストが守らねばならない儀礼である「ダルマ」の遵守でしかなかった。けれども、この倫理の「有機体的相対主義化」は、「バラモン的思考」が世界の無常さとそこからの離脱を説く限り、それ自体無常な世界に属するダルマを無価値なものとみなしうるという矛盾を免れることができず、この意味で「正統派」の教説は、「日常的ダルマと宗教的救済努力との緊張関係」から逃れることができなかったのである。[10]

ここで注目すべきことは、ウェーバーがバラモンによる問題解決にもっとも強い不満を抱いた階層として「戦士」（クシャトリア）を挙げていることである。戦士という彼らの「身分的ダルマは、いかなる種類の、現世からの逃走とも両立しなかった」し、しかも同時に彼らは戦士としての自らの行為の宗教的意義づけをも求めたからである。それ故、彼らの不満によって、「日常的ダルマと宗教的救済努力との緊張関係」はいっそう強められ、それはついに仏教という「異端派の救済宗教」の成立に部分的に貢献するとともに、「正統派内部の救拯論のいっそうの発展」をもたらすこととなったのである。すなわち、血縁関係にあるもの同士の「血なまぐさい戦闘」に関与することがいかにして宗教的に正当化されうるのかという戦士たちの切実な問題に対して、正統派は戦闘行為すら「あたかも行為しなかったごとくに行為する」ことによって「業からの自由」を確保するという途を彼らに説いた。この新たな教説は、「現世内行為のまさに現世無関心」という意味では、かの「現世からの離脱」という「インドの古典的知識人倫理」の枠内に依然として留まるものであったが、しかし他方でそれは一つの重大な宗教的独創性をもつものであった。なぜなら、それは現世における行為が一人の救世主のみを思って行なわれるときには、そしてそのときにのみ、その行為は救済を促進するという解釈に転換されうるからである。ウェーバーは、ヒンドゥー教の「正統派」の救済論が「信仰の宗教類型」、すなわち「救世主の宗教類型 Heilandsreligiosität」に転化しうる可能性を、まさにここにみていたのである。[11]

ウェーバーによれば、インドの宗教意識は、このような正統と異端を含めたさまざまな変化と可能性をともないながらも、結局そこからは禁欲的プロテスタンティズムの倫理も、したがってまた「合理的な現世内的な生活態度」も生まれてはこなかった。そこにはまた、あの西欧における「合理化の軌道」にとってきわめて重要な意義をもつこととなった古代ユダヤ教の「使命予言」もみられなかった。そして、ウェーバーが、この古代イスラエルにおける予言の出現という世界史的出来事を可能にしたとして重視していた要因の一つこそ、他ならぬまさに戦争とそれにともなう王国崩壊の危機という問題だったのである。

古代ユダヤ教にとっての救済と約束は、インドのそれとはまったく対照的に、あくまでも「現実政治的な事柄であって内面的な事柄ではなかった」[12]。それは、「滅びやすい無意味な現世からの救済」ではなく、エジプト人の奴隷という身分からの救済であり、カナンの地という約束であったからである。しかも、この救済と約束は、神と民との契約というきわめて特異な思想にもとづいていた。民に対して神との約束の実行を迫り、あるいはその不履行を非難する予言者の出現を可能としたものこそ、この「契約思想」に他ならなかったのである。

よく知られているように、ウェーバーは、多くの強国と大文化圏が激しく競合した地域において、古代ユダヤ教のような他のいかなるところにもみられない独自の宗教思想が創造された事情として、パレスティナが多くの隣接文化の影響を受けながらも、それが大文化圏から外れた地域にあったことを挙げ、次のように述べていた。「宗教的な性質の新しいもろもろの思想が可能とされるためには、人間は、この世界のもろもろの出来事にみずからの問いをもって立ち向かっていくということを、まだ忘れてしまってはいないことが必要なのである。……この世界の進行について驚嘆する能力 Die Fähigkeit des Erstaunens こそは、この世界の意味を問うことを可能にする前提条件である」。従来、この箇所はいわゆる〈辺境革命〉論的視点との関連で論じられてきたが、ここで注目したいのは、パレスティナがそのような問いを立てるうえでの決定的な契機となった出来事にある。それは、ウェーバーによれば、「王国崩壊の威嚇」であった。それこそが、ヤハウェ信仰に巨大な世界史的な特徴を付与するにいたった、政治的神義論と予言を生み出したからである。[13]

紀元前九世紀以来、イスラエルは征服政策を再開した巨大な近隣諸国による侵略を受け続け、またアッシリアによる冷酷無情な「戦慄すべき戦争」の影に脅かされることによって王国滅亡の恐怖に直面していた。まさにこのような危機的状況のもとにおいて、困難な神義論の問題が、すなわち「ヤハウェの民であったイスラエルに特別の禍が生ずるのはなぜかという問題」が提起されざるをえなかったのである。予言者は、他ならぬこの問題に答えるべく登場したのであり、しかも彼はたんなる宗教的予言者ではなく、文字通りもっとも切実な現実政治的な問題について直接民衆に向かって公然と語る「デマゴーグ」でもあった。そして、王国崩壊の恐怖のみならずその現実化と捕囚というかの不幸な出来事を通じて生まれたのは、ウェーバーによれば「空前のパラドクシー」ともいうべき現象であった。なぜならば、イスラエルの屈辱的運命が神による救済計画実現のためのいわば不可欠な試練であると解釈され、苦難や侮蔑的状況のむしろ栄光化さえもがなされるにいたったからである。[14] まさにそこにおいてこそ、イスラエルにおける予言者のきわめて固有な宗教的意義を、すなわち神の命令に対する「信念倫理的純化」をひたすら民に求める使命予言によって深く刻印された、古代ユダヤ教の宗教的独自性をみることができるのである。

このように、古代ユダヤ教に世界史的意義を付与するうえで決定的であった予言者たちの登場を可能とさせたものこそ、「戦争という無慈悲な世界」に他ならなかったのである。その意味で、インドの宗教に関する考察と同様、ここにおいてもまた戦争が宗教意識の新たな展開に与えた重要性が強調されていたといえよう。確かに、戦争の問題が宗教意識の形成との関連で重視されることは、それ自体特異なことではない。宗教を含む思想は、一般にしばしば日常性を脅かすような危機的状況において既存の教義に対する批判的吟味と世界に対する新たな意味づけを強いられ、そうすることによって宗教意識のさらなる展開が可能となるからである。

けれども、古代ユダヤ教の考察全体を覆っているテーマには、もう一つ別の意味あいがあった。それは、すでにマリアンネが指摘していたように、古代イスラエルにおける敗戦および国家滅亡の危機と第一次大戦およびその直後のドイツの状況とが二重写しとなっているということである。実際、「古典的予言の神託」が、迫りつつある王国崩壊の恐怖のなかで「政治的地平がますます陰鬱にいろどられていくにつれてその典型的特徴を帯びたのであった」と述べられているのをみるとき、そこに『古代ユダヤ教』執筆当時の祖国の状況に対する憂いに満ちたウェーバー自身の意識が反映されていたともいえるであろう。[15] まさにここにおいて、ウェーバーの宗教社会学研究に対して第一次大戦という背景がもった重みを改めて確認しうるとともに、その最後の軌跡をみることができるのである。

3 〈合理化〉と〈二〇世紀〉の政治

(1) 政治の「固有法則性」をめぐって

戦争がこのように過去の歴史において、またさまざまな地域において、宗教意識に新たな展開を強いるものであったとすれば、政治に対して戦争はいかなる意味をもちえたのであろうか。先にみたように、「中間考察」によれば、戦争は政治的共同体の内部に「ある種のパトスと共同体感情」を喚起するとともに、「兵士のみに固有な死の意味とその聖化に関する感情」を呼び起こすのであり、兵士の死を聖化する儀式を司ることを通じて、国家は自らを聖なるものへと転化していくのであった。それはまた、兵士としての国民一人一人に死の意味を付与することを通じて、国家が彼らからの忠誠を調達するとともに、国民との間に人格的な関係を築くことを意味していたのである。

ここでもう一度思い出すべきは、「中間考察」では西欧近代の〈合理化〉がもっぱら論じられているということである。実際、政治的共同体一般ではなく、「とりわけ近代的な政治的共同体」の場合には、戦争は以上のような感情を喚起すると述べられていた。なぜ、とりわけ近代においてなのか。すでにみたように、西欧における政治の〈合理化〉は、まずなによりも家父長制的構造から官僚制的構造への移行を通じて、かつての人格的支配から非人格的支配へとその統治機構の性格を大きく変化させてきた。したがって、戦争がとりわけ「近代的な政治的共同体」に人格的な結びつきの感情を強く呼び起こすのは、他でもない、まさにこの近代的な国家においてすでに非人格化という方向での合理化が進んでいたという前提があったが故なのである。

そして、このようにみるならば、政治の合理化に関するウェーバーの考察がもつさらなる重要な側面に気づかざるをえないであろう。政治が被治者に対して共同体感情を惹起し、彼ら一人一人に死と生の意味を与えるということは、すなわち政治が彼らとの間に人格的な関係をもつことであるが、それは、政治が合理化以前の段階に後退することを意味しているのでもないし、また合理化以前の特徴が残っていることを意味しているわけでもない。確かに、人格的な関係にもとづくかつての伝統的な支配が、近代官僚制のような非人格的、即物的な関係にもとづく合法的な支配に移行していくことは、西欧の合理化の基本的趨勢であった。けれども、政治が「人間に対する人間の支配」である以上、もともとそれは支配者と被支配者との人格的な関係や人と共同体との人格的結びつきを抜きにしては成り立たないのである。したがって、政治がその合理化を進めて非人格的傾向を強めていけばいくほど、他方ではそのリアクションとして人格的結びつきをいっそう補強していかざるをえない。官僚制化を通じて非人格的な性格を強める近代的な国家において、とりわけ人格的な傾向が強く求められるのは、それ故であった。こうして、〈合理化〉は非人格化と人格化とのダイナミズムにもとづいて支配の論理の再構築とその強化を政治に迫ることになるのであり、それこそが西欧近代における政治の「固有法則性」に他ならないのである。

それだけではない。近代西欧における〈合理化〉が、このような政治の「固有法則性」を生み出すのであるとすれば、そして非人格化と人格化のダイナミズムが戦争という「例外状態」を通じてはっきりと顕在化してくるのであるとすれば、他ならぬ二〇世紀という〈戦争の世紀〉の登場は、この政治の「固有法則性」をさらに強め押し進めざるをえなかったであろう。ウェーバーは、どのようにそれをみていたのであろうか。それこそが次に問われるべきこととなる。

(2)〈二〇世紀〉の政治としてのナショナリズム

この問題についてのウェーバーの具体的な分析は、第一次大戦前に書かれた「政治的共同体」と「国民」に関する考察にみることができる。ウェーバーによれば、政治的共同体は「死という冷厳な事実」を通じて他の共同体にはない特有な性格をもつ。「共同の政治的運命、すなわちなにはさておき生死を賭した共同の政治的闘争は、追憶の共同 Erinnerungsgemeinschaft を生み出す」のであり、この「追憶の共同こそは『国民意識』に究極的かつ決定的な色調を付与するものに他ならない」からである。この指摘からも、ウェーバーの政治学的考察にはすでに戦前からいかに戦争の影が色濃く反映されていたかがわかるであろう。政治的共同体のこのような特有性は、それが物理的暴力手段を独占し領域的支配の合理的組織化を遂げるにつれていっそう強められる。この合理化は、一方では暴力手段を含む国家のあらゆる強制手段の行使に関する法規の体系化を通じて、「合法性」としての正当性を国家に付与する。すなわち、「政治団体の近代的地位は威信にもとづいている。政治団体により組織された共同行為の『適法性』という特別の聖化に対する、関与者の間に広まった特有の信仰が、この威信を政治団体に与える」からである。(16)けれども、近代における政治的共同体の威信は、こうした非人格的な合法性だけで成り立ってはいなかった。それは、国家の「権力的威信 Machtprestige」を求める「国民感情」に端的にみられるように、国家と国民との文字通り人格的なつながりによってもまた支えられていたからである。

国家の「威信」の要求は、さしあたりは権力的組織という政治的共同体の存在根拠から生じる。「政治組織のあらゆる『権力』は、ある特殊な力学を自らのうちに有している」(17)からである。大規模な政治的共同体はどれも多かれ少なかれ「威信の潜在的要求者」であり、したがってまた互いに潜在的脅威となる。この「権力の力学」に操られて、国家は互いの不信と対立を深めあい、それ故ひたすら「威信」を求めることとなる。こうして近代国家は「政治的膨張」へと駆り立てられるのである。同時に、この膨張は古来からの資本主義的な関心によっても基礎づけられていた。ウェーバーは、それを「帝国主義的資本主義」と呼んでいる。注目すべきは、ウェーバーが第一次大戦の前においてこの資本主義の復活を予想していたことである。「このような『帝国主義的』膨張傾向は、たんに『通商の自由』をめざすにすぎない平和主義的膨張傾向に代わって、またもや現われてくる趨勢にある。……『帝国主義的』資本主義は古来政治に対する資本主義的利害関係の、またこれとともに政治的膨張の正常な形態であったが、この種の資本主義の全般的な復活はしたがっていささかも偶然の結果ではないのであり、近い将来に対しこの予測は当たるに違いないのである」[18]。この「掠奪資本主義」とは質を異にする近代資本主義に関するウェーバーの研究は、当時の状況についてのこのような診断を背景にしていたということが改めて強調されるべきであろう。近代資本主義の倫理的起源の探求という彼の研究は、歴史を貫いて存在し、他ならぬ二〇世紀の現代に再び蘇り、しかも近代的な合理的組織と手法を装備した、より強大化した「帝国主義的資本主義」によって世界が支配されつつあるという彼の危機意識に支えられていたからである。

ウェーバーは、この帝国主義の膨張主義が「国民感情」を煽ることによって、その傾向がさらに強まるとみていた。彼によれば、「大衆」の「平和主義的関心」は大方の予想に反して弱いものでしかなかったのであり、それ故、彼らは国家の膨張主義を抑制しうる勢力ではなかった。なぜなら、未組織状態にある彼らは「著しく感情に動かされやす」く、戦争によるチャンス発生への漠然とした期待さえ抱いていたからであり、そのうえ、支配者や有産者が敗戦による権力や富の喪失を恐れるのに対して、彼らは「少なくとも彼らの主観的な考えでは、最悪の場合生命そのものを除けばこれといって直接具体的なことがらを恐れることはない」からである[19]。マルクス主義的プロレタリアート像を転用した、こうした指摘からは、ウェーバーの冷徹な「大衆」イメージがうかがえると同時に、国民の平和主義的傾向に対する楽観的な見方へのリアルな批判をみることができよう。それだけではない。ここで重視すべきは、「権力の力学」と「帝国主義的資本主義」に導かれて政治的膨張の企てに乗り出そうとする政治的共同体によって動員された「国民」が、逆に国家に対して威信の強化を要求し始めるという事態をウェーバーがとらえていたからである。それは、戦場における死の聖化を通じて国民との人格的一体化を図ろうとした近代の官僚制国家が、まさにその一体化によって今度は自らが「国民」の情緒的感情による拘束を受けてしまうということを意味している。そこに、非人格化と人格化のダイナミズムが生み出す〈二〇世紀〉の政治としてのナショナリズムの「力学」をみることができるのである。

(3)〈二〇世紀〉の政治としてのデモクラシー

非人格化と人格化とのダイナミズムという近代における政治の固有なあり方については、じつはウェーバーはもう一つの重要な議論を展開していた。すなわち、それはかの「指導者民主主義 Führerdemokratie」の問題に他ならない。よく知られているように、『職業としての政治』のなかで、ウェーバーはオストロゴルスキーの研究に依拠しながら、現代民主主義の特徴の一つである指導者選出の「人民投票的形態 plebiszitären Form の擡頭」に注目していた。それは一九世紀後半の英米において選挙権の拡大とともに次第に顕著となった傾向であり、グラッドストーンの「偉大なデマゴギーの魅力」に対する有権者大衆の喝采に象徴されるように、「政治におけるー種のカエサル的＝人民投票的要素、つまり選挙戦における独裁者」、「大衆の情緒性を利用した独裁制」の登場を意味していたのである。[20]

このような傾向が登場する背景は、選挙権の拡大とそれにともなう巨大集票マシーンとしての政党の組織化、官僚制化にあった。この政党の組織化は、ウェーバーによれば、すべての権力が党の頂点に立つ少数者の手に、そして最後には一人の手に独占されてしまうことを可能にした。政党の官僚たちは、選挙で党が勝利することに強い利害関心をもたざるをえないからであり、したがって大衆に広く支持される指導者にしたがわざるをえないからである。それ故、政党の組織化という形での政治の合理化もまた、有権者大衆と指導者との人格的な関係を強めることになるといえよう。選挙権の民主化としてのデモクラシーの進展が、カリスマの日常化のいわば現代的形態ともいうべき指導者民主主義を可能とさせるのである。そこでは、無機質的な官僚制化の進展のもとで政治的指導者がまさに政治の「人格的な」担い手として立ち現われてくると同時に、人々が、指導者との一体化を通じて、自己と国家との「人格的な」つながりを回復しようとする大衆民主主義的状況が生まれてくることとなる。指導者の人民投票的選出が、政党の官僚制の、そしてさらには国家行政の官僚制の非人格性と即物性に対抗する、政治との人格的・情緒的な結びつきの補塡として、人々から求められているとすれば、ここにおいても政治の合理化は非人格化と人格化とのダイナミズムとして展開されているといえよう。

近代における政治が、その本性上、人格的な要素を不可欠とせざるをえないことをいちはやく指摘したのはマルクスであった。彼は、『ルイ・ボナパルトのブリュメール一八日』のなかで、立法議会と大統領という「二つの頭」が存在していることが一八四八年のフランス第二共和政憲法のアキレウスの腱であると指摘し、以下のように述べていた。「選出された国民議会は国民に対して形而上学的な関係にあるが、選出された大統領と国民の関係は人格的である。国民議会は個々の代表によって国民精神の多様な側面を表出するのだが、大統領は国民精神が受肉した姿なのだ。彼は、議会に対して、一種の神権を有するのであり、国民の恩寵を受けた者なのである」[21]。

従来、マルクスのこの著作は、もっぱら政治に対する階級闘争的制約と政治の相対的独立性とをめぐる洞察として、すなわちボナパルティズム論として注目されてきた。けれども、先の引用からうかがえることは、かつての国王や皇帝といった国民にとって可視的かつ人格的な、したがってまた神話的な一体感をとりうるような存在が、議会制や官僚制を基盤とする近代のデモクラシーにおいても求められているという、まさにその意味では近代における「政治の固有法則性」ともいうべき問題に深く関わる洞察がマルクスによっても展開されていたことを示している[22]。けれども、この問題は、マルクスにとっては自らの階級理論との関係で折り合いをつけねばならない課題であったのに対して、ウェーバーにとっては〈合理化〉という世界史的考察と〈二〇世紀〉の政治という同時代的考察の双方に関わる分析対象であったのである。

ウェーバーのみるところにしたがえば、近代官僚制のもつ非人格性、即物性の強化は、そのリアクションとして国家や指導者に対する人格的つながりへの大衆の要望を強め、そうすることによって政治それ自体の人格化を進行させずにはおかない。そうした傾向は、無機質な合理的行政を有機的に補強することによって政治の正統性基盤を強化するかもしれないが、他方では戦争を契機として国家との共同体的一体感が強まり国家が聖化されるという動きと、大衆の情緒的支持を背景に強力な指導者が登場するという動きとが連動して、ナショナリズムと大衆民主主義との相乗効果が生じてしまうといった状況がつくりだされる危険性もあるであろう。

それだけではない。ウェーバーにとって、合理化の帰結にはもう一つの重要な特徴があった。それは、「中間考察」と『職業としての学問』（一九一七年）に登場する、近代人における生と死の「無意味化」の問題である。かつての伝統的な時代において、人はアブラハムのような農夫や封建領主のように、自然の有機的循環のなかで「満ち足りて」その生を全うし死を迎えることができた。しかし、近代において人は決して完成することのない、しかも互いに敵対しあう目標をめざして自らの生涯をひたすら歩み続けねばならず、したがって自分の生それ自体を意味あるものとみなすことができなくなってしまう。それ故、すべての「文化」は「一歩一歩とますます破滅的な意味喪失へと導かれていく」ことになるのである。(23) 合理化のもとにおけるこのような文化状況は、非人格的な官僚制化の進展にともなう社会の無機質化と合わさって、人々の間に生と死への意味付与を求めて国家との有機的な「人格的」つながりを強く渇望する態度と、すべてに対する醒めた虚無的態度とが不安定な仕方で併存する、まさに「モッブ」的状況（アレント）をつくりだし、ナショナリズムと大衆民主主義の非合理的な振幅のさらなる増大をもたらしかねないであろう。これが、二〇世紀の初頭において展開されたウェーバーの考察から導き出される、近い将来への不吉な診断であり、実際、ここから全体主義まではほんの一歩でしかなかったのである。

けれども、ウェーバー自身、彼の考察からただちにのちのファシズムの抬頭を予想していたわけでは必ずしもなかった。むしろ、ウェーバーはドイツへのナショナリズム的感情を決して隠そうとはしなかったし、政党組織の近代化による人民投票的指導者登場のチャンス増大にドイツの政治的再生の希望を託そうとしてさえいたからである。しかし、彼の最後の講演となった『職業としての政治』のなかで展開されている、かの有名な政治と倫理をめぐる考察をみるならば、彼が政治に孕まれる暴力性や悪魔性を誰よりも徹底して凝視しようとしていたことは否定できないであろう。実際、ウェーバーにとって、倫理との緊張のなかで己れのデーモンを自分で選び、そして責任倫理のもとに行為することは、合理化が「文化人」の宿命として課した「無意味性」の呪いに耐え、「神々の闘争」という諸領域の固有法則性の妥協しがたい緊張関係にあって、そしてなによりも戦争と革命という文字通り暴力的な二〇世紀の政治にあって、人がとりうる最後の究極的な主体的行為に他ならなかったからである。

そして、このようにみるならば、政治をめぐるウェーバーの原理的考察が、戦争と革命、そして敗戦といった動乱の状況において営まれていたという事実に改めて注目せざるをえないであろう。戦争とナショナリズムの高揚、敗戦と革命にともなう民主化のうねり、これら一連の動向こそが、彼の生涯の最後の時期の決定的背景であったからである。ウェーバーは、二〇世紀の入口においてこれらの問題を直視することによって、いわばその後の展開をも含めた〈二〇世紀的問題状況〉を少なくとも彼なりに見通すことができたのである。しかも、そうした同時代的問題を考察するうえで、合理化の歴史のなかでの政治と宗教との特異な緊張関係および政治の「固有法則性」の先鋭化に関する宗教社会学的研究や、さらにはカリスマと官僚との対立といった政治社会学的研究を駆使することができた。それは彼の現実政治への分析にきわめて深い独創的なパースペクティヴを与えるとともに、他方で彼の歴史社会学的研究に彼自身の時代との強い切実な結びつきを与えることとなったのである。ウェーバーの考察において、普遍史的問題関心と同時代的問題関心とが交錯しあい共鳴しあっていたのはそれ故であるといえよう。

(4)〈合理化〉論の行方――ウェーバーからアレントへ

一九三三年一月一日、ヒトラーが政権を獲得する直前に、アレントはヤスパースから送られた『マックス・ウェーバー――政治思想と研究と哲学におけるドイツ的本質』への礼状のなかで、次のように述べていた。

マックス・ウェーバーをありがとうございました。ほんとうにうれしゅうございました。それなのにお礼を書くのが今日になってしまったのには、はっきりした理由があります。本の題名と序文が、私にとって態度表明を最初からむずかしくしてしまっているのです。問題は、先生がマックス・ウェーバーを偉大なドイツ人として描いたことではなく、彼に「ドイツ的本質」をみていること、そしてその本質を「情熱を源泉とする理性と人間性」として同定していることです。これが私に、マックス・ウェーバーの印象強烈な愛国心に対して感じるのと同じ、態度表明の困難さを突きつけるのです。私はユダヤ人として、それに対してイエスともノーとも言えません。賛成も反対も、どちらも不適切なのです。……私にとってドイツとは、母語であり、哲学と文学なのです。このすべてを私は擁護できるし、擁護しなければならない。しかし、ドイツの再起のためには悪魔そのものとでも手を組むだろうというマックス・ウェーバーの堂々たる文を読む時には、私はそれに対して距離を置く義務があって、賛成も反対もできません。(24)

それから三〇年の時をへてヤスパースが自著の戦後版の英訳を出版しようとした際に、アレントは再び同書に言及することになる。彼女は、原書の「大変ナショナリスティックに響く特定のパラグラフ」に関連して、控えめに、だがはっきりと以下の注文を付けていた。「あなたは序文で言っておられますね。『今日では政治はすべて新しい歴史的諸前提の下にあるのだが、それらの前提はマックス・ウェーバーの頃には事実上、視野のなかに入って来ようがなかったのである。』これを何らかの形で、上記の三箇所で表現を変えながら繰り返し言ってくださるといいと思うのですが。あるいは序文ではっきりこの三箇所に言及してくださるか。いかがでしょうか?(25)」みられるように、ウェーバーのナショナリスティックな面についてのヤスパースの描き方に対するアレントの反応は、戦前から一貫しており、それどころかよりいっそう強められていた。しかし、この文面は、ウェーバーのナショナリズムに対する距離の取り方とは別のアレントの関心を示している。なぜなら、そこからはヤスパースの言葉を通してアレント自身の考えを、すなわち全体主義を経験したことによって、すべての政治はウェーバーとは異なる「新しい歴史的諸前提の下にある」、それ故にこそ新たな政治学が求められている、という基本認識をうかがうことができるからに他ならない。

けれども、このことはアレントがウェーバーをもはや時代遅れとみなしていたことを意味するものでは決してなかった。事実は、その反対である。アレントは、彼女がまさにその求めている新しい政治学として世に問うた主著である『人間の条件』を仕上げる直前の一九五六年にヤスパース宛の手紙のなかで、ウェーバー好きの師を嬉しがらせるかのように次のような報告を伝えていた。「ここ何週間かはマックス・ウェーバーをたっぷりと。ご報告したかったのは、大きな喜びをもって読んだということです！『古代農業事情』は見事な力作ですし、『プロテスタンティズムの倫理と資本主義の精神』は信じられないほどの天才性を示していますね。この本をもちろん知ってはいましたが、彼がどのようにみていたか、初めて全体的に摑むことができました。その後の誰のどんな著作にも、この水準に近いものすら見当たりません[26]」。

二年後に刊行された『人間の条件』のなかで、プロテスタンティズムの倫理に関するウェーバーの仮説は、近代における「世界疎外」というアレントの提起する問題の中心に位置づけられていた。「資本主義の起源についてマックス・ウェーバーが行なった発見は偉大である。それは、世界について別に配慮したり世界を享受したりしなくても、厳密に現世的で大きな活動力が可能であり、むしろ、その活動力のもっとも深い動機は、自我についての恐れと配慮であるということを彼が立証したからに他ならない。マルクスの考えたような自己疎外ではなく、世界疎外 world alienation こそ、近代の品質証明 the hallmark of the modern age なのである[27]」。この多分にハイデガー的用語を駆使した一節からも明らかなように、アレントは「世俗内禁欲主義」と資本主義との逆説的結びつきというウェーバーの「発見」を、「世界疎外」から生まれる人間の世界支配力の増大の発見という彼女自身の問題枠組みのなかにたくみに取り込むことによって、この世界疎外こそが活動を、そしてひいては労働、仕事、活動という〈活動的生活〉内部の区別を支えていた世界それ自体の安定性の喪失をもたらし、すべてが生命過程に従属することになるあの近代における転倒を生み出すこととなったという、彼女の近代批判の壮大な構想を構築していったのである。

確かに、アレントにとって、ウェーバーは「近代の問題をその重要性にふさわしい深さと妥当性をもって提出した唯一の歴史家[28]」に他ならなかった。そこに、二〇世紀の初頭に西欧近代の〈合理化のパラドクス〉という問題と格闘したウェーバーの考察が、全体主義の時代を超えて受け継がれていった一つの明白な証しをみることができよう。他方で、アレントとウェーバーとの間にはある決定的な違いが存在することもまた確かである。なぜなら、ウェーバーは近代の帰結としての官僚制化や無意味化に対してきわめて強い危機意識をもってはいたが、しかし近代を生み出した西欧独特の「合理化」に対しては、それがもつ世界史的意義を高く評価していたからである。すなわち、「世界の呪術からの解放」と「行動的禁欲」による日常生活の方法的組織化こそは、西欧のみが生み出しえた、「普遍的な意義と妥当性」をもつ文化現象に他ならないとされていたのであった。その意味で、ウェーバーは西欧近代がもつ「光と影」の両面を捉えていたといえよう。こうした両義的な視点に対して、アレントの場合には近代へのいわばトータルな批判的視座が強調されているといわねばならない。先のアレントのウェーバー評価も、あくまでも彼女自身の近代批判の枠組みにもとづいたウェーバー解釈であるという面はやはり否定しがたいであろう。西欧近代をめぐる視点のこのような相違にこそ、まさに全体主義以前の時代とポスト全体主義の時代との違いをみることができるのである[29]。けれども、ポスト全体主義の時代をさらに超えた二一世紀は、少なくとも現在までのところでは〈戦争の世紀〉の継続もしくは新たな始まりであるようにも思われる。ウェーバーの人と思想が、今日なおわれわれの関心を引いてやまないのはそれ故であるといえよう。

（1）Max Weber, *Gesammelte Aufsätze zur Religionssoziologie*（以下、*GARS* と略す）, I, Tübingen, 1920, S. 1. 大塚久雄・生松敬三訳『宗教社会学論選』みすず書房、一九七二年、五頁（ただし、本稿で引用されている邦訳については訳文を一部変更して引用している場合があることを断っておく）。ウェーバーの合理化に関する文献は膨大であるが、さしあたりは Guenther Roth, Rationalization in Max Weber's Developmental History, in: Sam Whimster, Scott Lash (ed.), *Max Weber, Rationality and Modernity*, London, 1987 を参照。

（2）*GARS*, I, S. 4. 大塚・生松訳、九頁。

（3）Horst Baier, M. Rainer Lepsius, Wolfgang Mommsen, Wolfgang Schulchter, Johannes Winckelmann (Hrsg.), *Max Weber Gesamtausgabe*（以下、*MWG* と略す）, I/19, S. 114. 大塚・生松訳、七六頁。

（4）儒教については *MWG*, I/19, S. 476. 大塚・生松訳、二〇五頁を、インドの宗教については *MWG*, I/19, S. 479, 104. 大塚・生松訳、九九頁および六一頁を参照。

（5）*MWG*, I/10, S. 270. 雀部幸隆・小島定訳『ロシア革命論1』名古屋大学出版会、一九九七年、一三五頁、*MWG*, I/15, S. 614-615. 濱島朗訳『社会主義』講談社、一九八〇年、五一頁。

（6）*MWG*, I/19, S. 485. 大塚・生松訳、一〇八頁。

（7）*MWG*, I/19, S. 490-494. 大塚・生松訳、一一七―一二二頁。

（8）ウェーバーの宗教社会学研究と第一次大戦との関連については、亀嶋「マックス・ウェーバーにおける戦争と政治」（日本政治学会編『戦争と政治学』木鐸社、二〇〇七年、所収）、同「マックス・ウェーバーの思想世界」、「現代思想　総特集マックス・ウェーバー」二〇〇七年一一月臨時増刊号、青土社を参照。

（9）*MWG*, I/20, S. 267-268. 深沢宏訳『ヒンドゥー教と仏教』東洋経済新報社、二〇〇二年、二二六―二二七頁。

（10）*MWG*, I/20, S. 275-276. 深沢訳、二三二―二三三頁。

（11）*MWG*, I/20, S. 288, 299-300. 深沢訳、二四七頁、二五四―二五五頁。

（12）*MWG*, I/21, 1, S. 418. 内田芳明訳、『古代ユダヤ教　上』岩波書店、一九九六年、三一四頁。

（13）*MWG*, I/21, 1, S. 529-530. 内田訳、中、五〇八―五〇九頁。

（14）*MWG*, I/21, 2, S. 729. 内田訳、下、八六一頁。

（15）*MWG*, I/21, 2, S. 607. 内田訳、下、六四七頁。さらに、ウェーバーが「政治的デマゴーグ」として古代ユダヤ教の予言者を特徴づけたことと彼自身の「戦争と政治体験」との関連についてのマリアンネの有名な言及を参照。Marianne Weber, *Max Weber: Ein Lebensbild*, Tübingen, 1926, S. 604-605. 大久保和郎訳『マックス・ウェーバー　II』みすず書房、一九六五年、四四三頁。

他方で、ウェーバーの古代ユダヤ教研究がもつ歴史的制約性をめぐる問題、とりわけウェーバーと当時のドイツにおける旧約聖書研究との関係については、上山安敏『宗教と科学――ユダヤ教とキリスト教の間』岩波書店、二〇〇五年、第三章を参照。

(16) *MWG*, I/22-1, S. 206-207. 浜島朗訳『権力と支配』みすず書房、一九五四年、一七七―一七九頁。

(17) *MWG*, I/22-1, S. 223. 浜島訳、一九〇頁。

(18) *MWG*, I/22-1, S. 237. 浜島訳、二〇三―二〇四頁。

(19) *MWG*, I/22-1, S. 239-240. 浜島訳、二〇六―二〇七頁。

(20) *MWG*, I/17, S. 205-211. 脇圭平訳『職業としての政治』岩波書店、一九八〇年、五七―六二頁。

(21) *Karl Marx Friedrich Engels Gesamtausgabe*, I/11, Berlin, 1985, S. 111. 横張誠・木前利秋・今村仁司訳『マルクス・コレクション　III』筑摩書房、二〇〇五年、二三頁。

(22) 参照、柄谷行人『定本　柄谷行人集5　歴史と反復』岩波書店、二〇〇四年、二一頁。

(23) *MWG*, I/19, S. 518-519. 大塚・生松訳、一五六―一五九頁。*MWG*, I/17, S. 87-88. 尾高邦雄訳『職業としての学問』岩波書店、一九八〇年、三三―三五頁。

(24) Lotte Köhler/ Hans Saner (Hrsg.), *Hannah Arendt Karl Yaspers Briefwechsel 1926-1969*, München/Zürich, 1985, S. 52. 大島かおり訳『アーレント＝ヤスパース往復書簡1』みすず書房、二〇〇四年、一七―一八頁。

(25) *Briefwechsel*, S. 582. 大島訳、3、九四―九五頁。この「三箇所」のうちの二つは「世界史におけるドイツの使命」という節及びそれと同様の表現が使われている箇所であり、もう一つは「ダンツィヒにあえて足を踏み入れる最初のポーランド人は、銃弾をぶちこまれるだろう」という文であったが、出版された英訳 *Three Essays: Leonardo, Descartes, Weber*, New York, 1964 では、これらの箇所にはいずれも変更が加えられている。

（26）*Briefwechsel*, S. 319. 大島訳、2、六二頁。

（27）Arendt, *The Human Condition*, Chicago/London, 1958, p. 254. 志水速雄訳『人間の条件』筑摩書房、一九九四年、四一一頁。

（28）*The Human Condition*, pp. 277-278, n. 34. 志水訳、五一一頁。

（29）「近代」に対する見方のこのような変化が、すでに第一次大戦を契機として顕著な仕方でみられていたことはいうまでもない。その代表的な例の一つとして、カール・シュミットの「中立化と脱政治化の時代」（一九二九年）を挙げることができよう。実際、この近代批判をめぐる問題は、ウェーバー、シュミット、アレント三人の思想を比較するうえでの一つの重要な論点となっている。

冷戦初期の「民族」と「民主」

孫 歌

はじめに

第二次世界大戦の終結は、冷戦期の始まりでもあった。冷戦は歴史的構造として、第二次世界大戦後からソ連解体までの半世紀あまりにわたり、世界の構図を規定した。一般的にいえば、このような言い方はけっして間違っていない。しかし、もしこのような考え方を歴史のなかで検証するなら、この判断に回収されえない重要な問題がいくつか残されたままでいることは、明らかである。

第一に、冷戦構造は第二次世界大戦中に形成されていたが、その準備期間は第一次大戦の終結後、ソビエト政権が誕生したあとにすでに始まっていた。しかし、世界の反ファシズム闘争の要請により、こののちになって「自由民主的資本主義社会」対「独裁専制的共産主義社会」という硬直的対立構造は、冷戦期に突入するまではお互い相容れない、水と油のようなものではなかった。言い換えれば、冷戦期とそれ以前のプレ冷戦期はそれぞれ、性質の異なる歴史的内容をもっていたか、それとも冷戦構造はプレ冷戦期の進展の必然的結果なのか、ということは議論する余地があるのである。

第二に、冷戦構造が形成されたとき、米ソ両国の対立以外にもさまざまな対立が重層的に存在していた。たとえば、アジア植民地国家と西欧宗主国との対立、アジア内部における被侵略国と日本との対立、東アジアや南アジア、東南アジア諸国が民族自決権を獲得したと同時にそれぞれの内部で起きた分裂ないしは内戦という衝突、などである。これらの対立はどのようにして冷戦構造のなかに組み込まれたのだろうか。あるいは、そもそもそれらの対立は、冷戦構造によって完全にカバーされたり冷戦下の言説によって表現したりすることのできないものだったのかもしれない。

第三に、冷戦初期においては非常に広範な非政府的国際同盟と、この同盟が組織したり支持したりした民間の運動が存在していた。このようなダイナミックな動きからは、国家的行為とは異なる民間の立場、場合によっては国家と対立した民間の立場を観察することができる。冷戦構造が顕在化する以前、とりわけ第二次大戦の終結から朝鮮戦争勃発までの間、これらの民間運動はそれぞれ理念をもっており、それらの理念は冷戦イデオロギーに対抗できるエネルギーをもっていた。しかし冷戦がエスカレートしていくにつれて、これら民間の運動はしだいに冷戦構造のなかに吸収されてしまい、運動自体のもっていた思想的エネルギーもしだいに弱まり最終的には失われてしまった。しかし、冷戦イデオロギーが依然として残存している今日、昔年の民間運動の基本的理念をふり返ることは、現実的意義をもちはしないだろうか。

第四に、第二次大戦の過程で民族自決権を獲得した多くのアジア諸国は、冷戦構造が形成されたときただちにこの構造を認めたわけではなかった。その結果として、アジアには冷戦の緩衝地域としての「中間地帯」が形成され相当長い歴史的段階を経てきた。この中間地帯は経済的に立ち遅れており、また相互の間に矛盾や衝突をかかえていたため、結局、冷戦構造にとって代わる世界大の主導的システムを形成することができなかった。しかしそれはずっと生き延び、しかも絶えず変形し続けた。冷戦構造が解体した今日、大きな役割を果たしてきたこの「中間地帯」をどのように捉えるべきであろうか。

もし冷戦の過程を第二次世界大戦の終わりからソ連解体までの世界的な歴史的構造として捉えるならば、前述した問題は必然的に「派生的」問題とみなされてしまうだろう。あるいは逆に、前述の問題を冷戦構造と対峙させれば、これらの問題と冷戦との間にあった協働関係が覆い隠されることになる。冷戦がすでに歴史と化した今日においても、現実的意義を失っていない一つの基本課題がいまだに残されている。すなわち、冷戦の産物としての冷戦イデオロギーが依然として潜在的に、今日の世界認識を支配している、ということである。我々は次の事実を認めなければならない。すなわち、冷戦構造が解体し世界中の多くの発展途上国が資本主義世界システムのなかで「勃興」しつつある現在においても、世界中の知識人はいまだ自分たちの認識論を調整するうえで有効な方法を見つけ出していない、ということである。そのため、冷戦イデオロギーは冷戦という歴史的過程から切り離され、依然として現代世界の主導的認識手段として働き続ける。その意味では、冷戦をひとつの出発点、あるいは終結点としてではなく、思想史上における討論の媒体として捉えることが、試す価値のある分析視角だと考えられる。

「ナショナリズム」と「デモクラシー」は、冷戦という歴史的過程と密接な関係をもっている。ナショナリズムとデモクラシーが発生した歴史的背景を顧みること、それから、この二つの概念が辿ってきた歴史的沿革における具体的形態を確認すること、とりわけ主流イデオロギーにこそならなかったものの、巨大な潜在的エネルギーを内包しているこの二つの概念の思想的要素に注目することは、歴史認識の貧困化した今日の状態からの脱出に、役立つかもしれない。

本論文は主として、冷戦構造が形成された初期段階において、「民族」と「民主」という概念がどのように用いられていたのか、二つの概念はどのような関係にあったのか、について議論することにしたい。本論文の主旨は以下のとおりである。すなわち、「民族」も「民主」も歴史的概念である。政治という「場」において関連を生じさせ、両者をしだいに合体させたのは、歴史的理由であり知的理由ではない。とくに、両概念がそれぞれ「主義」と結合して政治学における二大概念になったとき、それぞれが形成された歴史的文脈を辿らなければ、その内容を正確に確定することなどほとんどできない。

第二次世界大戦後の冷戦構造のなかで、北東アジアはしだいに独自の知的構図と思想的構図を形成するようになった。本論文は、前述した思想史上の討論を踏まえつつ、このような構図の基本的輪郭を浮き彫りにしたい。

1　戦後冷戦構造における「民主」概念

第二次世界大戦が終わり「鉄のカーテン」が引かれる過程のなかでは、「冷戦」はまだはっきりした輪郭をもつ固定的構造ではなかった。周知のとおり、第二次世界大戦の後期において、スターリンは蔣介石政権が明らかに敗北の様相を呈するまで、国民党を攻撃する中国共産党を支持する政策を明確には確立していなかった。中国の国境内に入ったソ連の赤軍は多くの場合、むしろ逆に国民党軍が共産党軍を圧迫する手助けをした。さらにその後の朝鮮戦争のときも、けっして「自由民主的国連」と「独裁専制的共産主義」というはっきりした対峙がなされたわけではなかった。中国を表舞台に押し上げたスターリンは、この戦争に巻き込まれることを強く警戒し続け、アメリカに対してできるだけ「中立」の姿勢を示していた。しかしあとになって、後世の人々がこの時期の歴史をふり返ったとき、ややもするとこの混乱きわまりない歴史過程を明確な輪郭をもつ「冷戦」として整理してしまい、「社会主義陣営と資本主義陣営との対立」という図式でもってそれを表現しがちであった。このような簡略化の最大の問題は、以上のような二元的対立に回収されえない歴史的要素――これらの歴史的要素がきわめて重要な認識論的意義をもっているにもかかわらず――を見落としてしまった、ということにある。

この時期における民族と民主というカテゴリーも同様の歴史的性格を帯びていた。それは要するに、この二つの概念はそれぞれの対概念だけでは位置づけられない、ということである。おそらく第二次世界大戦が終わったあとの最初の十年間は、この二つの概念がもっとも豊富な歴史的内容をもっていた時期と言えるだろう。それらのなかに含まれている理論的な可能性と現実への関心は、ポスト冷戦時代の知的エネルギーをはるかに超えるものであった。

実際、第二次世界大戦終結後にアジア諸国がそれぞれ自国の政治社会の再建に取り組んだとき、社会主義という政治形態を選択するか否かはひとつの現実問題になっていた。共産党勢力が相対的に弱い地域（たとえば、インドや東南アジアの国々）やアメリカによって高度にコントロールされた地域（たとえば日本や台湾および朝鮮戦争停戦後の韓国）において、社会主義と共産主義は現実的社会基盤をもっていなかったため、真の意味での「他者」になっていた。しかし、これらの地域においてもイデオロギーを作る能力をもつ人々（主として知識人）は社会主義に対し、程度の差こそあれ、依然として寛容力と理解力とをもっていた。このような状況を作り出したのは、主として第二次世界大戦のなかで形成された国際政治の構造である。この基本構造は、英米ソをはじめとした同盟国が協力して独伊日のファシズムに対抗する、という構造であった。ファシズムが世界共通の敵になり、それに対して同盟国内部の「資本主義対社会主義」という対立は、二次的な意味しかもたなかった。

一九四八年夏、ユネスコ（UNESCO）ではひとつの討論が行なわれた。この討論に基づいて、平和メカニズムを構築し戦争の潜在的危険を取り除く、という声明が発表された。二週間にわたったこの討論には八名の社会科学者が参加しており、彼らの国籍はそれぞれアメリカとブラジル、フランス、カナダ、イギリス、ハンガリーだった。アメリカからの参加者が三名で、その他の国は一名ずつだった。この会議が開かれたとき、極東中国における戦場では国共内戦がまだ終わっていなかった。アメリカとソ連はこうした中国への介入をめぐる交渉において、互いに手の裏を返していた。鉄のカーテンが引かれ冷戦が進むなかで、ユネスコによるこの会議は明らかに別の方向――各国間の平和と相互理解を促進する方向――に向かっていた。声明が発表されたあとの同年十二月、国連は『世界人権宣言』を発表している。ユネスコのこの討論は事実上、人権宣言を生み出すための先行研究だったのである。

この時期のユネスコによる努力は初めから論争を引き起こしていた。一連の討論は、学術的視点から、なぜ戦争は起きたのか、このような世界的悲劇の再発をいかにして防止すべきか、という問題について議論することを旨としていた。しかし人文社会科学分野において設定された課題は基本的に「人類の偏見と無知がいかに戦争をかきたてたのか」という枠組みに限定されており、言い換えれば、その立場は現実政治と一定の距離を置いて設定されたものであった。原理的に言えば、このような立場から出発して戦争と平和という重大な現実的課題について議論するとき、その役割は間接的なものにしかならず、冷戦イデオロギーに直接対抗することはできない。また同時にその討論は「心理」的役割を強調するあまり、「戦争の起源は心にあり」というような問題意識を打ち出したため、必然的に共産主義陣営の反感を招くこととなった。一九四六年のユネスコ第一回総会では、ユーゴスラヴィア代表がユネスコ憲章におけるこのような「弁証法的唯物論に欠けた」思想傾向に異議を唱えたという。この代表は、ユネスコの指導方針は戦争の真なる根源をつかめていないとして、ユーゴスラヴィアはユネスコに協力できない、とはっきり表明した。(1)

さらに、この討論に参加したメンバーの構成を見れば、鉄のカーテンを超えるという意欲は感じさせるものの、それは結局思うに任せないものだった。八人の参加者のなかに、社会主義国家の代表はハンガリー代表しかいなかった。社会主義陣営からの代表資格を十二分にもつはずのソ連からは、代表が送られなかった。逆に、アメリカの代表は八分の三を占めていた。自由民主陣営の代表のなかには、共産主義に同情する学者がいなかったわけではない。しかしこの討論は基本的には、やはり社会主義陣営の「外部」で行なわれたものであった。戦後初期の各種の国際会議のなかでこのようにアメリカ代表が「主役」を演じるケースは、けっして少なくなかったといってよい。

しかし、討論のあとにこの八名の学者（彼らの専門分野はそれぞれ社会学〔四人〕、心理学〔二人〕、精神医学と哲学〔一人ずつ〕であった）の署名を受けて発表された声明を見れば、それはアメリカという国家の立場を代表したものではなかったし、西側陣営を代弁したものでもなかった、ということがわかる。逆に、この八人の知識人の間には見解の相違も多々あったとはいえ、彼らの間で達成されたコンセンサスは、単純に「冷戦イデオロギー」と見なされるべきではなく、むしろ冷戦に対抗しようとするユートピアの色彩が鮮明だったと言ってよい。そのため、彼らは西側世界の主流を成したイデオロギーとの間に明らかにある種の緊張感を抱えていた。

八名の社会科学者の名で公表されたこの『平和のために社会科学者はかく訴える』という声明では、一二の項目にわたって合意に達している。全体としては、平和と和解とを訴えるという前提に立っており、また非常に注目すべき観点が盛り込まれていた。第一項では、人類の本性に共通した欲求は戦争にあるのではなく、飢餓や疾病、不安や恐怖からの自由にあり、また人間同士の親睦と同胞からの尊敬などの感情にある、と指摘されている。第二項から第四項によると、戦争を最大限に防止するための条件は近代的生産力ならびに資源の利用を調整することであり、経済的な不平等や不安定こそが戦争を生み出すきっかけとなる、という。また、社会的正義を実現するためには人々の考え方の改変のみならず、国家主義の濃厚な色彩を超越することが求められ、第八項と第九項では、社会科学者たちが国家的・イデオロギー的・階級的相違によって相互に隔絶しており、したがってそうした相違は彼らの客観的研究を妨害するだけでなく、政治に奉仕する非科学的理論に対抗するための連帯も妨げている、と指摘されていた。第一二項は、「自己の集団のための努力を人類のための努力と両立させることは不可能ではない」と主張している[2]。

今日の国際関係の観点からすれば、この分析にそれほど特別なところがあるとはいえまい。しかし、第二次世界大戦後における国際関係の状況のなかでは、この声明のもつ意義は大きかった。当時の共産主義イデオロギーからすれば、この声明は「ブルジョア」的に映ったに違いない。逆に、資本主義陣営のイデオロギーからすれば、冷戦イデオロギーがすでに形成されていた状況下ではとくに、この声明は共産主義に「過度に寛容」であった。このように、声明が挟み撃ちの状態にあったことは容易に想像できる。しかし、この声明は冷戦の初期段階において、冷戦に対抗する思想的立場を確立するものであった。この立場の究極目標は平和であり、民主主義はその重要な柱であった。ユネスコが打ち出した「民主」の概念は西洋の古典的自由主義に根ざしており、その歴史的条件と社会的基礎は基本的に欧米先進国に源をもつ。したがって、ユネスコが二つのイデオロギー対立のなかでどちらにも与しない立場を取ったわけではなかったことは、明らかである。しかし、きわめて論争的な状況にあったにもかかわらず、ユネスコは十分に興味深い視点を打ち出していた。それはすなわち、世界には二つの民主主義が存在している、ということである。一つは西側自由主義社会を基本モデルとする「形式的民主主義」であり、いまひとつは、ソ連型の社会主義社会に代表される「人民民主主義」だ、という視点である。それどころか、ユネスコはさらに、二つの民主主義はいずれも「イデオロギー」であり、したがって両者の対立はイデオロギー的対立に属す、との見解を表明していた。(3) このような観点からすると、「民主」は一種のイデオロギーとして、その絶対性はあくまでファシズムに対抗する場合に限られることになる。ポスト冷戦期に見られる「民主VS独裁」という二元的対立の思考様式は冷戦前期にも存在していたが、真に主導的な認識論としては形成されていなかったのである。

ユネスコによって提起された「民主主義をめぐるイデオロギーの対立」問題をめぐり、一九五三年、日本で何人かの自由主義・マルクス主義知識人が討論を行ない、日本の歴史的経験からこの基本命題を深化させた。(4) 丸山眞男は参加者の一人として討論の前提を提起した。すなわち、民主主義は学者が研究室の中で考え出した思想ではなく、激しい闘争の実践のなかで発展していったイデオロギーである、と。それは人々の日常的な欲求や価値観などと不可分に結びついた思想であるため、形式論理的に組み立てることだけに頼れば、その生命力を失うことになる。さりとて、必要な整理をしなければ概念が混乱したり濫用されたりして、避けられるはずの摩擦を起こしてしまう。丸山は、「二つの民主主義」から相互非難ではなく両者の間の「最大公約数」を見いだすことこそが建設的態度である、と提案した。

討論会では「二つの民主主義」についてさらなる解釈が行なわれた。論者は次のように指摘している。欧米近代の伝統のなかでは、自由主義は広く受け入れられていた価値であるのに対し、民主は危険の含まれる観念だと見なされていた。既得権益層にとって、大衆の政治参加は脅威であった。そのため、実質的に社会や経済制度を変革しようとする民主的改革と、社会変革をせずただ単に政治過程に人民を参与させるという民主的手続きとの間に、対立が生じた。この対立は要するに、形式的民主と人民民主との対立である。欧米先進国における形式的民主主義は民主的手続きが達成しうる結果への人民の期待を体現しており、それによって、手続きに頼る一連の政治制度が形成された。しかし他方で、まさにこのような制度の純粋に技術的な性格のゆえに、二十世紀以降、その実質がしだいに失われ、現実と隔絶した抽象的形式になった。それに対したとえばソ連や東欧諸国、中国のような社会主義という巨大な変革を実現した国においては、形式的民主の伝統がもっとも欠けていた。これらの地域の為政者は、まず「独裁」という過程を通して実質的な人民民主的社会を作り上げたあとに、初めて形式的で方法的な民主を推進することができる、と考えていた。

その討論では、形式的民主と人民民主とでは歴史的発展過程のなかでどちらが初期段階にあるのか、というマルクス主義の基本命題をめぐって意見が分かれた。自由主義者は後者が前者より高度な段階にあるという単純な図式を認めず、歴史的発展過程のなかでこの二つの民主は二つの社会制度のもとで併存している、と強調した。それに対しマルクス主義者は形式的民主の限界性を強調し、人民民主こそ人類社会の理想状態だと考えていた。最大公約数を見いだすという意識のもと、立場を異にした知識人たちはこの問題をめぐっての対立を避け、最終的には日本をいかにして民主化するかという問題に、話題を切り替えた。しかし彼らは少なくとも一つの基本問題について、合意に達していた。それはすなわち、かつてファシズムに対抗するために手を結んだ「二つの民主主義」が現在、互いに敵視しあうようになっている、ということである。民主主義を自任する欧米諸国は共産主義に対し、明確に敵視する態度を示している。このような非寛容の精神自体は、民主主義の原理に反するものであった。言うまでもなく、このような書生的議論は現実の国際政治情勢を変える現実的力はもちえず、国際政治状況を有効に批判することさえできなかった。しかしそれは、ある特定の時代における認識の状態を鮮明に表わしている。すなわち、ポスト冷戦時代の貧弱な「民主主義」イデオロギーに比べ、冷戦初期の知識人たちに見られる民主主義の理解は、より豊富で歴史的だったのである。あるいは、まさにそれゆえに、冷戦イデオロギーが形成された時期にはこのような歴史的認識自体が、逆にイデオロギー的な機能をもっておらず、イデオロギー的対立に直接参加できなかったのかもしれない。またそうであったからこそ、そのような認識は、その時代に思想が生産されたさいの複雑な緊張状態を保っており、後世の人々があらためてこれらの問題に取り組むための手がかりを残したのかもしれない。

2　アジアにおける「民族」概念の位置づけ

第二次世界大戦が終わったあと、「アジア」は絶対的意味における政治的独立を表わすカテゴリーとはならなかった。極東における戦場の主要部分であった北東アジアの中国やモンゴル、朝鮮半島そして日本の主権問題は、いずれもアメリカとソ連をはじめとした西側諸大国が世界的覇権を争うための手段と化していた。逆に、中国と朝鮮は米ソの争いを利用することで、外部の力を借りて内部の政治勢力間の対立問題を解決し、政治体制を最終的に確定しようとしていた。また、東南アジア諸国も第二次世界大戦の終結を機に、民族的独立を獲得する過程で自国内部におけるヨーロッパ宗主国の勢力を転化して反対勢力を取り除き、そのうえでいかに政権を作り上げるか、という問題に直面していた。この意味において、第二次世界大戦中にアジア諸国が民族的独立を追求した過程は、「内」対「外」という単純な対抗過程ではなかったと言ってよい。むしろ、漸次実現した民族的自治がある種の「西洋の内在化」という要素をもっていたために、アジア諸国の政治経済および社会生活は外来の政治経済文化的メカニズムとの融合を迫られることになった。その結果、独立を獲得したアジアでは、西洋が侵入する以前の状態に戻ることは、もはやできなくなった。言い換えれば、政治的主権ないしは独立をさまざまなレベルで獲得したアジア諸国は、同時にさまざまなレベルで西洋諸大国を、異なる次元において内在化したのである。日本はその内在化がもっとも極端に現われた例であった。その「独立」は、アメリカによる軍事占領（とくに沖縄は、二十年以上にわたりその管理下に置かれた）とその後の米軍駐留を前提にしていたからである。また日本ほど顕著な内在化の行なわれていない地域でも、状況は同じようなものであった。朝鮮半島は今日に至るまで「休戦」ではなく「停戦」の状態にあり、第二次世界大戦後の中国における大陸と台湾の対立も、単なる内部分裂にとどまらず、米ソの介入やコントロールがいろいろな形態で作用する事態を招いていた。つまり、ソ連とアメリカの介入から抜け出すには、長い歴史的期間が必要だったのである。その間、資本のもたらすグローバル化の過程が、「純粋なアジア」の実現可能性を実質的に失わせてしまった。

しかし、「アジア」は論述のカテゴリーとしては戦後史のなかで依然として重要であり、かつ避けられないものだと言える。なぜなら、それはオリエントの旧植民地が植民地支配から抜け出し、新しい世界構造を形成しはじめたことを意味するからである。その変動は激しいものであり、必然的に価値観や思考様式の変動をもたらした。

民主イデオロギーと平和との関係を論じたユネスコの討論とほぼ同じ時期に、別の国際組織「太平洋国際学会」（以下ＩＰＲと略す）も似たような方法で、アジアの民族主義に関する議論を推し進めた。一九五〇年十月、ＩＰＲはインドのラクノウで「アジアの民族主義とその国際的影響」と題する第一一回国際会議を開催した。ユネスコにおける討論参加者の場合と同様、この会議でも、アメリカ知識人がかなり主導的な役割を演じていた。

ＩＰＲは一九二五年にアメリカで設立された国際ＮＧＯであり、太平洋地域各国の基本状況について学術的方法に則って議論をし、相互理解の促進によって平和を維持することを目的とした組織である。その主旨はユネスコのそれと非常によく似ている。創立当初は中国や日本、朝鮮のいずれもがその会員であり、それぞれの国内に支部を設立していた。しかし一九五〇年、中国において共産党政権が成立したことに伴い、国民党時代におけるＩＰＲ中国支部会員の多くが海外に亡命、組織は事実上解体した。にもかかわらず、代替となる組織がすぐに設立されることはなかった。一方朝鮮の場合は、依然として戦争状態にあった。そんななか、日本支部だけが一九四九年に「復帰」という方法であらためて承認を得ることができ、代表団を派遣することが可能となった。

この討論は「アジア」を基本的な視点に置いていたが、会議に参加した九つの代表団中、アジア以外の地域から来た代表団は五つを占めていた。[5]しかも、アジアからの参加者のほとんどが良好な西欧思想の教育を受けており、西欧の概念枠組みに基づいて議論する能力をもっていた。彼らはそのような理由から西欧的立場に賛同したわけでは必ずしもなかったが、彼らの教育的背景は、西欧思想を前提とする対話の枠組みを形作っていた。[6]アジアの台頭期に形成されたこのようなアジア問題を議論する知的モデルは、西欧世界がアジアの状況を知らないがゆえに対話ができない、という事態を避け、接触点を見出すことができる、という長所があった。しかし逆に、このような対話の枠組みは意識的あるいは無意識的にアジアを西洋世界の派生物、あるいはアンチテーゼとして捉えており、アジアに基づく原理の自主的形成を妨げる、という弱点も同時に抱えていた。

この会議で最も注目に値するのは、インドの首相ネルーによる基調講演だったかもしれない。ネルーは冒頭で、アジアは世界のほかの地域より激しく変化しており、アジアはゆっくり変化することができない。このような変化は危険を伴っている。しかしアジアの人々には、それ以外に選択肢がない。これはアジアの人々にとって、心の苦しみである、と指摘した。ネルーは、「皆さんがわれわれを理解しようと思われるならば、われわれの経済、社会、政治、あるいはその他の問題を討議したところで、われわれを理解することにはたいしてなりますまい。もう少し深く観察し、アジアの心のなかにあるこの苦悩を理解して下さることが必要でしょう[7]」と述べた。

アメリカ代表のヴェラ・マイクルズ・ディーンは、「アジアは何を欲するか」と題された報告のなかで、ネルーのこの提議に呼応する発言を行なった。彼は報告の冒頭で、「アメリカでは事情によく通じた善意の役人ですら、中国人や朝鮮人について、彼らは民族ではなく『家畜の群れ』だという主張をする。それはまるで、我々がアジアで相対しているのは自らの観念も恐怖も希望も願望ももたない、表情もない声なき群衆、機械的衝動に操られているただのロボットだ、とでも言わんばかりの言い草である[8]」と指摘した。

ここでとくに注目すべきは、「家畜」と対峙しているのは「民族」概念だ、ということである。「民族」は、差別された有色人種の尊厳を表わすのみならず、豊かな情感と理性をも内包している。それはまさに、ネルーが述べた「アジアの心」でもあった。西洋による近代以降の人種差別は、有色人種の「心」の無視こそをその特徴としていたのである。それと同時に、ディーンはこのような表現を用いることによって、ひとつの重要なメッセージを伝えていた。それはつまり、一九五〇年代では「民族」は自分の観念と理想をもち有機的に組織されうる政治的まとまりとして理解されており、このような能力は一時、白人社会の特権としか見なされていなかった、ということである。

ネルーはその講演のなかで次のように指摘した。アジア内部には大きな差異が存在しており、したがって「アジア的感情」の中身をはっきりと説明することは難しい。しかし、それが過去何百年もの間アジアで覇を唱えてきたヨーロッパに対する「反作用」であることは、確かである。同様にネルーは、「民族主義」についても定義している。彼によれば、植民地支配下においては、民族主義を定義するのは容易である。それは外国権力に反対する力である。しかし、自由な国において民族主義の理解にずれが生じることは避けられない。ネルーは、民族主義が果たす積極的な役割を認めつつも、民族主義を構成する一大要素はやはり否定あるいは反対の精神である、と強調した。彼によれば、本来一国における健全で進歩的な解放勢力であった民族主義は、独立を獲得したあとに自らが抱えている否定の要素の働きによって、反動的、膨張的な勢力になり、貪欲な目で他国をうかがうようになりかねない。したがって、民族主義とは良いものであるのか、あるいは悪いものであるのかは、それがいかに作用するのか、どのような次元にあるのか、によってきまる。ネルーは、「したがって私が民族主義を重視したいのは、それが良いものだからではなく、現在アジアの大部分において、認めなければならぬ要素になっているから」[9]だ、と述べた。

朝鮮戦争が勃発したとき、ネルーはすぐさまインドの中立を表明した。と同時に、国連で最大限の努力を尽くしてあっせんし、この戦争がまだ蕾の状態にあるときに、その拡大を阻止しようとした。ＩＰＲの円卓会議では、アメリカ代表をはじめ多くのひとびとがこのような姿勢に疑問を呈した。なぜなら、彼らからすれば、戦争状態における中立的立場は戦争当事者の一方をかならず利するものであり、インドは結局、共産主義勢力に加勢している、と考えたからである。ネルーは講演のなかで、原理原則からこの問題に答えた。彼は次のように述べた。悪をもって悪に抗するならば、自分も悪に感染することになる。この世界の問題は、軍事力で解決できるものではない。しかし同時に、自分たちが組織した暴力機構を放棄しうる国家も存在しない。現代世界が抱えるこの最大のパラドックスに直面して、ネルーは次のように呼びかけた。一国の国民や政府が軍事的雰囲気を助長するとき、その国の国民に希望はない。たとえ戦争はどうしても戦わなければならないにしても、それを止めうるときに、できるだけ速やかに止めるべきである。「戦争は、我々を堕落させるようになります」[10]。

民族と民族主義という概念はアジアの途上国が植民地に反対する闘争のなかで、初めからパラドキシカルな性格を抱えていた。ネルーが指摘するように、民族主義の二重性はアジアの歴史過程のなかで、絡みあって存在していた。すなわち、世界に不平等と差別、暴力と戦争が存在するとき民族主義は積極的役割を果たすが、同時にそれは、民族主義の否定的性格のために、暴力性と拡張性とをどうしても帯びてしまう。一定の条件下では民族主義はその反対の方向へと向かい、かつて自らが反抗した覇権へと転化しかねない。健全な民族主義と反動的な民族主義とをはっきり区別することは、歴史の文脈においてのみ可能である。なぜなら、理論的仮説は問題を深めることはできるが、現実における極限状態に分け入ることには役に立たないからであり、理論は「心」をカバーする力をもたないからである。

アジアにおいて、ナショナリズムの問題をめぐりもっとも厄介な立場に立ったのは、間違いなく戦後の日本であった。アメリカ主導のサンフランシスコ講和条約が調印されたあとに、日本の進歩的知識人たちは、敗戦直後のアメリカ占領当局による「民主政策」への信頼から打って変わって、あらためて「民族」問題について考え始めた。ファシズム的社会動員のエネルギーとしてのナショナリズムを否定し、軍隊をもたない平和国家を日本に作る、というアメリカ占領時代の初期にあったコンセンサスは、アメリカ占領当局が民主という名のもとに実際は独裁を行なった、という事実によって、崩れ去っていた。さらに、朝鮮戦争によって「平和国家」の現実性に対する日本人の懐疑的姿勢は、いっそう深まることになった。日本の右翼と軌を一にすることなく、また日本におけるファシズム的軍国主義の復活を拒否しつつ、いかにしたら「健全なナショナリズム」を打ち立てることができるのか。あるいは、ナショナリズムにとって代わるより有効な代替案を、どうすれば見出すことができるのか。

日本の進歩的知識人陣営が見つけ出した解決案は、「平和」であった。平和は民族の最大利益を代表するものである。しかしそれは、決してひとつの民族の「内政」にとどまるという性質のものではなく、他の民族と協力せずには絶対に得られない目標である。五〇年代の平和運動のなかで日本の知識人や活動家たちは「ナショナリズム」という旗を掲げなかったが、この平和運動が真にもたらしたものは、日本社会における新しい「民族感覚」であった。理論的には、日本の平和運動はネルーの中立主義に連なる思想的エネルギーを有しており、それは「悪をもって悪に抗する」という思考様式に対するもっとも真実の抵抗であった。この運動が国境を越えるまでに発展したとき、日本の「ナショナリズム」は、少なくとも自身を換骨奪胎する契機を見いだしたのである。

3　デモクラシーとナショナリズム――社会制度と民族自決精神

民主の問題と民族の問題が同時に戦後思想空間に現われたとき、両者の関係が一つの明確な課題として議論されることはほとんどなかった。しかし、アジアにおいて民族独立運動が進むなかで、いかに国家主権を確立し政治制度を設計するかという問題が、本来直接関連していなかった両者の間に密接な関係をもたせるようになった。

ネルーはＩＰＲにおける講演のなかで「共産主義に対する貴方の態度は如何」という質問に対し、以下のように答えた。「共産主義であるかないかを問わず、アジアの国ではどこでも、いやしくもその国の民族主義的精神に反するような考え方は、重きをなすことができません」[11]。彼は、世界にとって共産主義は脅威であるかもしれないが、そのほかにも多くの危険があるため、インドはこのような危険のバランスを考えて、そのうえで判定を下す、と強調した。

同会議ではその他の代表も、民族精神の角度から中国革命の意義について論じた。ヴェラ・マイクルズ・ディーンは次のように分析している。「彼ら（「アジアの人々」を指す——筆者注）から見て西欧列強の傀儡となっているアジア人指導者、ことにバオダイ、蔣介石、李承晩に対しては、彼らは強い敵意を抱いている。アジア人は、自らはどんなに共産主義に反対していようと、中国における毛沢東政府の政策に対しては、それが西欧諸国によるアジア諸地域への侵入反対と『外国』による干渉の排除を意味する限り、真に共感を抱いている。……今日、中国は他の大陸諸国との関係が行き過ぎになるのを避けるならば、日本が失敗した点において、成功を収めうるであろう[12]」。ディーンの分析は、中国が朝鮮の戦場に義勇軍を派遣する前夜になされたものであり、予言ともいえるものであった[13]。

ここでは、民族主義と民主主義との間に新たに一つの次元が切り開かれている。それは、「西洋の干渉はアジアに脅威を与えた」という次元である。インドのネルーとアメリカのディーンは、同じ論理を用いた。それはすなわち、アジアの人々にとって、国際関係のなかで西洋の大国がアジアをコントロールするという不平等な構造が存在するとき、民族自決権の問題は、社会制度の選択問題よりも重要になってくる、という論理である。この次元においては、自由民主主義か共産主義かは最重要なことではない。最も重要なのは、「民族主義の精神に反する」か否かという問題である。しかし、いったん民族自決権が確立してしまったあとの民族精神は、ネルーが心配したように、反動的侵略勢力へと転化してしまわないだろうか。それは、社会制度の制約能力に関わってくる問題である。ディーンは毛沢東の中国にある種の期待をしていた。すなわち、他のアジア諸国との国際関係が「行き過ぎになるのを避け」、民族独立精神を昔日の日本の「大東亜共栄圏」のような方向に向かわせないことであった。

ディーンは、戦後初期のアジアにおける独立は自由を意味するわけではない、と考えている。政治的経験不足と国民の未熟さによって、アジア諸国は欧米のような政治的選択ができず、そこには「二種の独裁——共産と反共——の二者択一[14]」しかなかった。ディーンの判断は明らかに、同じ時期のユネスコの判断とは異なるものであった。彼は共産主義を民主主義としては認めなかった。しかしディーンにとって、民族自決は一つの重要な前提であるため、マッカーシズムがアメリカで旋風を巻き起こしたときも、彼は安易に極右の反共的立場に同調しなかった。ディーンは民族的立場を民主的立場よりも上位に位置づけ、歴史的な態度をもってアジアにおけるさまざまな国情に接したのである。さらに、イギリス代表W・マクマホン・ボールは次のように指摘している。ヨーロッパにおいて、国家主権が統治者から一つの階級、そして社会全体へと拡大し、民衆が国家の政策形成に積極的に参加するようになったのは、二十世紀以降のことである。この民主化の過程には三百年かかった。数年間あるいは数十年間でこの過程を完成しようとするアジアにおいては、必然的に、それ相応の特徴をもつようになる。西欧において、自由主義の核心である個人の権利という原則は、一つの漸進的過程を経て形成されたものである。経済的関係・政治的関係が激しく変化し、大規模な中産階級を欠くアジアでは、このような自由主義モデルが適用できるかどうかは疑わしい。資源不足と経済的後進性によって、アジアの人々は、経済的個人主義が必然的にもたらす浪費と不平等とを容認することができない。その価値観は、共産主義の社会的基礎でもある。

一九五〇年のＩＰＲ会議では、ネルーと一名のインド代表を除けば、報告者や円卓会議の司会者兼コーディネーターはいずれも西側世界の出身者であり、基本的に自由主義的立場に立っていた。円卓会議の討論のなかで、アジア代表と西側代表との間にアメリカの評価をめぐって違いが生じたが、全体として見れば、この会議ではヨーロッパ自由主義の論理が共有されていた、と言える。ただし十分に理解すべきは、このような自由主義的発想は当時の社会主義・共産主義陣営に対し敵対的ではなく、「他在のなかで他者を理解する」という態度を取っていた、ということである。言い換えれば、会議の参加者たちは共産主義の論理を認めなかったうえ、共産主義理論における「独裁」の部分がヨーロッパ自由主義の立場からは受け入れられない、と考えていたが、他方で彼らは、社会主義政権と共産主義理論のアジアにおける発展という歴史的必然性については、否定もしなかった。このような基本的立場がとられたためか、ＩＰＲはマッカーシズムにより「親共」という非難を受け、十年後には解散している。

一九五〇年代初期にはソ連とアジアの社会主義国家（とくに中国）との間で生じたずれが、すでに一つの思想的課題になっていた。これは部分的には、当時の政治的実践によるものであった。すなわち、中国における新しい政権はソ連とは異なった歴史的文化的要素を示しており、成立当初に見られた政権の清廉さと公正さは、この新しい政権が多数の中国人民の利益を代表していると信じさせるものであった。しかしより重要なのは、中国における社会主義的実践が、反植民地主義の過程で西洋に対抗するアジアの民族自決精神を体現したものだった、ということである。全世界、とくに西洋の自由主義的知識人たちは、中国における政権交替のなかに一つの新しい可能性を見いだした。彼らはスターリンのソ連モデルとは異なる「アジア共産主義」の社会形態を、中国に見ようとした。このような期待は、西洋の植民地主義の歴史に対する知識人たちの反省と批判とに、直接関連していた。ＩＰＲ会議では、たとえばラスキのような、欧米民主主義社会における公平や正義などの観念がもつ限界に対する省察や批判などが見られなかった。つまり、正面きっての検討を行なうことによって、西洋の自由主義や民主主義を相対化するまでには至らなかったのである。しかし、会議の参加者たちは一つの合意に達していた。それはすなわち、当時のアジアが欧米式の民主主義を受け入れることはありえず、共産独裁と反共独裁との間で二者択一を行なうことしか選択肢がなかった、ということである。ただし、このような状況は人民の後進性や愚昧さによってもたらされたものではなく、アジアに対する西洋の植民地略奪によって作り出されたものであった。その過程でアジアは西洋式の近代化の道を歩まざるをえなかったが、他方で、西洋のように市民社会を基礎とする民主的政治形態を内発的に発展させる機会はもてなかった。したがって、論理の問題としても良心の問題としても、これらの自由主義的知識人たちは、アジアの「非民主」的な状態に対し「上」から論難することができなかったのである。彼らの姿勢はまさに、徹底した西欧自由主義精神を体現するものであった。

　アジアのなかで、第二次世界大戦中にアジアと対立した唯一の国家は日本だった。したがって、アジアの人々が自分たちの民族主義を強調していたとき、日本の知識人たちは逆に、日本ナショナリズムの「超国家主義」がいかにして日本をファシズムという末路に導いていったかについて、検討していた。ＩＰＲの日本代表団は、会議に丸山眞男の論文「戦後日本のナショナリズムの一般的考察」を提出した。この論文は、日本ＩＰＲにおけるナショナリズム研究小委員会の全体討議を経て、丸山が執筆したものである。そのため、論文には丸山特有の思弁的色彩が色濃く見られる。同時に、論文は「アジア―欧米」という枠組みとは異なった構造的視点を提供しており、ナショナリズムの歴史的位置づけに新たな観点をもたらした。この論文は、日本のナショナリズムにおける家族、郷党のエゴイズムに由来する封建的特徴について論じただけでなく、戦後日本のナショナリズムと冷戦との関係を指摘していた。丸山は次のように述べている。日本のナショナリズムは、その特殊封建的な集団主義的特徴のゆえに、国民連帯意識としては形成されにくかった。しかしそれ以上に、共産党のインターナショナリズムにも利用されにくかった。戦後の占領という特殊な状態のなかで、日本の「ナショナリズム」はしだいに台頭したが、それは親米反共の立場をとる日本の右翼勢力に利用されることが多く、冷戦構造のなかでもしだいに右翼的保守勢力に傾いた。丸山は、「日本に健全な民族主義すなわち民主的ナショナリズムを打ち立てるためには、恐らく日本の政治、経済、社会全般にわたって現在『健全』と考えられているよりもずっと『左』の政策が推し進められねばならぬだろう(15)」と言い切った。

丸山は日本の代表的な自由主義的知識人として、ナショナリズムとデモクラシーとを関連づける構想を打ち立てた。それはすなわち、ナショナリズムの内部においてデモクラティックなメカニズムを創り上げることである。丸山の一貫した考えからすれば、民主主義はその近代的な性格、すなわち「高度に自律的な契機」をもつようになったあとに、初めてその非理性的、本能的側面を超越し、国民の政治的決断力を獲得することができる(16)。同時に丸山は、親米反共的日本の右翼と、民主という名のもとに実際には反共政策を行なう米国の占領当局は、真の「民主」を代表していない、と鋭く指摘している。当時の歴史的条件のもとで日本の有識者は平和を求め、冷戦構造を突破するために「全面講和」の道を模索していた。このような努力は結局のところ成功しなかったのだが、ひとつの思想的な遺産をもたらした。それはすなわち、一般的な日本人のなかに政治的な民主的能力を養成する過程で、「健全なナショナリズム」を創出する思想的試みであった。日本代表団の討論資料としてIPR会議に提出された丸山の論文は、ネルーの深刻な危惧――民族独立が達成されたあと、民族主義はいかにして対外的拡張という危険な道を避けることができるのか――に応えたものでもあったのである。

結び

ナショナリズムとデモクラシーは今日、ますます歴史的文脈からかけ離れた抽象的概念になりつつある。この二つの概念が一人歩きするとともに、さらに冷戦イデオロギーがそれらに対し、価値判断を付与している。ナショナリズムは今日では、基本的にネガティヴな現象として捉えられており、非理性的で対外的拡張という脅威をもたらす社会思潮だと認識されている。それに対し民主主義は、その具体的な歴史的内容が取り除かれたのちに、ポジティヴな価値として絶対化された。冷戦構造が解体したあとは、グローバル化した経済システムが国際関係の変化を加速させている。第二次世界大戦が終結したさいの社会主義諸国は、近代化のための準備条件をほぼ整え終わり、先進国に近づく段階に入りつつある。しかしその一方で、先進諸国が経済危機によって、世界をコントロールするという中心の位置から退いたわけではない。このようなグローバルな激動期に、国家は国際関係の基本的な単位として、その構造と機能のあり方には変化が生まれつつある。こうした点は、いずれもナショナリズムと民主主義に未曾有の不確実性をもたらしている。その意味では、戦後の歴史的文脈にあらためてたち戻り、錯綜する歴史的文脈のなかで、これらの概念がどのようにもつれあい制約しあっていたのかを考察することによって、今日のナショナリズムとデモクラシーに対する硬直したイメージを打破することは、緊急な思想的課題と言ってよいかもしれない。

（1）一九四八年に日本の雑誌『世界』に掲載された座談会「唯物史観と主体性」、『丸山眞男座談1』岩波書店、一九九八年。九〇―九一頁を参照のこと。ユネスコにおける哲学と思想傾向に関する討論について、本論が参考にしている資料はいずれも日本語文献によるものであることを、お断りしておく。

（2）『世界』一九八五年七月臨時増刊号「戦後平和論の源流」、岩波書店、九九―一〇二頁を参照されたい。以下は、訳文の一部である。「第三項〔……〕経済的な不平等、不安定、失望こそは、すべて集団間、国家間の抗争を創り出す。そしてすべてこれらの事実が、往々人々に誤ったイメージや余りにも単純な解決を盲信させたり、あるいは煽動家たちの責任転嫁的呼掛けに耳を藉させることになり、これがしばしば誤って、たとえば、甲集団は乙集団を目してあたかも、一大脅威ででもあるかのように考える緊迫状態の一つの重要な原因となるのである」。「第四項　国家間乃至国家群間における近代戦争は、世代から世代へ継承されている国家的自負の神話、伝統、象徴類によってはぐくまれる。今日行われている社会的象徴には、いまなお国家主義的色彩の濃厚なるものがきわめて多く、それらが、事実上世界はすでに相互依存的な一つになっているにもかかわらず、依然として政治的国境を越えた思想の自由な交流を阻害しているのである」。「第八項　今や多くの社会科学者たちがこれらの問題を研究中である。だが、彼等は今日なおいまだ国家的、イデオロギー的、階級的相違によって相互に隔離されている。そしてこれらの相違のために、政治的指導者たちが自己の目的のために利用する似而非科学的理論の出現に際して、それに対する社会科学者の有効な抵抗がはなはだ困難になっている」。「第十二項　社会科学者は世界すべての国民に対して、一国民の自由、幸福は、究局において、他の世界全国民の自由、幸福と緊密に結びついているものであるということ、また世界はもはやいつまでも互に喰うか喰われるかの場所である必要は毫もないということを明かにするために、今こそその力を藉すことができる」。

（3）ユネスコ「民主主義をめぐるイデオロギーの対立」、『世界』一九五二年十二月号。

（4）「民主主義をめぐるイデオロギーの対立と日本」、『世界』一九五三年一月号、七二―一〇六頁、一二九頁。この座談会に出席したメンバーは蠟山政道、平野義太郎、古在由重、鵜飼信成、辻清明、丸山眞男、久野収だった。

（5）会議の正式な代表団は、カナダとフランス、インド、日本、ニュージーランド、パキスタン、フィリピン、イギリス、アメリカである。列席した代表団は、オーストラリア、ビルマ、セイロン、インドネシア、マレー、オランダ、ベトナムであった。国際連合などの国際組織も、オブザーバーを派遣した。

(6) カナダ代表エドガー・マッキニスは総括発言のなかで、アジアの代表が西欧思想によって訓練されているということを、とくに強調した。『アジアの民族主義――ラクノウ会議の成果と課題』岩波書店、一九五一年、二六五頁。

(7) 同右、四頁。

(8) 同右、一四頁。

(9) 同右、一〇頁。

(10) 同右、一三頁。

(11) 同右、一〇頁。

(12) 同右、一六頁。

(13) 中国が朝鮮の戦場に義勇軍を派遣したのは、一九五〇年十月十九日であった。インドで行なわれたＩＰＲ会議は、一九五〇年十月三日から十五日まで開催された。

(14)『アジアの民族主義』一八頁。

(15)『丸山眞男集　第五巻』岩波書店、一九九五年、一二一―一二三頁。

(16) 同右、九五頁。

（李暁東訳）

中国のナショナリズム――古代と近代

唐 士其

はじめに

本論考では、ナショナリズムを比較的緩やかに定義する。すなわち、主権、あるいは政治や文化によって明確に他から区分されたコミュニティに対する個人のメンバーシップに関するアイデンティティをそれと見なす。たとえ梁啓超によるナショナリズム概念の中国への紹介が一八九九年であったとしても、本論考では、古代と近代双方の中国がそのようなコミュニティに含まれるものと見なす。(1) また本論考は、古代的中華ナショナリズム（ancient Chinese nationalism）の特殊形態に関する概略的図式を基礎にして、十九世紀末以降、ナショナリズムがいかに根本的に変形されたかを描出する。だが一方で、中国が直面してきた現代に至るまでの急激な変化のなかを、いくつかの基本的な古代的要素が生き延びてきたことを示し、それら諸要素が、将来の中国における新しく健全なナショナリズムの構築のために活用されうることを論証する。

1　中国の古代ナショナリズム

ネイションとナショナリズムとに関して言えば、その社会的現実と同様に、概念もまた西洋近代の産物であり、その点で、それらは近代に固有なものであると信じられてきた。ある研究者は、ネイションとナショナリズムとは、近代的な産業と商業との副産物であると見なした。エリ・ケドゥーリは、ナショナリズムの教説を十九世紀初頭のヨーロッパで発明されたものとした。[2] また、アーネスト・ゲルナーも、ナショナリズムとは産業革命の結果もしくは前提条件であると指摘した。[3] 換言すれば、「ナショナリズムとは産業の潤滑剤」であった。[4] なぜなら、「経済は新しいタイプの文化と集権的国家とを必要としており、その文化は国家を必要とする。そしてその国家は、十中八九、均質な文化を刻印された集団を必要とする」からである。[5]

ゲルナーのナショナリズム理論において、経済が近代国家に先行して必要であると見なされていたとしても、近代国家がその中心に位置していることに変わりはない。本論考は彼の観点とは異なり、近代絶対主義国家が近代の経済的発展の牽引車であると考える。しかし、近代国家がネイションとナショナリズムとの形成に助力したと考える点では、彼に賛同する。[6] この前提は、絶対主義国家の果たした役割を強調するため、古代中国のネイションとナショナリズムとを理解するうえで、さらなる利点を加えるものである。秦朝以来の古代中国国家が、西洋における領邦国家と大きく異なっていることに気づくのは容易であるが、それと同時に、ネイションとナショナリズムとの苗床であった近代ヨーロッパの絶対主義国家にきわめて類似していることにもまた気づくのである。

かりにナショナリズムをヨーロッパ国家の近代的形態に付随するイデオロギーと解するならば、古代中国の民衆にネイションとしての資格を、そしてその国家によって広められた国家を補完する関連イデオロギーに、ある種のナショナリズムとしての資格を付与することは、論理的に可能であろう。たとえ古代中国において、民主的なシステムや一連の基本的人権によって析出されたシティズンシップがなんら存在していなかったとしても、である[7]。

簡潔に言って、ここでは、ナショナリズムの概念を、古代中国における民族国家(ethno-state)的なアイデンティティを規定するために用いている。なぜならば、秦朝による均質化のとき以来、中国は近代西欧の絶対主義国家に近似した集権的国家システムとして設立されたからである[8]。古代的中華ナショナリズムは、こうした形態の国家に付随する文化的または心理的現象としてあり続けることで、国家意識と国家イデオロギーとを徐々に発展させてきた[9]。もちろん古代的中華ナショナリズムは、近代ヨーロッパのそれと比べて異なる性格を有している。自由とデモクラシーの要素をまったくもたないという点は別にしても、それは、政治的かつ文化的に、他の言葉で表わすならば、政治的＝公民的(political-civic)ナショナリズムとしても、また、文化的―民族的(cultural-ethnic)ナショナリズムとしても把握できないものなのである[10]。

古代的中華ナショナリズムの生成と発展とに寄与した主に三つの要素が歴史には存在している。第一の要素は、秦朝の制度的および文化的な構築がそれである。古代中国の絶対主義の創始者として、秦朝の制度的発明は、たとえ王朝それ自体が短命であったとしても、後代の発展に決定的な影響をもたらした。その創始の作業は次の二点に要約可能であろう。ひとつは、政治における「封建秩序の解体と都市／地方(city/country)システムの設立」である。中国統一後、秦朝は、西周朝が残した封建秩序の残滓を即座に解体した。そして標準的な都市／地方システムの枠組みにおいて全土的管理を開始したのである。その後、中央による統治は、排他的に地方高級官吏を指名、統制し、その結果として、すべての領土と人口とを直接管理下に置いたのである。

もうひとつは、文化面において、「文字を統一させ、また車幅を統一した」ことである。実際には、秦朝はそれ以上のことを成している。すなわち、朝廷は記述法、交通、そして度量衡のシステムを標準化し、国家規模での経済的、文化的交流を拡大、助長した。そして、それによって、地方の政治的統一を強化したのである。また、記述システムの標準化は、現在に至るまで継続していることで、後代の中国史にとって真に重要な政策であったことが実証されている。この表意文字による記述システムは、中国領域内に住まう異なる方言を用いる人々にも一般的に用いられ続け、そして彼らを統一的な文化に与させることに寄与したのである。この記述システムは、こうした中国の文化的統合の維持機能のみならず、それ自体を、古代的中華ナショナリズムの特別なシンボルへと転化させてもいる。すなわち秦朝は、法律、税、そして金融システムを標準化し、その制度の建設の結果として、集権的な絶対主義的国家機構を強固に確立したのであった。たしかに、西周朝のときから「天下のすべての土地は皇帝に属し、そしてその土地に住まうすべての民衆は彼の臣民である」といわれてきた。しかし、こうした考えが制度的に実現したのは秦朝期からである。

第二の要素は、隋朝によって設けられた科挙システムである。このシステムは、あらゆる地位の国家官吏を選抜する公開の統一試験であり、のちのすべての王朝にも取り入れられ、清朝の末期に至るまで、時代を経るごとに改良された。この選抜システムは、古代社会における社会的流動性の問題を完全に解決しており、古代中国の政治システムを同時代の他のシステムに比べて実にオープンで平等なものとしていた[11]。同様に重要なのは、それの有する文化的機能である。古代中国における政治的社会化の主要な経路として科挙は、古代的中華ナショナリズムを涵養し維持するための最も効果的な制度的基盤を提供したのである。科挙の主たる内容は、古代中国の政治的観念と歴史的経験との基礎をなす儒教の古典的教説に関するものであり、そしてそれは、国家と一般民衆とに奉仕する精神を奨励するものであった。試験の準備にあたり、儒教や歴史の古典は、古代中国のあらゆる階層の教育において根幹をなしていた儒家的観点から解釈された。そして、地方と国家の両レベルで定期的に編成された試験は、その教育システムを形式と内容とにおいて国家規模で標準化させることに寄与したのである。たしかに科挙システムは、その狭隘な内容であるとか、人々の自由な思考を抑圧するといった理由から、近代以降、中国において厳しく批判され続けた。しかしこのシステムが、文化的な統一、すなわち古代的中華ナショナリズムの涵養ならびに支配的イデオロギーの社会化において大きな役割を果たしたことを無視することはできないのである。(12)

第三の要素は、通俗文化の教育的機能である。一般的に言って、古代中国の通俗文化は高度に政治化されていた。その理由のひとつは、歴史知識が中国の高級文化（high culture）において高い地位を占めていたからであり、また、歴史物語、とりわけ政治的な歴史物語が、中国の通俗文化においても同様に重要な役割を担っていたからである。古代中国のドラマや読み物のほとんどの部分は、皇帝、大臣そして将軍という民衆の英雄の政治的物語を紡ぎだしている。元朝期に書かれた古代中国において最も有名な読み物のひとつである『三国志』は、漢朝末期の政治的、軍事的奮戦を物語るものであり、十歳以上のほとんどすべての中国人は、それについてなにがしかを知っているのである。同時に、古代中国における通俗文化は、儒教の強い影響下にあった。皇帝への忠誠、郷土愛、民衆への愛は、それらに共通するテーマである。このことは、「娯楽を通じての教育」という儒教の教説を体現するものと理解することができる。

通俗文化の浸透によって、歴史や政治に関する幾分かの基礎的な知識は、一般民衆にも広く普及した。人々のイメージにおいて、国家と民族的（ethnic）アイデンティティとが明確なものとなったのである。「山は高みに、皇帝は彼方にある」ことは事実であろう。けれども、皇帝と皇帝によって象徴された中央による統治とは、人々が日々目にし耳にする経験において、日常生活の一部を形成していたのである。それがたとえ「下から眺められたものとして、たとえば、一般民衆によって理解されたものとしてのネイションを発見することがきわめて困難」だとしてもである。[13]古代中国における通俗文化のこのような性格は、中国の一般民衆をある程度まで政治化したのであり、そしておそらくそのことは、幾人かの海外研究者の注意を引いた義和団の乱から日清戦争までの間に表明された中国農民におけるナショナリズムについてなにがしかの説明を与えうることになるであろう。[14]

このような古代的中華ナショナリズムは、次のような基本的性格と内容とを有していた。第一に、それは、ある種の文化的ナショナリズムであり、儒教を中心に据えたものであったという点である。儒教は、漢朝において政治的に公認され、公定イデオロギーとして清朝末期まで、その高い地位を保持した。科挙システムの成立後、儒教は、より重要な教育的また社会的意義を有するようになったのである。古代的中華ナショナリズムも、あらゆるタイプのナショナリズムがそうであるように、自己と他者との区別を強調する。しかしながら儒教の影響ゆえに、それは生物学的あるいは民族的な違いにではなく、人々の文化的差異に注目するのである。換言すれば、種や領域に妥当性がないわけではないが、中華－性（Chinese-ness）の基準は、そこには置かれていないのである。文化あるいは文明、すなわち社会的また政治的生活における儒教的規範の受容にこそ置かれているのである。[15]孔子は、「かりに野蛮に振る舞うならば、中国に住まう者であろうとも野蛮人として扱われる。かりに文化的に振る舞うならば、かつての野蛮人であっても中国人（Chinese）として取り扱われる」と述べた。この言葉は、近代中国における有名なナショナリストである楊度の次の指摘の基礎をなしている。すなわち、「中国人は野蛮人に向かって退化する可能性があり、そして野蛮人は中国人へと上昇する可能性がある。それを分かつのは儀礼と教育とにほかならない。我々自身と他者とを隔てる他の区分は存在しない。これこそが、幾千年もの間、幾千もの人々が中国において中国人としてともに振る舞い、ひとつのものとしてあり続けてきた理由である。我々は、中華的アイデンティティが完全に文化的なものであって民族的（ethnical）なものではないことを知りうるのである」[16]。

儒教によれば、人々の間に存在する生物的あるいは民族的な差異は、政治的になんの意味も有していない。人々を隔てるのは文明化の度合いである。それゆえ、民衆は次の二つの一般的カテゴリーに分類された。すなわち、儀礼および音楽教育を受けた中国人と、文明化されていない者とにである。この区分は、古代中国の政治に対して、他国との関係を維持するさいの基本原則を提供したのみならず、中華帝国の皇帝に、ある程度の自己規制の原理をも提供したのである。基本的に彼らは、周辺にあった小国を中国へ併合しようとはせず、むしろ「朝貢システム」を維持することで満足したのである。なぜならば、それら小国は、儒教文化において中国と同じ程度までに到達しているとは見なされていなかったからである。こうした理由から、古代的中華ナショナリズムは、対外志向を有する攻撃的ナショナリズム（outside-oriented offensive nationalism）ではなく、防御的な性格にとどまるいわば対内志向に動機づけられたナショナリズム（inner-oriented mobilizing nationalism）であったといえるのである。中国領域内におけると同様に、民族的差異性は、文化のみならず政治からも人々を排除する障壁とは決してならなかったのである[17]。事実、二つの王朝においてのみ、異なる民族の人々を差別的に扱う政策が採用されたにすぎない。そして両王朝とも、漢（中華）人とは異なる民族によって創設された王朝であった。その他の時代においては、国家の政治的また文化的システムは、国内すべての（ときには国外をも含む）民族に対して開放されていたのである。[18]

第二に、古代的中華ナショナリズムは、帝国権力を中心にしたある種の政治的ナショナリズムであった。[19] 古代中国において、すべての国土と民衆とは、王家の家産と見なされていた。しかし、それと同時に、「世界はその徳によって選ばれた者たちによってのみ支配されうる」ということもまた信じられていた。言い換えるならば、帝権への忠誠は、古代的中華ナショナリズムの中心的要素であり、[20] ナショナル・アイデンティティの基本的観念であったが、その忠誠心は常に限定されていたのである。古代的中華ナショナリズムは、民衆に対して帝権への忠誠を要求したが、それは必ずしも特定の家系への忠誠ではなかった。少数の急進派（それらは例外なしにのちの皇帝たちに讃えられた）を除いて、ほとんどの民衆は新しい王朝を、とりわけ残忍な専制ののちの王朝を受け入れたのである。少数派の民族が設立した二つの王朝である、元と清とですら、誰もが想像するであろう根強い抵抗を受けることはなかった。両者は中国本土における支配を強固にしたのち、漢系の知識人から協力と助力とを受け、ついには儒教へと改宗したのである。

このような皇帝に対する限定的あるいは選択的な忠誠が、古代的中華ナショナリズムによって支持されてきた理由として、次の二つの事実を指摘することができる。ひとつは、漢朝以降のすべての王朝が、儒教を自らの正統性の源泉として聖典化したことである。その結果、古代中国において帝権の保持を究極的に担保するのは、家系や血統ではなく儒教となった。民衆の忠誠を正当に要求できるものは、皇帝その人ではなく、彼による慈悲深い支配行為それ自体であり、また、彼による儒教の受容や崇拝であった。もうひとつは、先の分析にあるように、この政治的ナショナリズムが、事実として誰が支配していたかを強調したのではなく、儒教の基準に従って国を有効に、正しく、そして慈悲深く支配することができるのは誰かを強調したことである。これこそが、満州系の民族によって設立された清朝に対する、主に漢系の人々による革命運動であった太平天国の乱が、結局のところ漢系の将軍によって打ち倒された理由である。その結果、この将軍は、儒教的知識人の典型として高く称揚されるに至ったのであった。

第三に、古代的中華ナショナリズムは、家父長権力を中心にしたある種の家族的ナショナリズムであった。古代中国の民衆は、国家と社会とを区別する観念を何ももっていなかった。国家は拡大された家族として理解され、そして、家族は最小の国家と見なされていたのである。皇帝は、国家の政治的リーダーであると同時に、すべての民衆の家長であった。このことは古代中国の民衆が、赤子＝臣民（children-subjects）と呼ばれていたことから明らかである。この観念は、人々の国家に対する忠誠を家への忠誠と同一視し、同胞への愛情を家族への愛情と同じものと見なした。なぜなら、「四海のうちにある民衆はすべて兄弟」だからである。それゆえ国家への反逆は、祖先への不敬と見なされた。そして、古代中国において先祖伝来の寺院より追放されることは、中世の西洋世界における破門と同様の状況を意味しており、精神的に完全に孤立することを意味したのである。

以上の概観を要約するならば、古代中国における集権的な絶対主義国家の成立にともなって、イデオロギー・システムもまた、そうした国家の維持と強化とを図るために発展したといえる。このイデオロギーは、中国の民衆に、自らを共通のコミュニティの成員として政治的また文化的に認識させ、また、他のコミュニティの成員から自らを区別させた。そうすることで、それは、ある重要な側面において、近代的なナショナリズムと同様の機能を果たしたのである。近代以降の中国と西洋との接触と対立とが、中国における本来の古代的ナショナリズムに巨大な変化を引き起こし、他の世界のナショナリズムと同様に「標準化」させたことは指摘するまでもない。しかしながら、いくつかの基本的要素はいまだその変転を生き抜いており、近代的中華ナショナリズムに引き継がれたのである。

2　近代的中華ナショナリズム

近代的中華ナショナリズムとは、十九世紀後半以降の国際紛争や国際関係、また中国国内の政治過程、そして伝統的な中華ナショナリズムなどの諸要素からなる合成物である。

第一は、国際紛争と国際関係の影響である。近代における国際紛争と国際関係が、中華ナショナリズムの生みの親であることを、中国内外の多くの研究者はよく理解した。言い換えれば、そうした研究者たちは、西洋の侵入に対する反作用として中華ナショナリズムは出現したと信じたのである。中華ナショナリズムの初期の研究者の一人であるサイラス・ピークは、外国の侵略とそれによって生ずる愛国主義とが、ナショナリズムの形成および中国における国民国家の建設をその根本から刺激したと論じた。さらに彼は、このナショナリズムが、愛国主義に沿って形成され、またそれゆえに、国家への忠誠を強調するものであったことを指摘したのである。[21] ピークスの結論に誤解がないとは言えないとしても、それは、学界において示される近代的中華ナショナリズムの理解に同調したものといえるであろう。

中国の民衆は、秦朝による統一から十九世紀の半ばに至るまでは、死の危険を感じるようないかなる挑戦をも受けてはこなかった。ここでいう挑戦には二つの側面がある。第一の側面は、中国の政治的実存が危機に陥ることである。秦朝以降のあらゆる為政者が回避するよう尽力し続けた最悪の政治的帰結である中国解体の危機が、いまや、すべての者の頭上につり下がっていたのである。第二の、より重大な挑戦とは、中国の文化的実存が根絶の危機に直面していたことであった。西洋と対峙した当初、中国の知的エリートは、物質的また技術的には遅れをとっているとしても、制度や文化の面では、中国は疑いなくそれら外国よりも優越していると信じていた。しかし、中国が西洋と接触をすればするほど——戦中・戦後のあらゆる接触が強いられたものであった——中国の経済的および技術的苦境が、その文化的「後進性」の結果であることを彼らは思い知らされるようになっていったのである。この結論は、彼らに深い文化的危機意識を呼び起こした。彼らは歴史において初めて、中国の文化的伝統の揺るぎなさに疑問を抱いたのである。すでに指摘したように、古代的中華ナショナリズムの内的構造において、文化的ナショナリズムは政治的なそれよりも高い位置を、そして政治的ナショナリズムは家族的なそれよりも高い位置を占めていた。古代的中華ナショナリズムにおいて、政治や血の論理を超越させたのは、儒教の揺らぐことのない文化的核だったのである。当時の中国の知的エリートたちが感じたのは、政治的あるいは民族的なもののみならず、この文化にまつわるショックであった。こうした理由から、彼らは、中国の人々を待ち受けているのが国家喪失の危機のみならず、彼らの「種」(race)、すなわち文化的種の衰退の危機であることを感じとったのである。この危機に対する不安は、近代的中華ナショナリズムと古代のそれとを分かつ突出した要素である。近代的中華ナショナリズムは、その伝統的・文化的核をある程度まで喪失した。そしてその結果、古代のナショナリズムよりも、より急進的でより排外的なものとして立ち現われたのである。近代的中華ナショナリズムのこのような性格は、現代に至るまで残存することになる。[22]

中国の知的エリートにとって、近代的かつ西洋的意味におけるナショナリズムは、列強によって支配された中国を解放するための武器であった。なぜならば、彼らにとってナショナリズムとは、他のあらゆる国家、とりわけ西洋諸国から尊重される自らの国家を建設する国民の権利を意味したからである。すなわち、それは、中国のすべての人々に、中国国民としての自覚を促すとともに、自国の存続と独立闘争のためにあたかも一人の人間のように一体となることを押し進めたのである。当時の著名な雑誌において、ある者は、「かりに我々が我が中国においてナショナリズムを主張しないならば、我が中国はその実存を現実に失うであろう」と記している。[23]「中国国民」（Chinese nation）という言葉を紹介した典型的な近代中国のナショナリスト梁啓超は、「今日、中国を救うためには、国民国家を建設する以外の道はない」と宣言した。[24] 彼によれば、中華ナショナリズムは、西洋帝国主義に対抗する不可欠の反応であり、「列強のナショナルな帝国主義を打ち消すための唯一の道であり、そして民衆を救うためには、自らのナショナリズムを養成しなければならない」のであった。[25]

このような理由から、中国知識人は、中国の近代的なナショナリズムを西洋モデルにしたがって構築し始めたのである。ときにはデモクラシーの要求と社会進化論に対する信仰との奇妙な混淆物として現われることさえあった近代的かつ西洋的な理論性と内容とを伴ったこのナショナリズムは、一見したところでは、伝統的な中華ナショナリズムと明確に相違するものであった。しかし、より深くその二つのナショナリズムを分析してみると、両者の間には錯綜した関係がなお残されていたのである。そうした関係は、たとえば、一方では、孫文のネイションとナショナリズムとに対する思想の展開によって、またもう一方では、中国知識人の将来の世界に対する展望の推移とによって論証することが可能といえる。

同時に、国際紛争と国際関係とは近代的中華ナショナリズムを中国社会の隅々にまで行き渡らせた。ヒューウィーカーが描いたように、十九世紀後半の中華ナショナリズムは、公職に就いたエリートや公職には就いていないエリートに限定されていた。一九二〇年代のナショナリストの運動では、伝統的なエリートではない人々、たとえば、西洋的意味での専門家、あるいは新たに登場した知識人、そして一部ではあるが労働者や小作農までもの参加をみたのである。しかし、それは主として都市部での現象であり、中国の何百万もいる小作農の大半には及んでいなかった。一九三七年から四五年にかけての抗日戦争の過程における中国共産党の尽力によって、農村地域の多くの小作農がナショナリズムの旗の下に、それに付随する社会改良計画に向かって動員されたのであった。[26] したがって、抗日戦争が中国の近代的なナショナリズムを一般的なイデオロギーに転化させる手助けをしたとなんの誇張もなくいえるのである。

第二は、中国国内の政治過程である。近代的中華ナショナリズムの形成を助けた国内的要因のなかで、最も重要なもののひとつが、ナショナリズムと共産主義との関係に対する中国共産党の理解であった。理論的には、共産主義者はナショナリズムを克服しなければならない。しかし、中国の共産主義者は、ある明確なナショナリズムの立場をとった。それは、ナショナリズムが西洋諸国のみならず、ソビエト連邦に対する闘争をも手助けするというものであった。この点において、ファイアーバンクの観察はまったくもって正しい。彼によれば、国民党に対する中国共産党のイデオロギー的勝利は、ナショナリズム的感覚とムードとの掌握に、ある程度依拠していたのである。[27]

近代的中華ナショナリズムが、少なくともその表層において、古代中国文化のトータルな否定から始まったことは注目に値する。とりわけ、五・四文化革命期の新文化運動の支持者にとって、ナショナリズムとは、デモクラシーおよび自由と不可分のものであった。換言すれば、彼らは、国家の独立と、民主主義および自由とを表裏一体のものとして取り扱ったのである。このことが、初期の近代的中華ナショナリズムを西洋のそれと非常に類似したものにし、それはまた、多くの研究者が近代的中華ナショナリズムの起源を五・四運動に求める理由となったのである。しかしながら、こうしたナショナリズム理解には自己矛盾が孕まれていることをいちはやく見抜いた者もいた。なぜなら、中国の人々が学ぼうとしたそうした西洋の思想こそ、中国を侵略し酷使している者たちの出自であったからである。[28]自由とデモクラシーとが国を救うための単なる下位に位置する手段的レベルにまでおとしめられた理由は、この矛盾に求められる。このことは、中国共産党のナショナリストの立場を理解するために非常に重要である。彼らはこの矛盾を解決するために、西洋を二つのものへと分割した。すなわち、マルクス主義的西洋と資本主義的西洋とにである。そして、後者に対抗するために、ときにはマルクス主義が西洋起源であることを忘却してまで、前者を用いたのである。中国共産主義者の最終目標としては、いかなる部分においても、決して中国を西洋に同化させてはならなかった。彼らは、西洋世界への参画を通して中国が自らの国家状態と文化とを維持し続けられるとは、信じていなかった。反対に、中国国民の再興のためには、新たな制度や文明が創り出されなければならないと信じていたのである。そして、このことは、おそらく、西洋との関係に関する認識において、中国と日本とを決定的に分かつものなのである。

第三は、古代的中華ナショナリズムの現代への継続である。これまでの観察から、古代的中華ナショナリズムの中国共産党へのある程度の影響を見出すことは可能といえる。事実、毛沢東は、一九四〇年代中頃の文学と芸術作品とにおいて、ナショナルなものだけが同時にトランスナショナルたりうることを指摘した。これは、彼の中国共産党指導者としてのナショナルな忠誠心を示している。また、孫文も、中国国民の統合強化を図るためには、中国の伝統的な道徳的価値を復権し発展させねばならないことを指摘している。「伝統的な道徳的価値を通してのみ、国民の伝統的状態へと復帰できる」のである。[29]章太炎のような伝統的ナショナリストは、人々が西洋文化を好むのは、単に彼らが中国の歴史について無知であるからだと信じていた。「中国の優越を知らないがゆえに、そこに愛すべきものを何も発見しえない。それがために、愛国的感情は日に日にやせ細っていく。もし、中国について何ごとかを知れば、心ない者であったとしても、彼の愛国的感情は風や泉のように湧出し、それを抑え込むことなどできないと私は信じている。[30]」胡適のようなリベラリストも、伝統の擁護が、ナショナリズムにとって不可欠の要素であると主張していた。「ナショナリズムには三つの次元がある。第一は外国の文物を排除することであり、第二は自国の伝統的文化を守ることであり、最後のそして最も困難なことが国民国家を建設するために尽力することである。[31]」

西洋スタイルのナショナリズムを受け入れた者たちもいる。単に心の奥底にある古代的中華ナショナリズムを懐かしみ、そして伝統的な儒教的観点によるコスモポリタン的秩序を模索したいがためである。ちょうど孫文が、「いまや西洋は東洋を浸食している。ヴェトナムはフランスに征服され、ビルマは英国に征服された。……かりに中国がいつの日か十分に強くなったならば、我々は、我が国民を伝統的な状態へ復興させるだけではなく、世界に対して偉大な責任を同時に背負うだろう。……我々は貧しい者を助け、そして弱い者を救う。それが我が国民の使命を果たすことだからである」と述べたように。[32]章太炎もまた、次のように指摘する。「我々の目標は漢民族に限定されたものではない。もし我々が十分に強くなったならば、より強い国民に征服された弱小の国民を必ず助けるであろうし、また、国家権力を失い隷属状態に置かれた国民が元の状態に戻るために必ず手をさしのべるであろう。」「完璧なナショナリストは、我々と同じ苦難に苦しめられている者たちを完璧に理解せねばならない。そして、そうした者たちが完全に独立を回復するために、手をさしのべねばならない」のである。[33]

3　結論

一九四九年から一九八〇年代の終わりに至るまでの間、共産主義イデオロギーは、近代的中華ナショナリズムの文化的核である儒教を克服したように見えた。五・四運動以来、儒教は、中国の貧困と後進性の原因として激しい攻撃にさらされつづけてきたからである。しかしながら、毛沢東支配下の中国共産党による失敗と、鄧小平による改革開放政策によって、共産主義イデオロギーの文化的および道徳的な影響力は、それが儒教と同じく、すぐれた文化的構造を有するか否かという点を問われることもないままに、著しく低下していった。こうした諸事情は、現代の中華ナショナリズムを新たなジレンマに陥らせている。中国人民の総体が中国文化の枢要を西洋文化に置換することに継続的に反抗する一方で、共産党のイデオロギーが文化的統合の機能をほとんど失い、それと同時に、儒教の再興はいまだスローガンのレベルに停滞し続けているのである。それゆえ、現代的中華ナショナリズムは、その文化的核を失った空虚なイデオロギーに成り下がる危機に再び直面しているのである。

現在、中国政府は「公式ナショナリズム」と呼ばれる合理的で穏健なある種のナショナリズムを奨励している。その目的は、一方で、険悪で排外的な「通俗的ナショナリズム」を、他方で、非漢民族グループによる「エスノ・ナショナリズム」を処理することにある。[34] しかし、新たなイデオロギー的また文化的方策が見つからなければ、現在の体制に対するこれら二つの破壊的勢力の間で戦略的に振る舞うことは、疑いなく非常に困難な作業なのである。

具体的には、この公式ナショナリズムは、その文化的かつイデオロギー的な内容の欠落ゆえに、これからの中国の国民的な統合のための力としては弱すぎるのである。現代中国は、辺境地域のエスノ・ナショナリズムの強大な圧力にさらされており、この圧力が、近い将来、減少するであろう理由は何もない。言い換えれば、エスノ・ナショナリズムは中国にとって深刻な問題となるであろう。その一方で、今日の中国における通俗的ナショナリズムは、ある種の過激な傾向を有するようになっており、排外的ナショナリズムになることさえ十分にありうることである。ここ数年、この種のナショナリズムは、インターネットの助けを借りて、特に若い世代の間で影響を及ぼしている（それゆえ、「インターネット・ナショナリズム」とも呼ばれる）。この通俗的ナショナリズムは、政治的に適切に処理されている限り、中国を他国との戦争へ導くことはないが、しかしながら、それは中国の対外関係や、国内の合理的な政治プロセスを不可避的に悪化させるであろう。

エスノ・ナショナリズムと通俗的ナショナリズムとを平衡させるために、中国は、一方で効果的に民主化のプロセスを、他方で、伝統的な儒教の復権を推し進めねばならない。人民の参加なくして、いかなるナショナリズムも存在しない。古代も近代もともに中華ナショナリズムは、国家的動員を基礎にしていた。個々人は、ときに自分で判断を下すことなく、国民的目標へと受動的に向かわされたのである。デモクラシーは、今日の中国において最も必要な自律と相互責任の精神を涵養しながら、人々やエスニック・グループ間での合理的な対話のための制度的枠組みを提供することができる。なぜならば、人々に参加のチャンネルを提供しながらも、顔と顔とをつきあわせた形での討論や相互責任を欠落させているいわゆる「インターネット・デモクラシー」では代替不可能な性格を、制度としてのデモクラシーはもっているからである。儒教的価値に接合されたデモクラシーは、将来の中華ナショナリズムの文化的核を形成するにちがいない。台湾とシンガポールとの経験は、儒教がデモクラシーに反するものではないことを証明している。外部世界が存在していることはたしかにナショナリズムの前提条件であるかもしれない。しかし、文化的核は、外部の存在以上に重要なものなのである。この文化的核は、ちょうど古代的中華ナショナリズムが果たしたように、それ自体の目標へと国民を統合するのであって、排外的熱狂によって人々を一つにまとめるのではない。すなわち、民主的で儒教的なナショナリズムは、中国に対して、国内の民族問題を処理するための新たな可能性を開くと同時に、その外部世界との平和的な共存と協業とに対してもまた新たな可能性を開くであろう。

(1) ナショナリストによる想像のスタイルは、(他国民、もしくは、国家に属さない人々の存在によって)境界画定された共同体や主権者、および犠牲を払いうる共同体についてのものであるとベネディクト・アンダーソンも論じている。John Breuilly, "Reflections on Nationalism," 15, 1985, p. 70も見よ。
(2) Elie Kedourie, *Nationalism* (fourth edition), Oxford: Basil Blackwell, 1993, p. 1.
(3) Ernest Gellner, *Thought and Change*, London: Weidenfeld & Nicolson, 1964, p. 125.
(4) Elie Kedourie, *op. cit.*, p. 144
(5) Ernest Gellner, *Nations and Nationalism*, Oxford: Basil Blackwell, 1983, p. 139.(アーネスト・ゲルナー『民族とナショナリズム』加藤節監訳、岩波書店、二〇〇〇年)
(6)「ナショナリズムは、国民による自意識の目覚めではない。国民の存在しないところに国民を創造することである。」(Ernest Gellner, *Thought and Change*, p. 168)
(7) シュレジンガーによれば、国民とは、「地理的に画定された領域に住み、共通の言語を話し、国民の抱負が示された文学をもち、過去の英雄をもち、ある場合には、同じ宗教をもつ人々の集団である」。中国国民は、そうした基準をほぼ満たしていることがわかる。Cf., Arthur Schlesinger, foreword to M. Palumbo & W. O. Shanahan (eds), *Nationalism*, Westport: Greenwood Press, 1981, p. ix. 中華民国の建国の父である孫文も、民族的アイデンティティを中心要素とした中国国民に対する考えをはっきりと述べている。彼は、人種と国家とが、古代中国において対応関係にあったことを強調した。なぜならば、中国は、秦朝や漢朝以来、単一の人種から国家を発展させてきたからである。Cf., Sun Zhongshan, *Collected Works of Sun Zhongshan*, Vol. 7, Beijing, Zhonghuashujiu, 1985, p. 60.

（8）アンソニー・スミスによれば、西ヨーロッパにおける国民的統一体は、歴史的な領域性や、それ自体権利義務を示す成員の法的・政治的平等としての法律や制度、そして共通の政治文化や政治的イデオロギーから生ずるものであるとされる。Cf., Anthony D. Smith, *National identity*. Reno: University of Nevada Press, 1991, p. 12. クレイグ・キャルホーンも次のように論じている。すなわち、ナショナリストによる要求は、自決を可能とする自律的な政治的共同体を建設するものが何であるかについての解答様式であり、したがって、国民とは、近代に特有の構築物なのである。いずれにせよ、ナショナリズムがなぜ近代的な現象であるかを理解させるために彼が挙げた諸要素は類似している。言い換えれば、共通の政治構造や共有された文化や言語などの社会的諸関係は、必ずしも近代の産物ではないのである。Cf., Craig Calhoun, "Nationalism and Civil Society: Democracy, Diversity and Self-determination," *International Sociology*, Vol. 8, No. 4, December 1993, pp. 395-396.

（9）学者のなかには、前近代もしくは近代ヨーロッパ以外の地域における国家的アイデンティティを「愛国主義 patriotism」と分類するものがいる。Cf., Lamont Dehaven King, "Nations without Nationalism: Ethno-Political Theory and the Demise of the Nation-State," *Journal of Developing Societies*, No. 18, 2002. また、マリア・H・チャンのような学者は、中国では、文化的ナショナリズムは、十九世紀後半に現われた政治的または愛国的ナショナリズムよりも比較的古い歴史をもっていると主張している。しかし彼らは、ナショナリズムが、秦朝以降、絶対主義国家の建設に協力するようになったとは決して認めていない。Cf., Maria Hsia Chang, *Return of the Dragon: China's Wounded Nationalism*, Boulder: West View Press, 2001. 一方、サミール・アミンは次のように論じた。西ヨーロッパにおける国民の出現は資本主義の出現と表裏一体であったが、その同じことを、世界の他の地域については言うことができない。特に、資本主義のヨーロッパが出現する以前に古代文明が栄えていた中国とエジプトのような地域についてはそうである。Cf., Samir Amin, *Class and Nation: Historically and in the Current Crisis*. London: New York Monthly Review Press, 1980. ピーター・

フェルディナンドも「中国のナショナリズムは、二十世紀における近代化の産物などではない。中国人のアイデンティティの重要な要素は、何百年ではなく何千年も遡るのである」と述べている。Cf., Peter Ferdinand, "Ethnosymbolism in China and Taiwan," in Athena S. Leoussi and Steven Grosby (eds.), *Nationalism and Ethnosymbolism: History, Culture and Ethnicity in the Formation of Nations*, Edinburgh: Edinburgh University Press 2007, p. 233.

（10）Cf., Hans Kohn, *The idea of nationalism: A study in its origins and background*. New York: Macmillan, 1944.

（11）「公民体（a body of citizens）＝国民（nation）」の存在は、帝国と国民国家との決定的な違いであると信じられている。この意味において、古代中国は、国民国家ではなく帝国であった。しかし、そこには、一般民衆を国家（the state）に直接関係づける経路が存在しており、なかでも、科挙システムは最も重要なもののひとつであった。このことは、古代中国の政治制度や政治過程を説明するために、西洋起源の諸概念を単純に用いることができないことの例証となっている。古代中国は、西洋世界とは大きく異なるものなのであった。

（12）アンダーソンとゲルナーはともに、近代的なナショナリズムの組織化において、標準化された教育システムが果たす役割を強調している。アンダーソンは、国民意識の創出において、出版資本主義（print capitalism）の勃興を強調している。なぜならば、マスコミュニケーションは、固有の言語に基礎づけられた共通の文化を普及するよう刺激を与えるからである。一方、ゲルナーは、産業化とナショナリズムとを、標準化された教育システムと集権化された国家とに関係づける。そうした集権国家は、標準化された教育システムや文化を維持するために求められるものとされている。Benedict Anderson, *Imagined communities: Reflections on the origins and spread of nationalism*. London: Verso, 1983（ベネディクト・アンダーソン『想像の共同体――ナショナリズムの起源と流行』白石隆・白石さや訳、リブロポート、一九八七年）; and Ernest Gellner, *Nations and Nationalism*.（ゲルナー『民族とナショナリズム』）

（13）E. J. Hobsbawm, *Nations and nationalism since 1780: Programme, myth, reality*. Cambridge: Cambridge University Press, 1990, p. 11.（E・J・ホブズボーム『ナショナリズムの歴史と現在』浜林正夫・庄司信・嶋田耕也訳、大月書店、二〇〇一年）

（14）チャルマーズ・ジョンソンは、日中戦争において現われた農民が主体のナショナリズムを描いた。彼は、それを一九三七年九月十八日以降の日本の侵略に対する農民の自発的な反応であると信じている。また著書のなかで彼は、中国のナショナリズムがこの戦争の単なる産物ではなく、そのルーツが伝統的な通俗文化にあることを論証している。Cf., Chalmers A. Johnson, *Peasant Nationalism and Communist Power: The Emergence of Revolutionary China, 1937-1945*, Stanford: Stanford University Press, 1962.

(15) Joseph Levenson, Confucian China and its Modern Fate, London: Routledge and Kegan Paul, 1958, I, pp. 95-108.

(16) Yang Du, "Jintiezhuyi Shuo", *Collected Works of Yang Du*, Changsha: Hunan People's Press, 1986, p. 372.

(17) 多民族国家もしくは多元主義的国家が例外ではなく原則であることを研究者が容認すればするほど、それに応じて、ナショナリズムは、必ずしも一民族のイデオロギーではなくなる。言い換えれば、マルチエスニック・ナショナリズム（multi-ethnic nationalism）は、理論的にありえないものではなくなるのである。Cf., Anthony Smith, *The Ethnic Revival*, Cambridge: Cambridge University Press, 1981.

(18) 古代中華ナショナリズムが、民族的ナショナリズムに類するものではなかったことは明らかである。イグナティエフにしたがえば、民族的ナショナリズムとは、（たとえば、言語、宗教、慣習、しきたりなどの）先在する民族的特性から国民的統一体が生じるとするものであり、人々に、自身の血に対する信頼を求める。Michael Ignatieff, *Blood and belonging: Journeys into the new nationalism*, New York: Farrar, Straus, Giroux, 1993, pp. 6-7, 9. また、中華帝国には、文化的普遍主義のレトリカルな主張と並んで、自民族中心主義的、また、プロト・ナショナリスト的な心情が存在すると主張する学者もいる。Cf., Jonathan Unger (ed.), *Chinese Nationalism*, Armonk, New York: M. E. Sharpe, 1996.

(19) 白魯恂は、「中国は、本当は、国民国家を装う文明国である」と信じている。(Lucian W. Pye, "How Chinese Nationalism is Shanghaied", in *Chinese Nationalism*, ed., Jonathan Unger. New York: M. E. Sharpe, 1996, p. 109) こうした観点は、中国が国民国家であり、広く西洋に受け入れられていることを否定するとしても、そのことは、国家になろうとする文明国中国の「意志」（たとえば、国民としての意識）を示している。

(20) このナショナリズムについての非常に有名な話は、漢朝の皇帝によって、北方の国に特使として派遣された蘇武についてのものである。彼は、敵に捕まり、羊飼いとして生きながらえた。長い年月を経て、なんとか中国に帰ることができたが、そのとき、彼は、いまだ中国皇帝に仕える者のシンボルとしての職杖を携えていた。

(21) Cyrus H. Peake, "Manchurian Echoes in Chinese Nationalism," *Pacific Affairs*, Vol. 7, No. 4 (Dec, 1934), pp. 413-414; and Cyrus H. Peake, *Nationalism and education in modern China*, New York: Howard Ferting , 1970, p. 120.

(22) 「それはまるで、近代世界のこの永続的現象が、中国服を着て現われたとき、十九世紀のナショナリズムの伝統的な形が、誇張された形態で再現されたかのようである。」Cf., Albert Feuerwerker, "Chinese History and the Foreign Relations of Contemporary China," *The Annals of the American Academy of Political and Social Science*, 1972, p. 6.

(23) Yu Yi, "On Nationalism," *Zhejiang Cao*, Vol. I, in Zhang (et al.), *Political Comments in the First Ten Years after Xinhai Revolution*, Beijing: Sanlian Book Store, 1978, p. 485.

(24) Liang Qichao, "On the Main Trend of National Competition," in *Collected Works*, Vol. X, Beijing: Zhonghuashuju, 1983, p. 35.

(25) Liang Qichao, "On the Similarities and Differences of the State Ideas," in *Collected Works*, Vol. I, p. 22. Liang Qichao, "On the New People," op. cit., p. 549 も見よ。

(26) Albert Feuerwerker, "Chinese History and the Foreign Relations of Contemporary China," *The Annals of the American Academy of Political and Social Science*, 1972, p. 8.

(27) Tao Wenzhao, *Collected Works of Fei Zhengqing*, Tianjin: Tianjin People's Press, 1992, p. 345.

(28) 毛沢東は、かつて、このことを、生徒を虐待する教師として風刺した。

(29) Sun Zhongshan, "Lectures on Nationalism," delivered from January to February in 1924.

(30) Zhang Taiyan, *Political Writings of Zhang Taiyan*, Vol. I, Beijing: Zhonghua Shuju, 1977, p. 276.

(31) Hu Shi, "Personal Liberty and Social Progress," *Independent Review*, Vol. 150. From Geng Zhiyun, *Chronicle of Hu Shi*, Chengdu: Sichuan People's Press, 1989, p. 459.

(32) Sun Zhongshan, "Three Principles of the People," in *Collected Works of Sun Zhongshan*, Vol. IX, Beijing: Zhonghua Shuju, 1986, p. 253.

（33）Zhang Taiyan, "On Five Shortage," *Collected Works of Zhang Taiyan*, Vol. IV, p. 430.

（34）Yongnian Zheng, *Discovering Chinese Nationalism in China: Modernization, Identity, and International Relations*, Cambridge: Cambridge University Press 1999, p. 106.

（森分大輔・木花章智訳）

現代日本の〈ナショナリズム〉

平石直昭

1　はじめに

一九九〇年代の前後にかけて日本の内外では、大きな事件や変化がたてつづけに起こった。時系列に沿ってみてゆけば次のようになる。昭和の終りと天皇の代替り（一九八九年一月、昭和天皇死去）、中国の天安門事件（八九年六月）、冷戦の終結（九〇年六月、米ソ首脳会談）、湾岸戦争（九一年一月）、ベルリンの壁の崩壊（九一年十一月）、ソ連・東欧圏における社会主義体制の崩壊（同十二月、ソ連邦解体）、政党再編（九三年八月、細川連立内閣発足と五五年体制の終り）、オウム真理教事件（九四年六月、松本サリン事件、翌年三月、地下鉄サリン事件）、阪神淡路大震災（九五年一月）、バブル経済とその破綻、金融危機（九七年）、規制緩和（九八年、金融ビッグバン）、構造改革、アジア諸国の経済的台頭、日米安保の再定義（九七年九月、日米ガイドライン）、そして反テロ戦争などである。このようにざっとあげただけでも、世界的規模における体制の変動や激動と連動して、日本が大きく変貌しつつあったことを誰しも否めないであろう。

こうした内外の出来事を背景にして、現代日本にはさまざまな形で「ナショナリスティック」な動きが起こっている。本稿で私はそれらに関連する三つの問題を論じたい。

第一に、現代日本の「ナショナリズム」問題の背景には、戦前の日本で国民的同一性を保証していた「国体」の理念が敗戦によって権威を失い、戦後日本がそれに代わる国民的理念の構築に成功してこなかったという事情があることである。その代替物らしきものは、「日本的近代化論」「勤勉の哲学」「日本的経営論」など、一九五〇年代後半以後の「高度経済成長」を背景としていくつか現われた。しかしいずれも国民の精神を深く捉えることのないまま一時的な満足を与えるに終わり、精神的な空白状況を残すことになった。

第二に、現代日本の「ナショナリズム」がいくつかの潮流の複合体としてあり、それぞれの背後にはニュアンスの異なる政治的動機や歴史観等が作用していることである。たとえば戦前の教育をうけた老人たちが抱く復古主義的なそれがある一方、冷戦終焉後の世界情勢の変容をうけて、若い世代の間で「国民」を主人公とする日本史像を描く試みがなされるようになった。他方で政府は、国旗・国歌法の制定や防衛庁の省への昇格を実施し、「戦後」の日本が抑制してきた「ナショナリスティック」な動きへの歯止めをはずした。これらの動向は、その思想構造や意図において単純に同一視できないものである。

第三に、そうした「ナショナリズム」を受容ないし支持する国民（とくに若い世代）の側には、生活意識の面で、たんなる「私化」というよりも「原子化」の傾向があり、それは現代日本社会の変容やそれが置かれた世界的状況と深く関係していることである。ここでは高学歴の若者が引き起こしたオウム真理教事件の背景、あるいは若者による無差別的な殺人事件が間歇的に起こる背景に何があるか、それが「ナショナリズム」と結びつく可能性がないかどうかが問題である。

なお本稿で私は「ナショナリズム」を、自己の属するネーションの伝統や文化等に対する国民の帰属意識や誇りの感情、他の国家や民族に対する差別感や優越感、対外的な膨張志向、外国や国内少数派等に対する排外主義的傾向などを指す言葉として広い意味で使いたい。念のためにいえば私は、ナショナリズム一般を否定する立場には立たない。ナショナリズムが歴史上、多くの害悪を犯してきた事実を認めつつ、他方で人類には、国家や民族を超え、それらを縛る普遍的規範に立つナショナリズムが（なおしばらくの間）必要と考えている。少なくとも日本に関していえば、第二次大戦における自国の戦争責任を取るためにも、普遍的価値に立つナショナリズムが必要だというのが私の考えである。

しかし現在の日本で広がりつつあるように見える「ナショナリズム」は、普遍的な価値や規範よりも自国の利害を優先する立場に立っている。その点では本稿は、普遍主義的ナショナリズムの立場からする、現代日本の特殊主義的「ナショナリズム」に対する批判の試みといえる。一九四五年という敗戦の年にうまれた私にとって、戦後日本の歴史は自分の人生とほぼ重なっている。そうした者からみて近年の日本の精神状況は、なにかしら非常におかしいと感じられる。そこにはどんな問題があるのか。日本政治思想史を専攻してきた者として、それを少しでも明らかにしたいというのが本稿の意図である。

2　現代日本の「ナショナリズム」の背景要因——近代日本の歴史的独自性

現代日本の「ナショナリズム」問題を理解するために、戦前日本の歴史をふり返りたい。日本は十九世紀半ばに他の東アジア諸国とともに「西欧の衝撃」に直面した。当時それは、歴史家が幕藩体制とよぶ旧体制下にあった。しかし一八六八年の明治維新と引き続く西洋をモデルとした富国強兵の努力を経て、日本は近代的な主権国家として再生した。そして十九世紀末と二十世紀初頭とにおける中国、ロシアとの戦争を経て、東アジアにおける軍事強国として現われたのである。国民の熱心な戦争協力がそこで大きく貢献したことはいうまでもない。ついで日本は一九一〇年に韓国を併合して植民帝国となり、一九三〇年代には中国領土内に傀儡国家を作るなどの大陸侵略を試みた。英米の覇権に対して挑戦し、東アジアにおける自国の覇権を確立することが国策の中心だった。そして中国ナショナリズムの抵抗や欧米列強の反撃にあって全面的な戦争政策をとり、最終的に敗れ去ったのである（一九四五年）。

近代日本がたどったこうした歴史は、世界史的にみて独自なものといえる。当初は他のアジア諸国と同じく欧米列強への経済的従属ないし被植民地化の危機にさらされながら、やがてキャッチアップ政策の成功によってその危機を脱したのち、非欧米国として列強の仲間入りをし、アジアでの覇権獲得を意図して敗北したからである。そこには被害者から加害者への急速な転換があり、華やかな成功と惨めな失敗という鋭い対比がある。それがよびおこす栄光と屈辱の記憶は、現代日本のナショナリズムに独特の色調を与えている。またそうした過去から何を学んで将来に生かすかは、現在も国論の二分状況をもたらしている。一方で「良心的兵役拒否国家」構想があると同時に、他方でいわゆる「普通の国」が唱えられるのは、この状況を象徴している。

ナショナリズムの観点からみて重要なのは、「国体」論という戦前日本の臣民教育に大きな役割をはたしたものが、敗戦によってその権威を失い、戦後には国民的同一性の危機が生じたことである。「国体」論は、もともと十九世紀前半に後期水戸学派によって唱えられた。その代表的なイデオローグである会沢正志斎は主著『新論』で、近年における西洋の強大化の秘密をキリスト教に求めている。西洋は貿易によって相手国の虚実を窺い、弱ければただちに併合する。しかし強ければキリスト教宣教師を派遣して相手国の国民の改宗を図る。これによって相手国国民は、同じキリスト教信者として、西洋の軍隊を喜んで迎えるようになるというのである。会沢は、オランダ風説書などを通して、西洋列国による非西欧圏の植民地化戦略の知識を得ていたようである。

こうした理解にたって会沢らは、キリスト教による間接侵略を防ぐため、その対抗イデオロギーとして日本固有の「国体」観念を発明した。その骨子は、正統な王朝が建国以来続いてきたという神話に立つ「忠孝の一致」にあった。会沢によれば孝と忠とは宇宙に存在する客観的な規範であり、先祖に対して孝である子孫は、先祖が一心に当時の天皇に仕えたように、先祖と同じ忠誠心をもって現在の天皇に仕えるという。こうして元来の儒教では場合によって鋭い緊張関係にたつ「忠」と「孝」とが、日本では一致するとされる。そしてこの理念を臣民が身につければ、彼らの忠誠心は皇室を頂点とする「国体」という閉じた共同体の内部に収斂し、キリスト教のような外教の侵入を防ぐというのである。

こうした水戸学派の「国体」論は「大日本帝国憲法」を起草した伊藤博文らに有力な示唆を与えた。伊藤によれば、西洋諸国ではキリスト教が国民の精神的機軸になっているが、日本にはそうした宗教がない。そこで国民の精神的な結集をはかるには、皇室を精神的機軸とし、天皇主権を原理とする体制を作る必要があるという。さらにこの憲法の前年に明治天皇の名前でだされた「教育勅語」はその前文で、忠と孝とを軸にした「国体」が教育の源であると宣言した（「我が臣民よく忠によく孝に億兆心を一にして世々その美をなせるは、これ我が国体の精華にして教育の淵源また実にここに存す」）。

この勅語は戦前の日本で学校生徒によって暗誦され、祝祭日には生徒の前で校長によって奉読された。戦前の日本人に国民的同一性を植えつけるうえで、それがいかに大きな役割を果たしたかは明らかである。だからこそ敗戦によるその権威の失墜は、国民のあいだに精神的空白状況をうんだ。戦後も新しい教育勅語を出すことが時の政府等によって模索され、あるいは「期待される人間像」が作られた背景には、戦前の教育を受けた人々の間におけるこの喪失感が強く作用していたといえる。そして「国体」に代わる国民統合の機軸をどこに求めるか、あるいはいかにそれを作り出すか、そもそもそうしたものは不要とみなすかは、いまなお争点であり続けているといえよう。

3　現代日本の「ナショナリズム」の諸動向

「国体」の理念は、右派の間では戦後も生き続けた。一九六〇年代における自民党保守派を中心とする「靖国神社国家護持法案」の運動や、林房雄による「大東亜戦争肯定論」の主張、また近年でも森元首相による「神の国」発言（二〇〇〇年五月十五日）などはそれを示している。しかし他方でこうした戦前的な「国体」論が政府自民党や財界の主流になったわけではない。むしろ主流になったのは、モダンな装いをもっていたといえよう。一九六〇年代以後には、アメリカの駐日大使ライシャワーの名とともに連想される路線の下で、社会主義モデルに対抗する発展途上国の近代化のモデルとして、明治以後の日本を再評価する論が盛んになった。また七〇年代から八〇年代には、五〇年代後半以後の経済の高度成長、とくに六七年に日本がＧＤＰ生産で世界第二位となったことをうけるようにして、「勤勉の哲学」や「日本的経営論」が流行した。さらにＮＩＥＳの台頭とともに「儒教的資本主義」のような議論も一部で唱えられるようになった。

こうしたなかで自民党はほぼ一九八〇年代前半までは、対外的な安全保障は日米安保体制にゆだねつつ、対内的には経済成長の追求を基本政策としていた。この路線は国防上の負担を軽減でき、また平和憲法問題を争点化しないですむという利点があった。しかしやがて経済大国日本という自負心が広がるなかで、次の国家目標として政治大国化をめざす動きが強くなった。八〇年代半ばにおける中曾根内閣の登場はそれを示している。彼が戦後の首相として、初めて靖国神社を公式参拝したのは象徴的である（八三年一月にアメリカのレーガン大統領と会談した彼は、冷戦下での日本の不沈空母化を述べて物議を醸したが、八四年一月に首相として靖国神社を公式参拝した。翌年八月十五日には全閣僚が公式参拝する）。

以上のような八〇年代までの動きと、先にみた九〇年代以後の激動が交錯するなかで、いくつかの新たな「ナショナリスティック」な動きが生じた。たとえば「国際貢献論」がある。その起源は九一年一月の湾岸戦争にあった。冷戦の終焉により日米安保体制の見直しが必要となるなかで生起した湾岸戦争は、日本の軍事的危機に関わらない地域における国際紛争に日本はどう関わるのかという問題を提起したのである。それは従来の使い分け路線（安全保障は日米安保にゆだね、主力を経済成長に注ぐ）では十分に対応できなくなったことを意味する。そして一兆二千億円という巨額の国連分担金を払いながら、国際的にはそれが評価されなかったことで、国内各方面に深い挫折感を残した。

これを契機に自民党は、憲法九条の解釈によって実質的に軍隊を維持するという従来の路線を改め、憲法改正に向けた動きを本格化させた。また「読売新聞」は社内に特別チームを編成し、憲法改正を含めた日本の将来構想の試案を読者に示すようになった。いずれも湾岸戦争が日本に与えた衝撃の深さを示している。日本はその経済力にふさわしい役割を国際政治の舞台でも果たすべきであり、自衛隊を海外に派遣して国際紛争の解決に資し、国際連合の常任理事国になるなど、国際的威信を高めるべきだという主張がそこには共通している。近年の「防衛庁」から「防衛省」への格上げは、この動きが現実化しつつあることを示す。靖国神社問題と関連して提起された国立の追悼施設建設構想も、この国際貢献論と不可分である。先の戦争における死者はともかくとして、今後の日本が行なうであろう国際貢献で亡くなる死者をどう扱うのかが、そこでは問われているからである。

以上のような「国際貢献論」と一部で重なりながら、その歴史観やイデオロギーにおいて微妙に異なる動きが一九九〇年代半ばに起こった。九六年に発足した「新しい歴史教科書を作る会」の運動がそれである。この運動は民間の学者や評論家らが中心となり、戦後のいわゆる「進歩派」とは異なる歴史像を若者に教えようとする動きである。この会が結成される主な契機となったのは、九〇年代半ばの細川首相や村山首相による戦争責任の謝罪談話やマス・メディアによる国民の加害責任を問い直すキャンペーンであった。

九一年十二月、韓国の元従軍慰安婦によって（改めて）日本の戦争責任問題が提起された。その背景には、第二次大戦直後には厳しく問われた日本の戦争責任と賠償の問題が、やがて冷戦下の米ソ対立と「自由主義陣営」の結束の必要性という外的要因によって封印されたこと、しかし冷戦の終結とともにそれが再浮上したという事情があった。それまで日本のマス・メディアでは、国民は戦争被害者とされ、悪いのは軍部と右翼だという論調が普通だった。しかし九〇年代半ばになると、アジア諸国民からの批判に対応する形で、国民の戦争責任を指摘する論説がマス・メディアにもかなり登場するようになった。とくに前記した従軍慰安婦の問題が日本社会に与えた衝撃は大きかった。被害者だったはずの「国民」の人間的な責任が問われたからである。

こうした動きに対して「作る会」は、近代日本史を欧米列強を相手として困難な戦争を戦った歴史として捉え、国家のために戦った英雄として先祖の名誉を守ろうとした。それは天皇を中心とする戦前の「国体」論と違って、草の根レベルで「国民を主人公とした物語」を作ろうとしたのである。これにはソ連・東欧圏における社会主義の失敗という出来事も作用していた。この事件を契機に思想的な転向を遂げた一部の旧マルクス主義者は、それまで歴史学界の「進歩派」によってとられてきた大陸侵略史としての日本近代史についても見直し作業を始めたからである。司馬遼太郎が『坂の上の雲』などで描きだした明治日本の溌剌たる姿は、この点で彼らに大きな示唆を与えたようである。

「作る会」などの動きと並行した九〇年代以後の政府レベルの動きも重要である。すでに九一年六月に文部省は、教科書検定結果の公表において「日の丸」「君が代」を国旗・国歌として明記する方針を明らかにしていた。その延長上に小渕内閣による「国旗国歌法」の制定がある（一九九九年）。それは、公立学校の式典で国歌斉唱を命じる文部省の命令と、それに反対する教職員組合の板ばさみにあい、ある高校長が自殺したのをうけて制定された。法案審議の過程で政府側は「内心の自由」を侵す意図はないことをくりかえし答弁した。しかし実際にはそれは、地方自治体の教育委員会が国歌斉唱に従わない教師らを服務命令違反として処分する根拠とされている。「ナショナリズム」を教職員に強制する役割を果たしているわけである。

さらに安倍内閣の下で「教育基本法」が改正され（二〇〇六年）、伝統の重視や、愛郷心・愛国心の養成が規定された。同首相が「作る会」に近いことからもわかるように、ここには公教育の場を利して「ナショナリズム」を生徒に注入しようとする意図がうかがえる。事実二〇〇九年三月十一日の「朝日新聞」「風考計」によれば、安倍は日本の戦争責任を認めて謝罪した村山談話を塗りかえて、安倍談話を出したかったと語ったという。

4　現代日本の「ナショナリズム」の心理的社会的基盤

以上、現代日本の「ナショナリズム」の動向を見てきたが、こうした動きを国民が支持もしくは受容するさい、その心理的社会的基盤はどのような点にあるだろうか。ここでは丸山眞男がかつて示した二つの理論的図式を参考にして、この問題を考えたい。

一九六一年に発表した論文で丸山は、近代社会における共同体からの「個人析出のパターーン」を論じた（『丸山眞男集』第九巻）。そこで彼は、政治権威の中心に対する距離感の強・弱を横軸にとり、自発的結社の形成志向の強・弱を縦軸にとって、四つの象限をつくり、「民主化」（democratization）、「自立化」（individualization）、「私化」（privatization）、「原子化」（atomization）の四類型をあげた。このうち「民主化」は権威志向と結社形成志向がともに強いタイプ、「自立化」は、権威志向は弱い反面で結社形成志向は強いタイプ、「私化」は権威志向と結社形成志向がともに弱いタイプ、そして「原子化」は、権威志向は強い反面で結社形成志向は弱いタイプである。私の理解では、これらの四形態は、それぞれアメリカ社会、英国社会、高度成長下の日本社会（マイホーム主義）、そしてファシズム下のドイツ社会を近似的なものとして想定すると理解しやすい。

ところで日本社会に関しては、早くも七〇年代に「家庭の崩壊」が言われるようになり（小中学校生の自殺や離婚率の増加など）、さらに九〇年代以降になると、バブル経済の崩壊や労働者派遣法の改正（一九九九年、二〇〇三年）等により、「会社」もまた従来もっていた社会統合上の力（擬似共同体的性格）を失うようになった。終身雇用と年功序列とを二本の柱とする、いわゆる「企業一家」の理念が崩れてゆくのである。そしてパート労働者や非正規労働者が増大し、社会における各種の格差の広がりが指摘されるようになった。オウム真理教のようなカルト集団が高学歴の若者の間に信者をふやし、また無差別的な殺人行為が間歇的に起こるのも、個人が社会のなかで連帯感を失って原子化し、その結果、不安と孤独な精神状況が広がっているという背景があろう。

こうした精神状況がある一方で、政治やメディアの世界では、差別的な発言をくりかえす政治家が都知事選で再選を果たし、排外主義的な言論が雑誌等の誌面に踊るような状況がある。また典型的には小泉人気に見られたような「ポピュリズム」現象がある。とすれば現在の日本では、経済成長の下で支配的だったマイホーム主義、ミーイズムという「私化」型（権威志向も結社志向も弱い）から、強い権威へと自己同定することで疎外感を発散させる「原子化」型へと人々の意識が移りつつあるのではないだろうか。そしてバラバラな原子として不安と孤独のなかで焦燥感を増している精神は、疎外感や不安を一時的に解消し、あるいはそれを爆発させるために、きっかけを与えられれば群集として行動し、弱者や少数者、異質な他者に矛先を向けかねない。かつて似たような精神状況の下でファシズムが支持者を広げていったことを考えれば、この想定は杞憂とはいえないであろう。

以上のような国内的要因と連動して、対外的な要因がある。ここでも丸山の議論を参考にすれば、一九五〇年代後半に丸山は、日本社会の変化をもたらす要因として、縦の歴史的発展以外に横からの文化的衝撃があるという見方を提起した。この見方によれば、十六世紀後半から十七世紀初頭にかけてのキリシタン渡来時代は第一の開国期であり、十九世紀半ばの西欧の衝撃は第二の開国期、そして二十世紀半ばの敗戦をうけた戦後は、第三の開国期ということになる。第一の開国は徳川体制の下での全面鎖国に終わり、第二の開国は技術面での開国とイデオロギー面での鎖国（「国体」による規制）という使い分け開国に終わった。しかし第三の開国である戦後は全面的な開国状況にならざるをえないと丸山はいう（「平和と民主主義のとりで　憲法」『丸山眞男座談3』所収、初出一九五九年）。

しかし他方で丸山は、第三の開国期がもつ制約要因をも指摘していた。天皇制という制約がなくなった代わりに占領軍が国際関係を仕切り、その結果、国際交通のただなかに日本国民が置かれることを妨げたこと、また冷戦下での自由世界対共産世界という対立が、戦中期に存していた善玉対悪玉という二分法的思考を再生産させ、異質な文明との接触を通した新たな価値の創出を妨げたことである（「現代はいかなる時代か」『座談3』所収、初出一九五九年）。

この指摘を参考にすれば、冷戦が終わり、また中国や韓国・台湾等で開放政策や民主化が進むことで両国人民との接触が大衆レベルで日常化した九〇年代以後こそ、日本は真の「開国」期を迎えたといえよう。海外からの留学生や研修生、外国人労働者の増加についても同じことがいえる。だがこうした大衆レベルでの日常的な接触の増大は、生活習慣や文化の違いなどを契機として、排外主義的な感情を相互の間に呼びおこしやすい。近年の日本における嫌中感情には、政治的・経済的な要因以外に、こうした「開国」的状況に伴う負の面が作用していると思われる。

5　まとめ

以上、現代日本の「ナショナリズム」について論じてきた。この動向の大きな問題点は、それが内包する倫理的頽廃である。それは集団のためにする自己犠牲の美徳を謳うが、実際には自己が属する国家の価値を最上位におくことで、国家を超える普遍人類的な価値に貢献する観点をもたない。ここでの「自己犠牲」は国家のための犠牲であり、国家自体は構成員の犠牲の下に肥大化することが暗黙に前提されている。それは「集団エゴイズム」にほかならない。個人は国家のために自己を犠牲にする点で利他的なようにみえるが、国家全体としては利己的に行動するのである。

とすれば戦後支配的となった「私」のエゴイズムを批判して「国家的公共」を主張する「ナショナリスト」は、「集団エゴ」の主張という点では、彼らが批判する私的エゴイズムとなんら変わりないことになろう。それを自覚せず、国家の構成員である前にまず一人の人間として自律する立場を確立していない点に、その倫理的頽廃がある。

いま必要なことは、自己が属する国家という特定の共同体を超えた普遍的価値を立て、それによって国家を縛る視点を、われわれ一人一人が内面に確立することであろう。そうしてはじめて「集団エゴイズム」がうみだす倫理的退廃や集団への依存から我々は脱却できると思われる。

本稿は二〇〇九年三月二十二日に成蹊大学で開催された国際シンポジウム「デモクラシーとナショナリズム——アジアと欧米——」のために用意したペーパーを一部手直ししたものである。日本の「ナショナリズム」をめぐる状況は、その後、東アジア国際情勢の緊迫化、とくに今秋以後の日中間の領土問題の再燃を契機として、大きな変容をみせているように思われる。しかし原文執筆時点の趣旨を尊重して、この変化についての考察は本稿では控えた。

（二〇一〇年十二月十九日）

編者あとがき

政治学や歴史学の領域において、デモクラシーとナショナリズムとは問われることのもっとも多い主題群に属している。これまでにそれぞれに関する膨大な量の個別研究が生みだされてきたのは、その当然の帰結であった。まず、ナショナリズム研究について言えば、それは「民族自決」の波が高まった第一次大戦後、植民地解放が進んだ第二次大戦後の二つのピークを経て持続的に行なわれ、例えば、C・J・H・ヘイズ、H・コーン、E・H・カー、I・バーリン、E・ゲルナー、B・アンダースンといった人々の手になる古典的な研究が次々に積み上げられてきた。そこで問われたのは、思想および運動としてのナショナリズムの担い手は誰か、ナショナリズムは産業化や国民国家形成といった近代化の過程と関連する近代的な現象なのかどうか、ナショナリズムはなぜ死滅しないのか、ナショナリズムの中核にあるネイション（nation）という概念が歴史や伝統に根ざす実体的なものであるのか、それとも必要によって創造されたものであるのかといった問題であった。また、東西冷戦終焉後の民族紛争の激発を受けてナショナリズムへの関心があらためて高まるなか、E・J・ホブズボーム、W・コナー、A・D・スミスらによって、「民族的ナショナリズム ethno-nationalism」や「グローバル時代におけるナショナリズム」についての分析が精力的に行なわれてきたことも周知の通りである。そこで論じられたのは、体制としての社会主義が崩壊したのちにナショナリズムが勢いを増したのはなぜか、ナショナリズムが容易に消滅しないのは、人間集団が共有する文化や伝統に基礎をもつエスニシティのような近代以前から連綿として持続してきた要因がその根底にあるからではないかといった問題であった。

他方、デモクラシーに関しても、その歴史や実態をめぐる豊かな研究が途切れることなく蓄積されてきた。特に、デモクラシーが、無知な大衆の支配を含意するマイナス・シンボルから、自由かつ平等な人間にもっともふさわしい統治体制を指示するプラス・シンボルへと転化した十九世紀中期以降、デモクラシーは社会科学における中心的な問題の一つであり続けてきたと言ってよい。しかも、近年、歴史状況の変容を反映して、従来にはあまり見られなかった多角的な視点からデモクラシーを考察しようとする傾向が特に目立つ。例えば、大衆社会において弱体化した政治への参加を促してデモクラシーをいかに活性化させるかという観点から、ラディカル・デモクラシー論やシチズンシップ論が展開されてきた。また、近代の国民国家の規模に適合的な形態として確立された代議制デモクラシーにおける代表性の危機の問題が、限られた数の政党によっては表象しえない民衆側の価値観の多様化に関連して論じられてもきた。さらに、ロック流の立憲的代議制リベラル・デモクラシーと、マキャヴェッリに始まり現在のコミュニテアリアンにまで至るリパブリカニズムの伝統との関係も大きな論点となってきた。二つのデモクラシーが競争的に共存していた冷戦期の体制が社会主義的デモクラシーの崩壊によって終わりを迎えたあと、一部の論者によってリベラル・デモクラシーの「勝利」による「歴史の終焉」が叫ばれたこともよく知られている。そのうえ、国民国家の構成原理をなすナショナル・デモクラシーとして定着した近代のデモクラシーに対して、国民国家の枠を超えるトランス・ナショナルなデモクラシーを構築しつつあるEUの実験がデモクラシーの歴史においてもつ意味が問われてもきた。

このように、ナショナリズムもデモクラシーも、時代の動向に対応しつつ、それぞれについての個別研究においてはこのうえなく豊かな歴史を刻んできた。では、両者の相互関係それ自体を直接的な主題とした研究についてはどうであろうか。もとより、そうした研究がないわけではない。ナチズムや天皇制ファシズムの形態をとった全体主義的な超民族主義（ultra-nationalism）のもとにおけるリベラル・デモクラシーの不在を分析した研究や、逆に全体主義的な超民族主義の勃興と大衆デモクラシーとの内的な関係を考察した研究はそれに属する。しかし、そうした例を除いて、デモクラシーとナショナリズムとがどのような関係に立つかという問題はこれまで十分には考察されてきておらず、研究史における意外な欠落をなしていると言ってよい。それには次のような二つの理由が考えられる。

第一の理由は、デモクラシーとナショナリズムとの起源の隔たりが両者の関係への関心を弱めてきたことに求められるであろう。デモクラシーが明確に古典古代に淵源をもつのに対して、ナショナリズムは、その「材料」がたとえ前近代に準備されたものであるとしても、少なくとも思想および運動としては近代の産物であるという事実が、両者の関係を正面から問題化する視座の成立を阻んできたことは否定しがたいからである。第二の理由として指摘したいのは、デモクラシーが十九世紀中期以降プラス・シンボルに転じたのに対して、ナショナリズムが排外的な自民族中心主義（ethno-centrism）や外国人恐怖症（xenophobia）、さらにはホロコーストのような病理に陥りやすいものと目されてきたことから、デモクラシーとナショナリズムとを同列に論じることはできないと考えられてきたことにほかならない。例えば、「ネイション・ステイトとはエトノスとデモスとの偶然的結合」であり、「民主主義的国民性を民族的同一性に根をもつものと考える必然性はない」とのハーバマスの言明はその点を暗示するものであった。

けれども、デモクラシーを構成原理とするとともに、政治社会としての共同体性をネイションの観念によって調達してきた欧米の近代国民国家の例が典型的に示すように、デモクラシーとナショナリズムとの間に一定の相関関係が認められる場合が少なからず見うけられるのも事実である。そうであるとすれば、研究史の空白を埋めるためにも、また、デモクラシー論とナショナリズム論とをより豊かなものにするためにも、デモクラシーとナショナリズムとの関係を考察することは依然として意味のある作業であると言ってよい。ただし、両者の関係は歴史的にも地域的にも多様であって、ヨーロッパ近代の場合のような一義性をもつわけではない。本書は、こうした前提に立って、欧米とアジアとにおけるデモクラシーとナショナリズムとの関係の諸相に、専門を異にする執筆者それぞれが立てた独自の視点から光を当てようとする試みである。これまで論じられることが少なかった主題に正面から取り組んだ論稿から成る本書が、デモクラシーとナショナリズムとに関心を寄せる人々の思索に資するものとなることを大いに期待したい。

なお、成蹊大学アジア太平洋研究センター叢書として刊行される本書は、同センターの助成のもと、二〇〇七年からの三年間をかけて行なわれた国際的共同研究プロジェクト「デモクラシーとナショナリズム――アジアと欧米」の成果である。研究と出版との両面にわたって援助を惜しまれなかった同センターに感謝したい。また、本書を刊行するにあたっては、未來社の西谷能英社長、同編集部の高橋浩貴氏に大変お世話になった。記して、心からの謝意を表させていただきたいと思う。

二〇一一年一月

加藤　節

亀嶋庸一（かめじま・よういち）
1949年生まれ。成蹊大学教授。現代政治思想。著書に『ベルンシュタイン――亡命と世紀末の思想』（みすず書房、1995年）『20世紀政治思想の内部と外部』（岩波書店、2003年）ほか。訳書にピーター・ゲイ『ワイマール文化』（みすず書房、1987年）。

孫 歌（そん・か）
1955年生まれ。中国社会科学院文学研究所研究員。中国文学、日本政治思想。日本語で書かれた著書に『アジアを語ることのジレンマ――知の共同空間を求めて』（岩波書店、2002年）『竹内好という問い』（同、2005年）『歴史の交差点に立って』（日本経済評論社、2008年）ほか。

唐 士其（とう・しき）
1967年生まれ。北京大学教授。西洋政治思想史。著書に『美国政府与政治〔アメリカ政府と政治〕』（北京大学出版社、1998年）『西方政治思想史〔西洋政治思想史〕』（同、2002年）『全球化与地域性〔グローバリゼーションと地域性〕』（同、2008年）ほか。

平石直昭（ひらいし・なおあき）
1945年生まれ。帝京大学教授。日本政治思想史。著書に『荻生徂徠年譜考』（平凡社、1984年）『天〔一語の辞典〕』（三省堂、1996年）『改訂版　日本政治思想史――近世を中心に』（放送大学教育振興会、2001年）ほか。共編書に『横井小楠――公共の政を首唱した開国の志士〔公共する人間3〕』（東京大学出版会、2010年）ほか。

執筆者紹介

加藤 節（かとう・たかし）
1944年生まれ。成蹊学園専務理事。政治哲学。著書に『近代政治哲学と宗教——17世紀社会契約説における「宗教批判」の展開』（東京大学出版会、1979年）『政治と人間』（岩波書店、1993年）『政治学を問いなおす』（ちくま新書、2004年）ほか。訳書にジョン・ロック『完訳　統治二論』（岩波文庫、2010年）ほか。

ジョン・ダン（John Montfort Dunn）
1940年生まれ。ケンブリッジ大学名誉教授。政治理論。著書に *Setting the People Free*, (Atlantic Books, 2005) ほか。日本語訳に『現代革命の系譜——その比較社会学的研究序説』（宮島直機監訳、中央大学出版部、1978年）『政治思想の未来』（半澤孝麿訳、みすず書房、1983年）『ジョン・ロック——信仰・哲学・政治』（加藤節訳、岩波書店、1987年）ほか。

マイケル・アダス（Michael Adas）
1943年生まれ。ラトガース大学教授。歴史学。著書に *Machines as the Measure of Men: Science, Technology, and Ideologies of Western Dominance*, (Cornell University Press, 1989); *Dominance by Design: Technological Imperatives and America's Civilizing Mission* (Belknap Press of Harvard University Press, 2006).

愛甲雄一（あいこう・ゆういち）
1969年生まれ。成蹊大学アジア太平洋研究センター主任研究員。国際関係論。共訳書に『平和運動と平和主義の現在』（風行社､2008年）。論文に 'Rousseauand Saint-Pierre's Peace Project', in Beate Jahn (ed.), *Classical Theory in International Relations* (Cambridge University Press, 2006)、「子どもたちと国際関係論——新しい研究アジェンダ」（『アジア太平洋研究』35号、2010年）。

ルス・スカー（Ruth Scurr）
1971年生まれ。ケンブリッジ大学フェロー。政治思想史。著書に *Fatal Purity: Robespierre and the French Revolution*, (Metropolitan Books, 2006).

三宅麻理（みやけ・まり）
1969年生まれ。成蹊大学・青山学院大学非常勤講師。論文に「J. S. ミルの文明論——イギリスとインドとの間」（「成蹊大学法学政治学研究」、1997年）「J. S. ミルの進歩の概念——ヘンリー・メインとの相違をめぐって」（同、1998年）ほか。

成蹊大学アジア太平洋研究センター叢書
デモクラシーとナショナリズム——アジアと欧米

発行——二〇一一年三月三十日　初版第一刷発行

定価——（本体三二〇〇円＋税）

編　者——加藤節

発行者——西谷能英

発行所——株式会社　未來社
東京都文京区小石川三—七—二
振替〇〇一七〇—三—八七三八五
電話・(03) 3814-5521（代表）
http://www.miraisha.co.jp/
Email:info@miraisha.co.jp

印刷・製本——萩原印刷

ISBN 978-4-624-30115-6 C0031